DuMont Schnellkurs

THEATER

Andrea Gronemeyer studierte Theater-, Film- und Fernsehwissenschaft, Germanistik und Romanistik in Köln. Heute arbeitet sie als Dramaturgin und Regisseurin am Theater »Comedia Colonia« sowie als Leiterin des Kinder- und Jugendtheaters »Ömmes & Oimel« in Köln. 1994 erhielt sie den Förderpreis des Festivals »Theaterzwang« des Sekretariats für gemeinsame Kulturarbeit in Nordrhein-Westfalen.

DuMont Schnellkurs

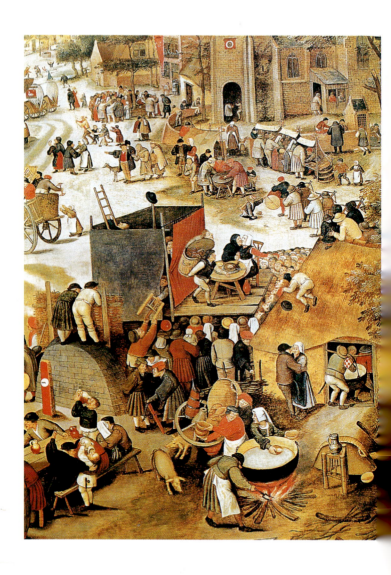

DuMont Schnellkurs

THEATER

Andrea Gronemeyer

DUMONT

Impressum

Umschlagvorderseite von links nach rechts und von oben nach unten:
Josef Kainz als Hamlet / *Agamemnon*, »Théâtre du Soleil«, 1991 / Samuel Beckett / Ludwig
Devrient als König Lear, Österreichische Nationalbibliothek, Wien / Ellen Terry als Lady
Macbeth, 1887, British Museum, London / Mlle. Dumesnile als Phädra, Françoise Folliot, Paris
/ Erstausgabe des Shakespeareschen Gesamtwerks 1623, Royal Shakespeare Theatre,
Stratford-upon-Avon / Szene aus Hamlet, kolorierter Stich, 19. Jh., Turin, Biblioteca Civica /
Modell einer Shakespeare-Bühne, British Travel Association / Tanztheater »New Demons«,
1988, © Bernd Uhlig, Köln / Ein griechischer Schauspieler mit seiner Maske, Vasenmalerei /
Das Wiener Burgtheater, kolorierter Stich, 19. Jh. / Aragoto-Schauspieler / Otto Reigbert,
Bühnenbild-Entwurf zu Bertolt Brechts *Trommeln in der Nacht*, Deutsches Theatermuseum,
München / Szene aus Ariane Mnouchkines Inszenierung von Shakespeares *Heinrich IV.*, Tita
Gaehme, Köln
Umschlagrückseite von oben nach unten:
Ulrich Wildgruber als Titelfigur in Sophokles' *König Ödipus*, Köln / Peter Lühr als Merlin in
Merlin oder Das wüste Land, 1982 / Kasperletheater: Kasper, Teufel und Krokodil
Frontispiz:
Pieter Brueghel d. J., *Boerenkermes*, Gemälde nach Pieter Balten, Fitzwilliam Museum,
Cambridge, Mass. (s. a. S. 42)

Die Deutsche Bibliothek – CIP-Einheitsaufnahme

Gronemeyer, Andrea:
Theater / Andrea Gronemeyer. – Erstveröff. – Köln : DuMont,
1995
   (DuMont-Taschenbücher ; 503 : Schnellkurs)
   ISBN 3-7701-3405-2
NE: GT

Erstveröffentlichung
© 1995 DuMont Buchverlag, Köln
Alle Rechte vorbehalten
Satz und Layout: DuMont Buchverlag, Köln
Druck und buchbinderische Verarbeitung: Editoriale Libraria

Printed in Italy   ISBN   3-7701-3405-2

Inhalt

Vorwort	7
Die Anfänge und die Antike	**8**
• Urtheater	8
• Theater und Zivilisation	10
• Theater für die Polis	13
• Brot und Spiele	17
Theater des Fernen Ostens	**22**
• Das indische Nātja'sāstra – Ein erstes Handbuch der Schauspielkunst	23
• Das indonesische Schattentheater	26
• Die chinesische Peking-Oper	27
• Japanisches Nô-Spiel – Eine Reise in die Vergangenheit	30
Das Mittelalter	**34**
• Die Kultur der Christenheit	34
• Mittelalterliche Subkultur: Das fahrende Volk	36
• Geistliche Spiele	39
• Weltliche Spiele	43
Bühnenformen	44
Wende zur Neuzeit	**50**
• Aufbruch in eine neue Welt	50
• Vom Schäferspiel zur Oper	56
• Schultheater	58
Das Goldene Zeitalter	**60**
• Die Welt ist Bühne	60
• Italien: Die Commedia dell'arte	64
• England: Shakespeare und das elisabethanische Zeitalter	70
• Spanien – Das große Welttheater	78
• Frankreich: Klassische Tragödie und Charakterkomödie	82
Die Schauspielerin	88
Das bürgerliche Theater	**94**
• Das Zeitalter der Aufklärung	94
• Vorhang auf für das deutsche Theater	101
• Der Traum vom Nationaltheater	104
• Vom Sturm und Drang zur Weimarer Klassik	107

Inhalt

Theater und Wirklichkeit — 110

- Die romantische Reaktion — 110
- Der Streit um die Meininger — 115
- Die vollendete Illusion: Naturalismus — 118
- Die Russen kommen — 124
- *Das Kino – Die große Konkurrenz* — 128

Politik und Kunst — 132

- Theaterutopien der Moderne — 133
- Im rechten Licht: Die Stilbühne — 136
- Das politische Theater — 140
- *Kindertheater* — 150

Theater heute — 154

- Theater und Ökonomie — 156
- Internationales Freies Theater — 163
- Die Chance des Theaters — 169

Anhang

Glossar — 172

Kurzer Überblick über die Theatergeschichte — 175

Theatermuseen, -archive und -sammlungen (Auswahl) — 178

Bibliographie und Theaterzeitschriften — 179

Sachregister — 182

Personenregister — 187

Bildnachweise — 192

Vorwort

Wer wissen will, warum sich das Theater allen Unkenrufen zum Trotz in der Kulturlandschaft behauptet, findet in diesem »Schnellkurs Theater« vielleicht eine Erklärung. »Schnellkurs« bedeutet: Dieses Buch möchte kurz und anschaulich über Werden und Gegenwart des Theaters informieren und mit den vielfältigen Erscheinungsformen der darstellenden Kunst in aller Welt bekannt machen. Es erzählt von fernöstlichen Schaukünsten und abendländischer Dramatik, vom wechselvollen Schicksal der Schauspielkunst in Zeiten des Kirchenbanns und staatlicher Zensur, vom Glanz der höfischen Theaterfeste und vom Elend der Wanderkomödianten, von der bürgerlichen Sehnsucht nach einem ungebundenen Künstlerdasein und dem revolutionären Drang nach Überwindung der Grenzen zwischen Kunst und Leben.

Theaterbegeisterte vor und hinter der Rampe erfahren etwas über die Entwicklung der Bühnenformen und Kostüme, über Schauspieltechnik und Regie, Showbusiness und Avantgarde, über Skandale, Diven, Prinzipale und natürlich auch über die Autoren des Theaters.

Dieses Buch ersetzt freilich keinen Schauspielführer, denn nicht die dramatische Literatur steht hier im Rampenlicht, sondern das Gesamtkunstwerk, zu dem sich darstellendes Spiel, Text, Musik, Bild und Raum vereinigen. Statt einer Aufzählung zahlloser Fakten möchte es – ohne Anspruch auf Vollständigkeit zu erheben – einen Überblick über die Ereignisse und Persönlichkeiten bieten, die in einer Epoche jeweils ausschlaggebend für den Wandel der Ästhetik und den Fortschritt des Theaterwesens waren.

Ein ergänzendes Glossar, eine Übersicht über die wichtigsten Theaterarchive und -museen sowie ein weiterführendes Literaturverzeichnis weisen den Weg zur vertiefenden Beschäftigung mit der Welt des Schauspiels.

Den besten »Schnellkurs Theater« absolviert man freilich im Theater selbst. Kein Sachbuch kann die faszinierende Begegnung von Spielern und Publikum ersetzen oder den flüchtigen Zauber der vergänglichsten aller Künste einfangen. Darum hat dieses Bändchen seinen eigentlichen Zweck erfüllt, wenn es den Leser ins Theater lockt.

Andrea Gronemeyer

Die Anfänge und die Antike

Die Wurzeln des Theaters

Urzeit – ca. 400 n. Chr.

15 000-9000 v. Chr.	Späteiszeitliche Höhlenkunst, Felsbilder von Altamira, Lascaux, Trois Frères
ca. 7000	Ackerbau und Viehzucht
ca. 3000-332	Ägyptisches Reich
1200-1000	Griechische Völkerwanderung
776	Erste belegte Olympische Spiele
750-550	Kolonisation und Gründung von Stadtstaaten (Polis)
um 750	Gründung Roms; Homer: Ilias und Odyssee
594	Gesetze Solons
509	Kleisthenes installiert die Demokratie in Athen.
484-425	Herodot
470-27	Römische Republik
449	Ende der Perserkriege: Hegemonialmacht Athen
447	Wiederaufbau der Akropolis
404	Wiedereinführung der Oligarchie in Athen
399	Hinrichtung des Sokrates
387	Platons Akademie
335	Aristoteles: Poetik
ab 326	Hellenismus: griechische Kultur von Kleinasien bis zum Indus
266	Eroberung des Mittelmeers begründet das Imperium Romanum
27 v.-460 n. Chr.	Römische Kaiserzeit
64	Brand Roms löst Christenverfolgung unter Nero aus.
325	Konstantin d. Gr.: Christentum wird Staatsreligion.

Wenn wir heute von Theater sprechen, denken wir an Schauspieler, die auf einer Bühne und vor einem Publikum ein Drama aufführen. Diese Kunst kennt die Welt erst seit etwa 2500 Jahren. Forschen wir jedoch nach den Anfängen des mimischen Spiels, so lassen sich seine Spuren bis in die Steinzeit zurückverfolgen. Die Völkerkundler, nach den geographischen Ursprüngen des Theaters befragt, wissen gar von theatralischen Verhaltensweisen in der sozialen Kommunikation fast aller Kulturen der Welt zu berichten.

Theaterspiel ist also eine universale menschliche Sprache, derer sich die Völker nicht erst im kultischen Ritual bedienten – auch wenn dieses gemeinhin als Urquelle des Welttheaters gilt. Es entspringt den menschlichen Grundantrieben zur Nachahmung, Mitteilung und Veränderung der wahrgenommenen Umwelt.

Wer Kinder heranwachsen sieht, kann beobachten, wie der Mensch spielend und nachahmend lernt, sich in der Welt zu bewähren. Das Kind imitiert Wirklichkeit und stellt dabei zugleich seine Sicht der Welt dar. Im Kinder- wie im Theaterspiel manifestiert sich aber auch der menschliche Drang, diese Wirklichkeit nicht einfach als etwas Gegebenes hinzunehmen, sondern sie gewissermaßen ›magisch‹ im Spiel und durch das Spiel zu verwandeln.

Urtheater

Steinzeitlichen Höhlenbildern verdanken wir das Wissen um früheste Formen theatralen Spiels. Der eiszeitliche Jäger zog sich das Fell eines Raubtiers über, um dessen Magie auf

Der Zauberer aus der Höhle Trois Frères in den französischen Pyrenäen ist nur eine unter vielen Darstellungen von Menschen in Tierverkleidung. Entstanden zwischen 30 000 und 13 000 v. Chr., gilt sie als eines der ältesten Zeugnisse von Theaterspiel.

Urtheater

Die Anfänge und die Antike

Höhlenbilder wie die der tanzenden und in Leopardenfelle gehüllten Jäger aus Çatal Hüyük (Türkei) überliefern die Verwendung von Masken, Kostümen, Requisiten und Musikinstrumenten.

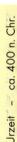

Urzeit – ca. 400 n. Chr.

sich zu übertragen. Wählte er statt dessen die Maske seiner Beute, so in der Hoffnung, sich möglichst nahe und unbemerkt anschleichen zu können. Im Lager spielte er – vielleicht in Ermangelung von Sprache – anschließend das Abenteuer des Beutefangs nach.

Erst später begann er, ein ähnliches Spiel bereits vor der Jagd aufzuführen. So entstanden zeremonielle Tänze, die den Erfolg des Unternehmens magisch beeinflussen sollten.

Bis heute gelten die Rituale der Naturvölker v. a. der Beschwörung von Fruchtbarkeit, Jagdglück und erfolgreicher Ernte; Naturgeschichte, Lebenslust und Gemeinschaftsereignisse werden ›theatralisch‹ gefeiert. Komische Elemente und die Behandlung weltlicher Themen in ihren Zeremonien belegen, daß der Mensch den Unterhaltungswert von theatralem Spiel seit jeher zu schät-

---

Ein Urdrama der Menschheit ist der Kampf mit dem Tier. Für die Bambuti-Pygmäen im Ituri-Tal gehören Tierspiele zur alltäglichen Unterhaltung: »Ein Schimpansentanz stellte besondere Anforderungen an die Ausdruckskraft der Tänzer. Nur Männer und Knaben nahmen daran teil, die sich in wackelndem Tanzschritt durch das ganze Lager bewegten und dabei Grimassen schnitten. Der älteste, mit Pfeil und Bogen bewaffnet, stellte den Jäger dar, der auf Schimpansenjagd auszog, von einem Busch oder Baum gedeckt der Herde auflauerte und den Bogen gegen sie spannte. Die listigen Schimpansen hatten ihn aber schon erspäht und wandten sich ihm zu mit Gebärden der Angst und Wut. Der Pfeil surrte, die Herde wich aus, duckte sich zu Boden, grinste und brüllte. Dieses Spiel wiederholte sich mehrmals, begleitet von dröhnendem Trommelwirbel.« (O. Eberle)

Die Anfänge und die Antike

Theater und Zivilisation

Urzeit – ca. 400 n. Chr.

Afrikanischer Zauli-Tänzer beim Kriegstanz. Eine Urzelle des Theaters ist der Tanz. Er entsteht als Ausdruck des Drangs, seelischen Erlebnissen körperlichen Ausdruck zu verleihen, und wurde zum Grundelement kultischer Handlungen auf der ganzen Welt.

Froschtanz balinesischer Kinder. Das Theater der Naturvölker kennt Figuren und Rollen, Aufführende und Zuschauer.

In der ägyptischen Kunst zeugen zahlreiche Darstellungen von Tänzerinnen, Musikerinnen und Akrobatinnen von der theatralen Prachtentfaltung der weltlichen Vergnügungen am Hof der Pharaonen.

zen wußte. Das Bedürfnis des Menschen, sich und seine Umwelt durch Spiel zu verwandeln, macht das Theater zur Urkunst der Menschheit, die alle anderen Künste im Keim in sich birgt.

Theater und Zivilisation

Um die Wende zum vierten vorchristlichen Jahrtausend, der ersten Blütezeit der frühen Hochkulturen, trat das Theater in ein neues Zeitalter ein.

In den fruchtbaren Flußlandschaften zwischen Euphrat und Tigris, am Nil, am Indus und am Hoangho begannen die Menschen, in größeren arbeitsteiligen Gemeinwesen zu leben. Vom Zwang der eigenständigen Nahrungsproduktion befreit, gewann ein Teil der Bevölkerung Zeit für die Entwicklung von Handel, Handwerk, metallverarbeitender Technik, Schrift und Kunst.

Die nunmehr differenzierte Gesellschaft verlangte nach einem neuen Ordnungssystem. Priesterkönige herrschten als Gottesvertreter und mit der Unterstützung von komplexen Staatsverwal-

Vom Ritus zum Festspieltheater

Die Anfänge und die Antike

tungen. Der Himmel selbst beugte sich dem neuen Erklärungs- und Ordnungswillen. Das vorzeitliche Chaos tiergestaltiger Dämonen vermenschlichte zu einer Gesellschaft persönlicher Ressort-Götter.

Mit der Entfaltung der Mythologie befreite sich der Mensch von dumpfer Dämonenangst und unternahm es, Schöpfung und Sein der Welt zu deuten. Als sichtbares Ergebnis dieser geistigen Entwicklung entstanden frühe Kunst und Monumentalarchitektur, und vor der Kulisse gigantischer Tempelbauten wandelte sich das Theaterspiel vom primitiven Ritus zum großen Festspieltheater. Die oft mehrtägigen kultischen Aufführungen entsprangen dem Bedürfnis, die geistigen Fundamente der neuen Staatsreligionen zu präsentieren und zu verbreiten.

Ägyptische Künstler stellten lieber die Mythen selbst dar als deren Inszenierungen in kultischen Festspielen. Ob also das Schlachtschiff des Gottes in den Osiris-Mysterien tatsächlich über den Nil prozessierte oder als getragene Barke zu denken ist – wie in dieser Darstellung einer Prozession mit der von Priestern getragenen Barke des Gottes Amun –, bleibt im dunkeln.

Urzeit – ca. 400 n. Chr.

Das älteste Mysterienspiel

Das ägyptische Abydos wurde während des Mittleren Reichs (2000-1500 v. Chr.) zum Schauplatz alljährlicher Mysterienspiele um Leiden, Tod und Auferstehung des Gottes Osiris. Dem Augenzeugenbericht des Hofbeamten I-Cher-Nofret, erhalten auf einer Steinstele, verdanken wir die Kenntnis einiger Stationen dieser theatralen Prozession.

Sie begann mit dem Auszug des Gottes in einer heiligen Barke. Geleitet vom Kriegsgott Wep-Wawet bekämpfte Osiris seine Feinde in einer blutigen Schlacht. Über eine Ermordung und Zerstückelung durch den Bruder Seth erfahren wir nichts, da dies zu den geheimen Ritualen des Spiels gehörte, wohl aber über eine Prozession, in der die Barke mit dem Bild des Gottes zum Grab geleitet wurde. Nach der Beisetzung kam es erneut zu Kampfhandlun-

Akrobatische Tänzerinnen wie auf diesem Ostrakon aus der 19. Dynastie des Neuen Reichs gehörten nicht nur zur weltlichen Unterhaltung bei Hof, sondern begleiteten auch religiöse Mysterienspiele.

Die Anfänge und die Antike

Ägypten

Urzeit – ca. 400 n. Chr.

Der Ramesseum-Papyrus (um 1850 v. Chr.) gilt als das älteste schriftlich überlieferte Drama. Es schildert ein Osiris-Ritual, das möglicherweise Bestandteil einer Krönungszeremonie war. Aus den illustrierten Szenenanweisungen am Fuß jeden Schriftblocks läßt sich erschließen, daß der Mythos nicht nur beschrieben, sondern im Rahmen des kultischen Zeremoniells auch dargestellt wurde.

Die Legende um den Totengott Osiris, der von seinem Bruder Seth ermordet und seinem posthum gezeugten Sohn Horus gerächt und wieder zum Leben erweckt wird, geht ursprünglich auf einen Fruchtbarkeitsmythos zurück. Die Ägypter beobachteten die alljährliche Überschwemmung ihrer ausgedörrten Felder, die anschließend in neuer Fruchtbarkeit wieder auftauchten. Diesen Vorgang erklärten und ›vermenschlichten‹ sie im Mythos des Gottes Osiris, der im Wasser ertrank und zu neuem Leben auferstand. Erst später wurde dieses Bild auch auf ein Fortleben des Menschen nach dem Tode übertragen.

gen, in denen Osiris' Sohn Horus als Rächer triumphierte. Die abschließenden Mysterien im geheimen Tempelbezirk blieben der Öffentlichkeit – und damit der Nachwelt – verborgen. Aufgeführt wurde das Spektakel von Priestern und privilegierten Laien. Daß es bei den Schaukämpfen auch zu blutigen Auseinandersetzungen kam, wie man aus der Beschreibung einer ähnlichen Zeremonie bei Herodot weiß, läßt erahnen, wie stark das Passionsspiel die Phantasie des zum Teil mitspielenden Volks erregte.

Über die vor gigantischen Tempelbauten vollzogenen religiösen Festspiele der indianischen Kulturen ist leider nur wenig überliefert. Zahlreiche Abbildungen von Musikern, Akrobaten und maskierten Gauklern wie dieses Vasenbild der Maya verblüffen durch ihre Ähnlichkeit mit Darstellungen aus frühen Hochkulturen der Alten Welt.

Die griechische Antike

Die Anfänge und die Antike

Theater für die Polis

Theater, teatro, theatre, théâtre, teater, teatr – unsere Bezeichnung für die darstellende Kunst leitet sich vom griechischen Begriff für Zuschauerraum, Theatron, ab. Das antike Theater gilt als Wiege des abendländischen Schauspiels und markiert mit der Etablierung des Zuschauerraums einen entscheidenden Fortschritt in der Theatergeschichte der Welt. Im Dienst einer neuen Gesellschaftsform, der Demokratie, wurde das rituelle Festspiel um Fruchtbarkeit und Totenkult zur politischen Festversammlung umfunktioniert und verweltlicht. Die theatrale Aktion zielte nicht länger auf einen Brückenschlag zwischen Akteuren und magisch beschworenen Gottheiten, sondern richtete sich an das nur noch passiv beteiligte Publikum des griechischen Stadtstaates (Polis).

So entstand die antike Theaterkultur in der Absicht, den attischen Bürgern eine Identität zu vermitteln, die sie auf dieses verfassungsstaatliche Gemeinwesen verpflichtete. Welch große Bedeutung dem Theater im Leben der Polis zukam, zeigt die Einführung eines »Schaugelds« gegen Ende des 4. Jh., das die offensichtlich immer geringer motivierten Bürger für ihren Verdienstausfall während der Feiertage – die Teilnahme war Bürgerpflicht – entschädigen sollte.

Die Großen Dionysien

Im 6. Jh. verschärften sich in den Stadtstaaten des archaischen Griechenland die Gegensätze zwischen herrschendem Adel und dem zur Verteidigung der Polis herangezogenen Volk. Unterstützt durch den Bauernstand, errichtete Peisistratos in Athen eine Tyrannis, die 509 durch Kleisthenes endgültig in die älteste Demokratie mündete.

Bereits Peisistratos faßte die v. a. bei der ländlichen Bevölkerung beliebten Dionysos-Kultspiele zum Staatsfest, den Großen Dionysien, zusammen. Der Gott der Fruchtbarkeit und des Weins

---

Urzeit – ca. 400 n. Chr.

Protagoras
(um 480–421)
»Der Mensch ist das Maß aller Dinge.«

Sokrates (um 470–399)
Der Klügste ist, der weiß, was er nicht weiß. Richtige Erkenntnis führt zu richtigem Handeln.

Platon
(428/27–348/47)
Die wahrnehmbare Welt ist nur das verzerrte Schattenbild einer Welt idealer Ideen – darum leitet nicht die Wahrnehmung zu sicherem Wissen, sondern nur die Vernunft.

Aristoteles (384–322)
Alle Abstraktion leitet sich nicht aus der Vernunft, sondern aus der Summe der sinnlichen Erfahrungen ab. Kunst ist Nachahmung.

Epikur (341–270)
»Die Lust ist Anfang und Ende eines seligen Lebens.«

Die Anfänge und die Antike

Theater in der Polis

Urzeit – ca. 400 n. Chr.

Schauspieler bereiten sich auf ihren Auftritt vor.

avancierte zum Behüter der Polis und mit der Einführung des Tragödien-Wettbewerbs (*Agon*) auch zum Schutzpatron des Theaters. Die Bürger der *Polis* versammelten sich fortan im *Theatron*, um sich von der Tragödie in aktuelle, schwer lösbare Fragen der Tagespolitik und des Rechts verwickeln zu lassen. Im *Agon* der Großen Dionysien stellten sich an drei aufeinander folgenden Tagen je ein Tragiker mit einer Tetralogie und abschließendem *Satyrspiel* der Konkurrenz. Die Dichter agierten zugleich als Regisseure, Choreographen und Schauspieler ihrer Uraufführungen, einzig unterstützt vom *Choregen*, einem Mäzen, der die ehrenvolle Aufgabe übernahm, den Chor aus der Bürgerschaft zusammenzustellen und während der Probenzeit zu verköstigen.

Drama und Bühnenform

In Athen war der Spielort schon im 6. Jh. von der *Agora*, dem Versammlungsplatz der *Polis*, in das eigens zu diesem Zweck errichtete Dionysos-Theater verlegt worden. Das riesige *Theatron* schmiegt sich in den Südhang der Akropolis und umschließt die kreisförmige *Orchestra*, den Tanzplatz des in der frühen Tragödie noch handlungstragenden Chors, fast vollständig. Die Sicht auf die *Orchestra* war – Folge der Demokratie – auf allen 17 000 Plätzen fast gleich gut.

Die sprichwörtlich lüsternen Satyrn erkennt man unschwer an Phallos, Pferdeschweif und -ohren. Sie gehören ursprünglich zum Gefolge des Dionysos, dem sie mit orgiastischen Tänzen huldigen.

14

Bühnenformen

Die Anfänge und die Antike

Urzeit – ca. 400 n. Chr.

Als vermutlich ersten Sieger eines Tragödien-*Agons* verzeichnet die Chronik des Jahrs 534 v. Chr. den legendären Thespis. Dieser hatte das getanzte Chorlied (*Dithyrambos*) zum dramatischen Dialog erweitert, indem er dem Chor einen ›Antworter‹ gegenüberstellte. Dem *Protagonisten* gesellte Aischylos einen zweiten (*Deuteragonist*) und Sophokles schließlich den dritten (*Tritagonist*) Schauspieler bei.

In der *Skene*, einer Hütte, die die *Orchestra* nach hinten abschloß, wechselten die Schauspieler Kostüme und Masken, um den zahlreichen Rollen der Tragödien genügen zu können. Erst im Lauf des 3. Jh. wurde dieses Bühnenhaus zu einer überdachten Spielfläche (*Proskenion*) mit einer Maschinerie für den fliegend oder aus der Versenkung erscheinenden *Deus ex machina* (den überraschend Rettung bringenden Gott) erweitert.

Als der Chor immer weiter ins Abseits der Tragödie geriet, zog sich auch die Handlung von der *Orchestra* auf das *Proskenion* zurück.

Die Tragödie

Aus dem 5. Jh. sind 46 Dichternamen und über 600 Tragödientitel, aber nur wenige vollständige Dramen überliefert. Die Motive entstammen alle der griechischen Mythologie, doch spätestens mit der Einführung der Demokratie dienten die Fabeln um Göttermacht und Menschenwille nur noch als Anlaß, ihr Publikum für Fragen der *Polis* und der aktuellen Tagespolitik zu interessieren. Die Schicksalsgebundenheit des Menschen, eine zentrale Botschaft der Mythen, wurde zunehmend in Frage gestellt und

Der seine Maske betrachtende Schauspieler ist ein beliebtes Motiv antiker Vasenbilder des 5. Jh. v. Chr.

›Eintrittskarten‹ aus Stein

Der Chor trat häufig im Satyrnkostüm auf, wie diese drei Zitherspieler auf einer Vase von 425 v. Chr., die zu Ehren des Dionysos (rechts) einen *Dithyrambos*-Wettkampf veranstalteten.

15

Die Anfänge und die Antike

Die Tragödie

Urzeit – ca. 400 n. Chr.

Die klassische Tragödie schrieb expressive plastische Masken vor. Typisch sind weit aufgerissene Augen und Münder. In den »schrecklichen Masken« des Aischylos war der Ausdruck von Leid oder Furcht typenhaft fixiert.

Das prächtige Gewand mit langer Schleppe, der 20 cm hohe Stelzenschuh (*Kothurn*) und die großvolumige Perückenmaske setzen sich erst im hellenistischen Theater durch. Typisch für die klassische Tragödie waren flache Schuhe und bodenlange Kostüme, die lebhafte Bewegungen ermöglichten.

Aischylos (525/24-456/55 v. Chr.) gilt als Schöpfer der kunstvollen Tragödie. Von seinen 90 Stücken, mit denen er 13mal im Trägodien-Agon siegte, sind nur sieben erhalten: *Die Perser, Sieben gegen Theben, Die Hiketiden, Die Orestie* (*Agamemnon, Die Choephoren, Die Eumeniden*) und *Der gefesselte Prometheus*.

wich einer stärkeren Betonung des freien Willens und der menschlichen Gestaltungsmöglichkeiten. Das Werk des Aischylos, der mit der *Orestie* schon bei seinen Zeitgenossen Berühmtheit erlangte, schilderte den Umbruch vom mythischen Denken zur Idee des rechtsstaatlichen Gemeinwesens und zielte auf die Konsolidierung der *Polis*. Sein Schüler Sophokles wandte sein Interesse der Natur des Menschen zu. *König Ödipus*, der erste ›Krimi‹ der Weltliteratur, steht exemplarisch für eine neue Konzentration auf den tragischen Konflikt des Individuums und besticht durch seine spannend organisierte Dramaturgie. Euripides, schärfster Rivale des Sophokles, entmündigte die Götter – stark beeinflußt durch den Diesseitsorientierten Sophismus – schließlich ganz. In *Elektra* und *Die Troerinnen* bewies er eine neue Qualität der Menschengestaltung und knüpfte ein komplexes Netz sozialer und politischer Beziehungen um seine Figuren.

Mit dem Zerfall der *Polis* Ende des 5. Jh. hatte sich auch die Tragödie überlebt. Spektakuläre Szenographie und schauspielerische Virtuosität stellten die Leistungen der Dichter in den Schatten. Darauf bezog sich Aristoteles 335 v. Chr. in seiner *Poetik*; das sophokleische Schauspiel war ihm Vorbild der formgerechten Tragödie. Inszenierung und Schauspielkunst galten ihm nichts, der tragischen Dichtkunst bescheinigte er dagegen die Fähigkeit, den Zuschauer durch Hervorrufen von Jammer (*Eleos*) und Schaudern (*Pho*

Die Komödie

Die Anfänge und die Antike

bos) von diesen Erregungszuständen zu reinigen (*Katharsis*). Ihrer philosophischen und ernsthaften Absichten wegen räumte er der Tragödie den höchsten Rang in der Dichtkunst ein.

»Laßt mich, ihr Athener, einmal euch die Wahrheit sagen ...«

»Komödie« bezeichnete ursprünglich einen ausgelassenen tänzerischen Maskenumzug. Sie eignete sich erfolgreich volkstümliches Brauchtum aus dem Phallos- und Dionysoskult an und stieg schließlich zur beliebtesten Gattung der hellenistischen Zeit auf. Vom ähnlich sinnenfrohen *Satyrspiel*, das stets den harmlos heiteren Abschluß einer Tragödientetralogie bildete, unterschied sich die Komödie v. a. durch ihre Spottlust. Heroen des Mythos wurden in der Komödie ebenso hemmungslos dem Gelächter preisgegeben wie zeitgenössische Politiker, Dichter und Philosophen.

Als die Athener ihre Vormachtstellung im attischen Seebund verloren, übte der größte antike Komödiendichter, Aristophanes, kaum verschlüsselte Kritik an der Demokratie, ihrem Repräsentanten Perikles und dessen ideologischen Wegbereitern, den Sophisten. Auch die sogenannte *Alte Komödie* des griechischen Theaters blieb also ein Forum politischer Auseinandersetzung.

Mit dem Ende der Demokratie wandte sich die *Mittlere Komödie* schließlich von den gefährlichen politischen Stoffen ab und goß ihren Spott über lächerliche Alltagstypen wie Prahlhälse, Lustmolche und böse Schwiegermütter aus. Menander, Exponent der *Neuen Komödie*, verfaßte über 100 Lustspiele, in denen er die Typen zu Charakteren verfeinerte, auf den Chor wie auf politische Kommentare dagegen verzichtete.

Brot und Spiele
Die römische Kultur war das Ergebnis eines gigantischen Eroberungsfeldzugs. Die Kriegsbeute

Sophokles (497/96-407 v. Chr.) wurde als Göttergünstling verehrt und errang 18 Siege im dramatischen Wettbewerb. Seine Dramen lagen schon zu seinen Lebzeiten als Buchausgaben vor und wurden in den Schulen gelesen. Von seinen 123 Dramen sind sieben vollständig erhalten: *Aias*, *Antigone*, *Trachinierinnen*, *König Ödipus*, *Elektra*, *Philoktet* und *Ödipus auf Kolonos*.

Euripides (um 484-406 v. Chr.) hatte erst nach seinem Tod Erfolg. Nur fünfmal siegte er bei den Großen Dionysien. Von 92 Stücken sind 17 erhalten, u. a. *Alkestis*, *Medea*, *Iphigenie in Tauris*, *Die Troerinnen* und *Die Bakchen*.

Aristophanes (450/45-ca. 388 v. Chr.), Hauptvertreter der Alten Komödie, führte in seinen Stücken scharfe Attacken gegen die Kriegstreiberei seiner Zeitgenossen. Am häufigsten nachgespielt wurde bis heute *Lysistrata*, ein Lustspiel um einen Liebesstreik der Frauen aus Sparta und Athen, mit dem sie ihre Männer zum Friedensschluß zwingen wollen.

Urzeit – ca. 400 n. Chr.

Die Anfänge und die Antike
Die römische Antike

Urzeit – ca. 400 n. Chr.

Die grelle Betonung des Genitalbereichs im Kostüm der Komödie ist ein Hinweis auf ihre Herkunft aus dem Phalloskult.

bestand jedoch nicht nur aus materiellen Schätzen: Im 3. Jh. verlegten die Römer kurzerhand das Zentrum der hellenistischen Kultur in ihre Stadt. Sie übernahmen die Hierarchie der olympischen Götter, ließen sich von griechischer Architektur, Kunst und Philosophie inspirieren. Griechische Sklaven wurden zu gefragten Lehrern für römische Schüler. Der Sieg über Karthago im Ersten Punischen Krieg brachte Rom 240 v. Chr. den Durchbruch zur Großmacht, und noch im selben ›Epochenjahr‹ verfügte der römische Senat die Einführung von Theateraufführungen in das Programm der *Ludi romani*, der Stadtfeste. Mit der Verfassung einer ersten lateinischen Tragödie beauftragte man den griechischen Freigelassenen Livius Andronicus.

Wie im Ursprungsland der Tragödie wurde das Theater fortan als staatlich notwendige Einrichtung betrachtet – mit einem wesentlichen Unterschied: Das Theater der attischen *Polis* war Forum politischer Auseinandersetzung, das römische diente in

Die Spuren einer unliterarischen Theatertradition der Antike gehen bis ins 6. Jh. v. Chr. zurück. *Mimus* und *Phlyakenposse* waren ursprünglich improvisierte Formen des komischen Volkstheaters. Typisch für die Posse sind groteske Masken und ausgepolsterte ›Dickbäuche‹.

Diebstahl ist ein äußerst populäres Thema der attischen Komödie. Diese Vase zeigt einen Geizhals, der von zwei Räubern aus seinem Haus gezerrt wird.

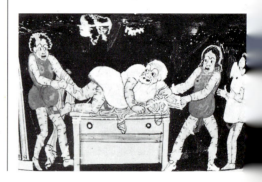

18

Brot und Spiele

Die Anfänge und die Antike

Römisches Mosaik aus dem 2. Jh. mit den Masken der Tragödie und der Komödie

erster Linie herrschaftlicher Machtrepräsentation. Es entstand als Teil der höchst wirksamen Strategie, sich die Gunst des Volks mit »Brot und Spielen« nachhaltig zu sichern und so von innenpolitischen Konflikten abzulenken. Sein Unterhaltungsangebot galt einem Massenpublikum aus allen Schichten des Volks und mußte mit beliebten Spektakeln wie Gladiatorenkämpfen, Tierhatzen und öffentlichen Hinrichtungen konkurrieren.

Der Siegeszug des Entertainments

So ist es kaum verwunderlich, daß sich die römische Tragödie ungleich schwerer durchsetzte als die Komödie und – mit Ausnahme der Lesedramen Senecas – auch nicht überliefert wurde. Von Plautus' derb-volkstümlichen Stücken, Bearbeitungen der *Neuen Komödie*, liegen heute noch 20 Sklavenpossen, Mythentravestien und Verwechslungskomödien vor. Plautus setzte auf spektakuläre Komik und ein rasches Tempo – Effekte, denen er gelegentlich sogar die logische Handlungsentwicklung opferte. Der eher literarisch ambitionierte Terenz verzichtete in seinen sechs überlieferten Komödien auf derben Humor zugunsten von Charakterkomik und geschlossener Dramaturgie.

Mit der Wende zur Kaiserzeit im 1. Jh. v. Chr. lösten volkstümliche Spielformen die literarische

Seneca (4 v.-65 n. Chr.) lehnte seine Dramen formal an die griechische Tragödie an. Im Bild des Mythos spiegelt er die hemmungslose Machtgier und monströse Gewaltanwendung seiner Zeitgenossen in der Kaiserzeit.

Diese Komödienszene entstammt vermutlich Plautus' (250-184 v. Chr.) *Cistellaria*. Die maskierte ›komische Alte‹ beschwert sich bei ihren Gastgeberinnen über die Qualität des Weins.

Urzeit – ca. 400 n. Chr.

Die Anfänge und die Antike

Plautus und Terenz

Antike Illustration zu einer nach-euripideischen *Medea*, Malerei auf einer süditalienischen Amphore

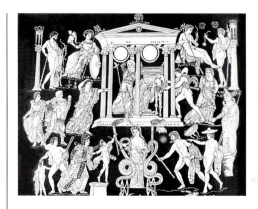

Komödie als beliebteste Gattung ab. Im *Pantomimus* deklamierte ein Sänger oder Chor zu Orchesterbegleitung eine Geschichte, deren zahlreiche Rollen ein Solist mit Hilfe von Masken, Tänzen und einer hochentwickelten Gebärdensprache interpretierte. Die oskische *Attellane* basierte auf dem Stegreifspiel feststehender Groteskmasken, dem Dümmling Maccus, dem Vielfraß Dossenus, dem Prahlhans Bucco und dem vergreisten Pappus.

Dem Thema Ehebruch in all seinen Variationen widmete sich der aus Griechenland importierte *Mimus*, verzichtete dabei auf Masken und besetzte Frauenrollen erstmals durch Frauen. So

Szene aus **Terenz'** (195-159 v. Chr.) *Adelphœ*, Anfang des 9. Jh., nach einem Vorbild des 4. Jh.

20

Volkstümliche Spielformen

Die Anfänge und die Antike

konnten die Mimen Beischlafszenen naturalistisch nachstellen und die Vorstellung durch einen abschließenden ›Striptease‹ krönen. Kein Wunder also, daß den Kirchenvätern dieser lasterhafte Amüsierbetrieb ein Dorn im Auge war, zumal die Mimen mit besonderer Hartnäckigkeit die Riten der neuen Religion verspotteten. Im 4. Jh. wurde die Absage ans Theater ins Taufbekenntnis aufgenommen, im 5. Jh. drohte die Kirche sonntäglichen Theaterbesuchern mit Exkommunikation.

Aber auch die Schließung sämtlicher Theater durch Kaiser Justinian (529) konnte das Fortleben des szenischen Spiels auf Straßen und Jahrmärkten nicht unterbinden – darauf lassen zumindest die sich bis ins frühe Mittelalter wiederholenden Edikte gegen das Treiben von Mimen und Pantomimen schließen.

Römische Tänzerinnen

Urzeit – ca. 400 n. Chr.

Glossar

Attellane: volkstümlich-komisches Maskenspiel, ursprünglich aus Attella, Blütezeit in Rom ca. 364-103 v. Chr.
Chorege: Financier des Chors für die Aufführung einer griechischen Tragödie
Dithyrambos: getanztes Chorlied, gilt als Ursprung des antiken Dramas
Große Dionysien: Athener Staatskult, ursprünglich Feiern zu Ehren des Gottes Dionysos
Mimus: ursprünglich volkstümliches griechisches Stegreifspiel ohne Masken, um 430 v. Chr. literarisiert
Orchestra: Tanzplatz des Chors
Palliata: römische Ausformung der Neuen Komödie Griechenlands, benannt nach dem Kostüm (*pallium* = Griechenmantel)
Pantomimus: stummes Gebärdenspiel, begleitet von Flöte oder Orchester und Chor, Blüte zur römischen Kaiserzeit
Phlyakenposse: griechisch-unteritalienische Volksposse mit grotesken Masken und Kostümen, um 300 v. Chr. literarisiert
Proskenion: vor dem Bühnenhaus (skene) errichtete Vorbühne
Poetik: Regelkanon zur Herstellung von Dichtung
Protagonist: erster und zunächst einziger Schauspieler der griechischen Tragödie, später ergänzt durch einen zweiten (*Deuteragonist*) und dritten (*Tritagonist*)
Satyrspiel: komisches griechisches Drama mit oft märchenhaften Stoffen; bei den Großen Dionysien stets mit drei Tragödien zu einer Tetralogie verbunden
Skene: Bühnenhaus (wörtlich Garderobenzelt)
Togata: eigenständige römische Komödie, die im Gegensatz zur *Palliata* im römischen Kostüm, der Toga, gespielt wurde

Theater des Fernen Ostens

Eine lange Tradition

Urzeit – heute

Um 3000 v. Chr.	Kultische Tempeltänze der Indus-Kulturen
ca. 1000 v. Chr.	In Indien entsteht die *Rigveda*, das fünfte Buch der ältesten heiligen Schriften in Sanskrit.
5. Jh. v. Chr.	In China begründet Lao-Tse den Taoismus, in Indien lehrt Buddha.
200 v.-200 n. Chr.	Entstehung des *Nātya'sāstra*
100 n. Chr.	Die Chinesen erfinden das Papier.
200-900	Indisches *Sanskrit*-Drama
7.-8. Jh.	Aus China und Korea importierte Tanz- und Maskenspiele *Gigaku* und *Bugaku* kommen nach Japan.
um 1000	Das Schattenspiel verbreitet sich von Indien aus über ganz Asien.
627-649	Kaiser Tai-tsung und kulturelle Blüte Chinas: Sammlung der Tang-Gedichte mit 48 900 Gedichten von 2000 Dichtern.
750	Erste Theaterschule der Welt in China
1275-92	Marco Polo bereist China.
13.-14. Jh.	Blüte des moralischen Helden- und des erotischen Liebesdramas in China
14.-17. Jh.	341 verschiedene lokale Singspielformen in China
1478	Japan: Zeitalter der »Ritter und Helden« (Sengoko-Periode)
19. Jh.	Entstehung der Peking-Oper
1858	Indien britische Kronkolonie

Fast gleichzeitig mit dem Untergang der antiken Kultur, dem die dunkelsten Jahre in der Entwicklung des abendländischen Theaters folgten, setzte im Fernen Osten die Entfaltung einer Vielzahl theatraler Formen ein. In Indien erlebte das von hochentwickelten Regelkanons regierte *Sanskrit*-Drama zwischen dem 4. und dem 8. Jh. seine Blütezeit, um 750 richtete der chinesische Kaiser Xuangzong in seinem Birngarten die erste Theaterschule der Welt ein, und das filigrane Schattenspiel *Wayang Kulit* findet in der indonesischen Literatur seit der Jahrtausendwende Erwähnung.

Im Gegensatz zur europäischen Theatergeschichte, die bis heute von Diskontinuität, Stilwandel, ja Stilbruch geprägt ist, gedieh das fernöstliche Theater auf dem Humus von Überlieferung und Nachfolge. In den Schauspielerdynastien Japans und Chinas werden die Geheimnisse der Schauspielkunst und Rollenauffassung noch heute vom Vater an den Sohn weitergegeben. So konnten die *Peking-Oper*, das japanische *Nô*-Spiel und das indische Tanztheater über Jahrhunderte zu klassischen Hochformen reifen, die bis heute fast unverändert lebendig sind.

Barongspiel, Bali. Überlieferte man das Theater des Abendlands als literarische Kunstform, wurde die Gattung Drama in der fernöstlichen Literatur von jeher als minderwertig vernachlässigt. Das Theater des Fernen Ostens ist v. a. visuell-musikalisches Gesamtkunstwerk. Reines Sprechtheater entstand erst unter dem Einfluß westlicher Kolonisation.

Mehrdimensionale Kunst — Theater des Fernen Ostens

Mehrdimensionale Kunst

Ritueller Tanz gehört in Ost und West zu den Urzellen des Theaterspiels. Dies gilt v. a. für das indische Theater, dessen Begriff für »Drama«, *nātaka/nātya*, sich von »tanzen« (*nāt*) ableitet. Doch auch in China und Japan, deren Kulturen im Gefolge der buddhistischen Missionierung stark von der indischen beeinflußt wurde, bilden Musik, Tanz und darstellendes Spiel eine untrennbare Einheit.

Die akrobatische Affenarmee aus dem thailändischen Tanztheater *Khon*

Das Theater des Fernen Ostens entwickelte über Jahrhunderte komplizierte Regelwerke, die Mimik, Gestik und Bewegung ebenso wie die Gestaltung der Masken und Kostüme bis ins Detail vorschreiben und mit Symbolik belegen. Naturalistische Abbildung von Realität gilt weder dem religiös verankerten Theater (z. B. Nô-Spiel) noch den spektakulären Schaukünsten (wie *Kabuki* oder *Peking*-Oper) als erstrebenswert. Das Theater soll vielmehr die hinter den Erscheinungen liegende Wahrheit über die Welt offenbaren. Die schlichte Handlung dient nur als Anlaß für die Darstellung von Gefühlen, die sich dann auch beim Publikum einstellen sollen. Das Weltgefüge wird in ein am Ende siegreiches Gutes und ein bestraftes Böses aufgeteilt, wobei Spielern und Zuschauern der illusionäre Charakter der Darstellung stets bewußt bleibt. Diese Nähe zur ursprünglichen Natur des Schauspiels konnte sich das abendländische Theater nur in wenigen Formen, etwa der *Commedia dell'arte*, bewahren.

Das indische Nātya'sāstra
Ein erstes Handbuch der Schauspielkunst

Der indischen Mythologie zufolge sind Tanz und Drama ein Geschenk der Götter. Der Schöpfer der Welt, Brahmā selbst, so heißt es, habe dem indischen Gelehrten Bharata das Regelwerk der Theaterkunst, das *Nātya'sāstra*, eingegeben. Tatsächlich überliefert diese älteste Dramaturgie der

Tanztheater, Birma. Der Schauspieler des fernöstlichen Theaters agiert als eine Art ›Übermarionette‹. Die hochstilisierte Körpersprache leitet sich nicht von der lebendigen Natur, sondern von der Kunst ab und ähnelt steinernen Tempelbildern. Ihre reine Künstlichkeit steht als Symbol für Kraft, Ruhe und Schönheit.

Theater des Fernen Ostens — Indien

Urzeit – heute

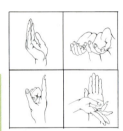

Fingersprache der indischen Tanz- und Schauspielkunst (*Mudrās*): gut, ich gebe mich hin, dieser, Sonne (von links oben nach rechts unten)

Welt den hohen Entwicklungsstand einer komplexen Theaterkultur im Indien seiner Entstehungszeit (zwischen 200 v. und 200 n. Chr.).

Das *Nātya'sāstra* regelte nicht nur Fragen des Schauspielerhandwerks und der dramatischen Dichtkunst, sondern breitete sich auch ausführlich über Bau und Einrichtung von Theatern und den Umgang mit Hetären aus, über Kostüme und Masken, Klangfarben von Sprache und Begleitinstrumenten, sozial bedingte Gehweisen und die exakt fixierte Gestik der Figuren. Das Lehrbuch unterscheidet u. a. 24 Fingerhaltungen, 36 Augenstellungen, 16 Positionen der Füße in der Luft und auf der Erde, 13 für den Kopf und viele mehr für Augenbrauen, Nase, Hals, Kinn und Brust.

Indisches Tanzdrama

Die indische Theatergeschichte begann mit kultischen Tänzen, die spätestens seit 3000 v. Chr. zum Lob der Götter in Tempelbezirken aufgeführt wurden. 1000 Jahre später enthielten die ältesten Zeugnisse der *Sanskrit*-Literatur, die *Veden*, bereits dramatische Dialoge. Die Vermenschlichung der Götter in den Epen *Rāmāyana* und *Mahābhārata* gaben den Impuls für die Entwicklung des altindischen Dramas, das ebenso wie das klassische *Sanskrit*-Drama (200-900 n. Chr.) von Tanz und Musik wesentlich bestimmt blieb.

Während das religiöse altindische Drama noch überwiegend in Tempeln stattfand, ging das romantische *Sanskrit*-Drama mit seinen Geschichten

Der *Bharata Nātyam*, ein Tempeltanz, gehört neben der Sanskrit-Literatur und den elementaren Späßen umherziehender Gaukler zu den Urelementen des klassischen indischen Theaters.

Tanzdrama

Theater des Fernen Ostens

um Liebschaften von Göttern und Prinzen bereits in eigenen Theaterbauten über die Bühne. Der überdachte Raum wurde durch einen Vorhang in eine Spielfläche und eine Hinterbühne für die Geräuscherzeugung getrennt. Die Zuschauer nahmen an drei Seiten weiterhin im Freien Platz. An die Stelle von Dekorationen und Requisiten trat die pantomimische Nachahmung der Welt.

Handlung und Charaktere ordneten sich den Zielen der dreiphasigen indischen *Rasā*-Theorie unter. Die existentiellen Gefühle der Figuren sollten sich dem Zuschauer in schönster Anmut vermitteln (1. Phase), um sein Herz zu berühren (2. Phase) und in einen Glückseligkeitszustand der totalen Gemütsruhe zu versetzen (3. Phase). Ein harmonisches Ende ist dem indischen Tanzdrama

Prächtige Kopfbedeckungen und Kostüme, kunstvolle Schminkmasken und der leidenschaftliche dramatische Ausdruck machen das klassische Tanzdrama *Kathakali*, eine seit dem 15. Jh. in Kerala (Südindien) praktizierte Volkstheaterform, zum Augenschmaus.

Diese Miniatur zeigt eine Szene des wohl berümtesten indischen *Sanskrit*-Dramas *Sakuntalā* von Kalidasa, das Goethe 1830 überschwenglich pries: »Hier erscheint uns der Dichter in seiner höchsten Funktion, als Repräsentant des natürlichsten Zustandes, der feinsten Lebensweise, des reinsten sittlichen Bestrebens, der würdigsten Majestät und ernstester Gottesbetrachtung ...«

folglich zwingend vorgeschrieben. Bis heute werden unzählige regionale Volkstheaterformen praktiziert, die im Mittelalter das – allerdings mit dem Einfall des Islam verblassende – *Sanskrit*-Drama ablösten und sich auf den Straßen tradierten. Die ersten festen Theaterbauten des 19. Jh. blieben zunächst dem modernen Schauspiel der englischen Kolonialmacht vorbehalten. Im 20. Jh. entstand im Zusammenhang mit dem erwachenden

Theater des Fernen Ostens   Indonesien

Kathakali wird ausschließlich von Männern getanzt, die sich von Kindesbeinen an einer harten Ausbildung unterziehen, um sich das umfangreiche Bewegungsrepertoire für Augen, Hände und Füße anzueignen.

Nationalbewußtsein eine eigene Dramatik, in der Tradition und Moderne eine fruchtbare Verbindung eingingen.

Das indonesische Schattentheater

Zu den besonderen Sehenswürdigkeiten der asiatischen Formenvielfalt gehört das Schattenspiel, das sich vermutlich vor über 1000 Jahren von Südindien aus über ganz Asien verbreitete. Auf den indonesischen Inseln Java und Bali avancierte das *Wayang Kulit* gar zur wichtigsten theatralischen Spielart. Hier leiteten sich vom Begriff für Schatten, *Wayang*, später alle anderen Bezeichnungen für Theater wie z. B. *Wayang Golek* oder *Wayang Wong* ab. Das große Repertoire des *Wayang Kulit* speiste sich aus den indischen Epen *Rāmāyana* und *Mahābhārata*. Mindestens 60, manchmal bis zu 100 der aus Tierhaut filigran geschnittenen zweidimensionalen Lederfiguren werden pro Aufführung von einem einzigen Puppenspieler (*Dalang*) geführt. Ein guter *Dalang* verleiht jeder Figur eine eigene Stimmfarbe und erweckt die von zwei dünnen Stäben bewegten, oft kunstvoll bemalten Figuren zu geheimnisvoller Lebendigkeit. Das obligatorische *Gamelan*-Orchester begleitet die Aufführungen von Sonnenuntergang bis Sonnenaufgang. Nur wenige der nach sozialem Rang plazierten Zuschauer verfolgen heute noch ein ganzes Schattenspiel, dessen Genuß genaue Kenntnisse der vielschichtigen Symbolik voraussetzt. Wie die Körpersprache im indischen Tanz ist auch die Herstellung der Schattenfiguren festen Regeln unterworfen. Jede Einzelheit im komplizierten Schnitt des Musters transportiert Bedeutung. Eine Figur mit dünner Nase, flacher Stirn und

»Das Schattenspiel ist das Spiel des Lebens, von dem unsere sichtbaren Taten Widerspiegelungen sind ... Diese Schatten sind die ursprüngliche Ursache für die Existenz des natürlichen Menschen, die ewigen Muster, nach denen er geschaffen wurde ...«
(*Subroto Kusmardjo, Java*)

Puppen und Schatten

Theater des Fernen Ostens

Wayang Golek: Äußerst populäres javanisches Stabpuppenspiel. Die vollplastischen, prächtig bemalten Holzfiguren werden vom *Dalang* für das Publikum sichtbar geführt. Das Stückerepertoire entspricht dem des *Wayang Kulit*.

Urzeit – heute

schrägen Augen gilt als vornehm, während der kraftstrotzende Held durch seine dicke Nase, eine gewölbte Stirn und runde Augen imponiert. Noch im 20. Jh. ist das Schattenspiel für seine Zuschauer weit mehr als ein rein ästhetischer Genuß. In ihm überlebte eine uralte kultische Handlung alle religiösen Wandlungen der indonesischen Geschichte. Es verbindet die Zuschauer mit ihren kulturellen Ahnen, deren materialisierte Schatten sie in den Figuren zu erkennen glauben.

Die chinesische Peking-Oper

Die *Peking*-Oper bildet den vorläufigen Höhepunkt einer jahrtausendealten Tradition chinesischer Schaukünste. Ihr grandioser Mischstil enthält alles, was den wandernden Singspieltruppen der Ming-Zeit auf ihren Streifzügen durch die verschiedenen regionalen Stile der Übernahme wert schien, gleich, ob es sich um fertige Stücke, Melodien, Schminkmasken, Kostüme, Bewegungsabläufe oder Kampftechniken handelte. Vom Hof gefördert, konnte sich das hauptstädtische Bühnen-

Wayang Wong: Von Menschen aufgeführtes Tanzdrama. Mit langsamen und abrupten Bewegungen (Arme und Beine werden in der Horizontalen gehoben) bemühen sich die Tänzer, der Formensprache des *Wayang Kulit* möglichst nahe zu kommen. Der *Dalang* rezitiert in dieser Variante nur noch Überleitungen zwischen den gesprochenen Dialogen der Spieler.

Wayang Topeng: Pantomimisches Maskentheater, dessen Fabel vom *Dalang* simultan erzählt wird

27

Theater des Fernen Ostens

China ...

Wayang Klitik: Spiel flacher bemalter Holzrelief-Figuren mit beweglichen Lederarmen

Wayang Bébér: Spiel ohne Figuren. Während der *Dalang* die Geschichte kommentiert, wird die auf eine Stoffbahn gemalte Darstellung der Handlung wie ein Film abgerollt.

spektakel im 19. Jh. als nationale Theaterform durchsetzen. Die als bekannt vorausgesetzten Stoffe der über 2000 Repertoirestücke sind der chinesischen Historie entlehnt und feiern das Heldentum als höchste Vollendung des irdischen Daseins.

Das chinesische Publikum erfreut sich v. a. an den höchst individuellen Ausdeutungen der Fabeln und Charaktere durch die virtuosen Schauspieler. Poesie, Musik, Akrobatik und bildnerische Gestaltung finden dabei zu einer harmonischen Einheit. Die im Fistelton zur Begleitung von Trommeln und Saiteninstrumenten vorgetragenen Lieder entsprechen keineswegs unserer Vorstellung von Opernarien; den westlichen Zuschauer fasziniert statt dessen die trotz

Zhou-Dynastie (1000–256 v. Chr.): Seit dem 11. Jh.: Tierpantomimen und Schamanentänze; 8. Jh.: erste schriftliche Überlieferung von Tanztheateraufführungen im Rahmen religiöser Feste; 7. Jh.: höfische Gaukler und Geschichtenerzähler

Han-Dynastie (206 v.–220 n. Chr.): »Hunderterlei Spiele«, einfache theatrale Aufführungen, neben Schwertschluckern, Feuerspuckern und Seiltänzern auch Schauspieler mit kurzen Sketchen und Farcen

Tang-Zeit (618-917): Gründung der ersten Theaterschule der Welt im Birngarten des Kaisers Xuangzong und Anfänge der Rollentypisierung, dem charakteristischen Stilmittel des chinesischen Theaters

Song-Zeit (960-1279): Blüte von Handel und Handwerk, Gründung großstädtischer Vergnügungsviertel mit komödiantischen *Bordelltheatern*

Yuan-Dynastie (1280-1368): Das literarische Theater bringt moralische Heldendramen (nördliche Schule) und erotische Liebesdramen (südliche Schule) hervor; v. a. berühmt Li Xindaos *Der Kreidekreis*

Ming-Zeit (1368-1644): Durch Wanderzüge der Schauspieler 341 verschiedene lokale Spielformen

19. Jh.: *Peking-Oper* verbreitet sich von der Hauptstadt aus als »nationales Theater« in ganz China

20. Jh.: westlich geprägtes chinesisches Sprechtheater, Gegenstück zu den traditionellen Singspielen

Der König von Chu ist zwar ein Bösewicht, wie der weiße Grund der Maske zeigt, doch die schwarze Augenumrandung und der lange Bart mildern ihn zum »würdevollen Schurken«. Die ornamentalen »Savastica-Brauen« stehen für ein langes Leben.

... und die Peking-Oper

Theater des Fernen Ostens

In der Gesichtsbemalung des Affenkönigs Sun Wukong werden die Charakteristika des Tiergesichts wie Nase, Haarbüschel auf der Stirn und um das Maul nachgeahmt. Das Gold um die Augen symbolisiert seine Unsterblichkeit.

Die blaue Grundierung dieser Maske der *Peking-Oper* spricht für den wilden Mut der Figur, an der schwarzen Augenumrandung erkennt man ihre würdevolle Güte, das goldene Stirnornament deutet auf überirdische Macht hin. Die langen weißen Nasenhaare identifizieren die Maske als blauen Drachen des himmlischen Heers.

üppiger Kostüme und Schminkmasken äußerst waghalsige Akrobatik der Akteure.

Die Symbolik der artifiziellen Schminkmasken erschließt sich freilich nur dem eingeweihten Publikum. Unmißverständlich stellt die Farbgestaltung einer Maske klar, ob die Figur gut (schwarz) oder böse (weiß), unzuverlässig (grün) oder heilig (rot), jugendlich wild (blau) oder altersweise (orange) verstanden sein will. Die Bühne ist durch kunstvolle Gobelins begrenzt, Bühnenverwandlungen werden gesprochen oder gespielt. Zur Andeutung der verschiedenen Orte und Situationen genügen Flaggen mit einfachen Symbolen: eine geschwungene blaue Flagge steht für das Meer, aufgemaltes Mauerwerk für eine ganze Stadt, eine schwarze Flagge bedeutet Sturm, ein einfaches Rad stellt einen Wagen dar.

Szene aus der *Peking-Oper*

Theater des Fernen Ostens

Japan

Diese Aufnahme einer Nô-Szene zeigt alle klassischen Elemente des Spiels. Die leere Bühne schmückt ein Prospekt mit der obligatorischen (göttlichen) Kiefer. Musiker nehmen neben Chor und Spielern auf der Bühne Platz. Der Höhepunkt der Emotion, wie hier der Auftritt eines eifersüchtigen weiblichen Geistes, manifestiert sich im Tanz.

Japanisches Nô-Spiel – Eine Reise in die Vergangenheit

Im Nô können wir das seltene Phänomen einer seit über 500 Jahren unveränderten Gattung bestaunen. Der Schauspieler Kanami reformierte im 14. Jh. die höfischen und volkstümlichen Spielformen des *Sarugaku* zu einem neuen Stil. In drei nachfolgenden Generationen schuf seine Familie fast das gesamte Nô-Repertoire, von dessen ursprünglich 3000 Stücken ca. 200 überdauerten.

Im Mittelpunkt der kurzen Nô-Spiele stehen Menschen, die sich auch nach ihrem Tod nicht von der materiellen Welt trennen mögen und deshalb als Geister an den Ort ihrer vormaligen Leidenschaften zurückkehren müssen. An einem Abend werden in der Regel fünf Stücke (Götterstück, Kampfstück, Frauenstück, Schicksalsstück, Schlußstück) aufgeführt, unterbrochen nur von komischen Zwischenspielen, den *Kyôgen*.

Das Geheimnis der Masken

Im Gegensatz zu den effektvollen Schminkmasken des *Kabuki* wirkt die Nô-Maske schlicht und

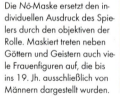

Die Nô-Maske ersetzt den individuellen Ausdruck des Spielers durch den objektiven der Rolle. Maskiert treten neben Göttern und Geistern auch viele Frauenfiguren auf, die bis ins 19. Jh. ausschließlich von Männern dargestellt wurden.

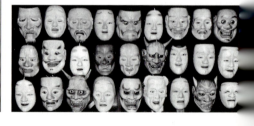

Die Masken des Nô

Theater des Fernen Ostens

beinahe neutral. Dennoch geht eine geheimnisvolle Magie von ihr aus. Vor der Aufführung versenkt sich der Nô-Spieler meditativ in den Anblick seiner Maske, um sich vollkommen mit ihr zu identifizieren. In Japan heißt es, eine gute Maske bewege ihren Träger und nicht umgekehrt. So erleidet der Mime sein Spiel wie der Mensch das Leben: Nô gilt für den von Askese und Meditation geprägten japanischen Schwertadel als künstlerischer Ausdruck zen-buddhistischer Lebensphilosophie. Es vollzieht sich in höchster Konzentration, Schlichtheit und Langsamkeit. Die sinnschwere Gestik und Bewegung folgt einer bis ins kleinste festgelegten Choreographie: Die Stellung der Füße charakterisiert die Figur; das Heben einer Hand vor die Augen bedeutet Weinen; zur Andeutung des Suchens genügt das leichte Drehen des Kopfs. Universales Requisit ist der Fächer, der z. B. Flügel oder Wasser versinnbildlichen kann.

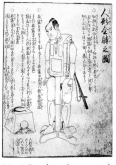

Jôruri: Populäres Puppenspiel, seit dem 18. Jh. unverändert erhalten. Die Figuren, die neben allen zehn Fingern sogar Augenlider und -brauen bewegen, werden von bis zu drei Spielern geführt und gelten als Meisterwerke der Schnitzkunst.

Urzeit – heute

Kleines Lexikon des japanischen Theaters

Aragoto: männlich-bravouröser Spielstil im *Kabuki*, der raumgreifende Bewegungen, übergroße Kostüme und Perücken und eine symbolische Schminkmaske vorschreibt

Angura: japanisches *underground*-Theater der 68er Studentenrevolte, das triviale und folkloristische Spielformen zur Vermittlung radikaler Gesellschaftskritik einsetzt

Butô: experimentelle Tanzbewegung der 50er Jahre, die mit den erstarrten Formen des traditionellen Tanzes bricht

Kagura, Gigaku, Bugaku: aus China und Korea importierte Tanz- und Maskenspiele, seit ca. 1000 Jahren am kaiserlichen Hof und in Shintô-Tempeln zelebriert

Kyôgen: komisches Zwischenspiel während einer Nô-Aufführung

Mie: Pose des *Kabuki*, auf dem Höhepunkt der Emotion erstarren alle Bewegungen

Sarugaku: Sammelbezeichnung für eine Vielzahl unterhaltsamer Schaukünste, die Artisten, Magier und Gaukler bei Tempel- und Hoffesten zeigten; im 14. Jh. entwickelten sich daraus anspruchsvolle dramatische Aufführungen, die zum Nô (d. h. Kunstwerk) veredelt wurden.

Shimpa: Sprechtheater, das im 19. Jh. als Forum zur Verbreitung liberaler Ideen nach dem Muster des modernen europäischen Theaters geschaffen wurde. Das *Shimpa* übernimmt Elemente traditioneller japanischer Schaukunst.

Shingeti: »Neues Theater« des 20. Jh., verzichtet auf traditionelle Formen und widmet sich der Inszenierung von Stücken des modernen Welttheaters

Shite: Hauptschauspieler des Nô-Theaters, der von einem Nebendarsteller (*Waki*), mehreren Gefolgsleuten (*Tsure*) und dem Chor begleitet wird

Theater des Fernen Ostens — Kabuki

Urzeit – heute

Kabuki: Der Schauspieler Otani Oniji Ende des 18. Jh.

Schaukunst Kabuki

Im Lauf der Jahrhunderte wurde das museale Nô-Theater zwangsläufig zum exklusiven Vergnügen für einen aristokratischen Kreis von Kennern. Mit dem wirtschaftlichen Erstarken des Handelsstands wuchs im 17. Jh. ein kaufkräftiges Publikum heran, das sich einer neuen spektakulären Volkstheaterform, dem Kabuki, zuwandte.

Das Kabuki trat ursprünglich als reines Tanztheater ins Rampenlicht und feierte dort mit den erotischen Vorführungen von Frauen und Knaben sensationelle Erfolge. Als deren Auftritte, wohl um soziale Nivellierungen zwischen den Samurai und dem reichen, aber niederrangigen Bürgertum zu vermeiden, Mitte des 17. Jh. endgültig verboten wurden, fand das Kabuki – in hemmungsloser Aneignung aller Glanzlichter zeitgenössischer Publikumsmagneten – schnell zu einem neuen Stil. Dem beliebten Puppenspiel Jôruri entlehnte es mit den Stoffen auch die dramatische Form; der Bühnenraum und die prächtigen Kostüme erinnern an das Nô-Spiel.

Wie im chinesischen Singspiel steht der virtuose Artist, um den in Japan schon im 17. Jh. ein wahrer Starkult getrieben wurde, als eigentlicher Autor im Mittelpunkt der Aufmerksamkeit. Er versteht es, Musik (ka), akrobatischen Tanz (bu) und dramatisches Spiel (ki) zu einer revuehaften Gesamtwirkung zu vereinen. Auf dem Höhepunkt der effektvollen Inszenierung

Das Kabuki spielte schon früh in festen Theaterhäusern, deren Zuschauerräume zugleich als Restaurants dienten. Der opulente Einsatz von Wechseldekorationen, Versenkungen, Flugmaschinen und Drehscheiben legt einen Vergleich mit der Bühnenmaschinerie des europäischen Barocktheaters nahe.

Tanz als Politikum

Theater des Fernen Ostens

einer menschlichen ›Ur-situation‹ wie Haß, Liebe oder Eifersucht erstarrt das Spiel gar zu einem stehenden Bild (*Mie*), die Sprache gipfelt im artifiziellen Schrei oder Schluchzen, und das Publikum antwortet: »Mattemashita« – »Darauf haben wir gewartet!«

Bis heute bemühen sich die *Kabuki*-Spieler, die Tradition dem Zeitgeschmack stets neu anzuverwandeln. Historische Stoffe dienten bereits im 18. Jh. als Vehikel für versteckte Kritik der zeitgenössischen Politik, jüngste Experimente mit Rockmusik verfehlen ihre Wirkung auf das jugendliche Publikum von heute nicht. Die farbsymbolisch gestalteten Schminkmasken folgen wie die streng fixierte Akrobatik seit jeher den Gesetzen einer eigenen Zeichensprache, während Stoffe, Bühnenformen und technische Effekte sich mit den Bedürfnissen des Publikums wandeln.

Die Handlung darf unlogisch und phantastisch sein, die Figurenzeichnung grotesk, doch die tableauartige Zurschaustellung von Gefühlen muß dem Publikum des *Kabuki* zu Herzen gehen.

Onnagata: Männlicher Frauendarsteller des *Kabuki*

Die roten Gesichtslinien dieser *Aragoto*-Figur markieren den positiven Helden, während braun-violette einen Geist und blaue den Bösewicht verraten. Das klassische *Aragoto*-Kostüm ist grotesk vergrößert und entspricht der raumgreifenden Choreographie.

Das Mittelalter — Antikes und germanisches Erbe

800 – 1600

800	Karl der Große wird zum Kaiser des Heiligen Römischen Reichs Deutscher Nation gekrönt.
Um 1000	Klosterreform der Cluniazenser
1096-1099	Erster Kreuzzug
1163	Baubeginn von Notre Dame de Paris
um 1200	Niederschrift des *Nibelungenlieds*
um 1230	Guillaume de Laris: *Roman de la Rose*
1248	Baubeginn des Kölner Doms
1252	Einführung der Folter bei der Inquisition
1253	Gründung der Pariser Universität
1290	Ausweisung der Juden aus England und Frankreich
1321	Dante Alighieri: *Divina Commedia*
1339	Beginn des 100-jährigen Kriegs zwischen Frankreich und England
1348	Erste der großen Pestepidemien, die fast ein Drittel der europäischen Bevölkerung dahinraffen
1388	Geoffrey Chaucer vollendet die *Canterbury Tales*.
1433	In England löst das Englische Französisch und Latein als Amtssprachen ab.
1484	Hexenbulle Papst Innozenz' III.

Geistliche und weltliche Macht waren im Mittelalter untrennbar verknüpft: Kaiser Heinrich der Heilige (um 1260)

Die Kultur der Christenheit

Im Mittelalter veränderte sich mit der Entstehung zahlreicher Staaten das Antlitz Europas vollkommen. Der Rückgang von Handel und Gewerbe begünstigte die Entfaltung eines naturwirtschaftlichen Feudalismus. Das städtische Bürgertum, in der Antike noch Träger der Kultur, verlor nicht nur politisch, sondern auch kulturell jegliche Bedeutung. Antike und germanische Tradition verschmolzen zu einer von der christlichen Kirche dominierten neuen Kultur.

Die Christianisierung dauerte allerdings fast das ganze Mittelalter an, denn der neue Glaube etablierte sich nicht, wie in urchristlichen Zeiten, als eine Religion von unten, sondern kam gewissermaßen als Staatsreligion häufig genug »mit Feuer und Schwert« über das Volk.

Die so konstituierte Gemeinschaft der mittelalterlichen Menschen verstand sich weniger als Gesellschaft im heutigen Sinn, denn als Christenheit. Die Kirche bestimmte alle Bereiche des öffentlichen und sozialen Lebens. Sie erließ Zinsverbote für den Geldverkehr und befaßte sich in ihrer Rechtsprechung mit Ehebruch und Meineid, Erb-

Die Macht der Kirche Das Mittelalter

folge und Rückerstattung von Diebesgut. Die Philosophie erklärte sie wie alle anderen Wissenschaften kurzerhand zur Magd der Theologie.

Was sich der kirchlichen Kontrolle zu entziehen versuchte, sah sich heftigen Anfeindungen ausgesetzt und wurde im späten Mittelalter durch die Inquisition blutig verfolgt. Die Hexenprozesse galten nicht zuletzt den Überresten von heidnischer Volkskultur und magischem Bewußtsein, die Ketzerverfolgung diente der Ausrottung reformerischer Bewegungen innerhalb der Kirche.

Der Kirchenvater Augustinus (354-430) ließ sich in seinen *Bekenntnissen* ausführlich über die verderbliche Wirkung des Theaters aus: »Und doch sündigte ich, mein Herr und mein Gott ... Nicht in der Absicht, Besseres ... zu erwählen, war ich ungehorsam, sondern aus Liebe zu Spielereien und aus der Begierde nach stolzen Siegen in Wettspielen, um durch erdichtete Märlein meine Ohren zu reizen, daß sie immer lüsterner wurden und mir dieselbe Neugierde immer mehr und mehr aus den auf die Schauspiele und die Spiele der Alten gehefteten Augen leuchtete.« Ausschnitt aus einer mittelalterlichen Handschrift von *De Civitate Dei*; der Schreiber wirft den Schwamm nach einer Maus.

800 – 1600

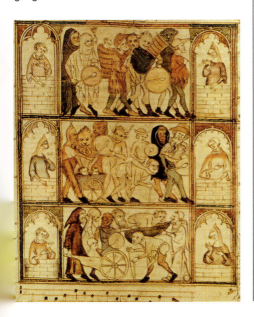

Vermummung, Musik und Tanz sind im Mittelalter die Hauptelemente volkstümlicher Unterhaltung.

35

Das Mittelalter — Fahrendes Volk

Beim geselligen höfischen Zusammensein pflegte man den Minnesang: der Minnesänger Heinrich, genannt Frauenlob.

800 – 1600

Tanzender Spaßmacher

Flötenspieler und jonglierender Knabe

Mittelalterliche Subkultur: Das fahrende Volk

Weniger brutal, aber trotzdem erfolgreich betrieb die Kirche die Unterdrückung des theatralen Spiels. Durch das ganze Mittelalter erhielt sich der kirchliche Bannstrahl gegen fahrende Schauspieler, Akrobaten und Musiker. Die Kirchenväter verdammten das wegen seiner heidnischen Ursprünge höchst verdächtige Theater in Bausch und Bogen als unmoralisch und schamlos.

Dennoch fanden die Narren als Repräsentanten des Grotesken und Animalischen ihren festen Platz in der mittelalterlichen Kultur. Sie vervollständigten das Weltbild als negativer Ausdruck der göttlichen Ordnung und begeisterten das Publikum auf städtischen Jahrmärkten ebenso wie an den Höfen von Adligen und in den Klöstern. Als »Unbehauste« entzogen sie sich zwar der kirchlichen Kontrolle, begaben sich damit aber auch außerhalb jeglichen Schutzes.

Entehrt und entrechtet, existierten die Gaukler am Rand der Gesellschaft – ausgestoßen wie Krüppel, Dirnen und Strolche. Die Bedeutungen der zahlreichen Namen für mittelalterliche Unterhalter wie *Histriones*, *Joculatoren*, *Ministrels* und *Mimen* bezeichneten kaum unterscheidbare Berufsfelder. Die Fahrenden beherrschten oft mehrere Künste, waren zugleich Tänzer, Akrobaten und Tierbändiger oder Musikanten und Vortragskünstler. Letztere, auch *Spilman* und *Spilwîp* gerufen, wußten ihr Publikum durch allerlei Nachrichten und Neuigkeiten, böse Spottverse, Taschenspielereien, aber auch mit gesungenen oder rezitierten Heldensagen und Heiligenlegenden zu erfreuen. Sie verdingten sich bald als Hofdichter, Festarrangeure, Ratgeber und Ruhmverkünder der Mächtigen, bald als Spaßmacher auf den Festen der Landbevölkerung und Publikumsmagneten fahrender Ärzte und Quacksalber.

Das kirchliche Erziehungswerk

Kein Kult der Welt kommt auf die Dauer ohne darstellendes Spiel aus. Das gilt v. a., wenn eine Religion vom Geheimritual für Eingeweihte zur staatstragenden Institution aufsteigen und die neue Heilslehre möglichst nachhaltig im Volk verbreiten will.

Der mittelalterliche Mensch war in der Regel Analphabet, und sein Bewußtsein blieb von magischen Bräuchen der Volkskultur bestimmt. Die Kirche nahm diese in ihren Festkalender auf und instrumentalisierte sie für die Verbreitung der christlichen Heilslehre. Weihnachten löste das jeweils am 25. Dezember gefeierte Geburtsfest des heidnischen Sonnengotts *sol invictus* ab; die noch heute üblichen Bräuche um Ostereier und -hasen entstammen der Verquickung des Auferstehungsfests mit heidnischen Frühjahrs- und Fruchtbarkeitsritualen.

Nachdem die Gefahr der Wiederkehr heidnischer Kulte gebannt schien, wurden theatralische Riten, wie sie in allen Religionen seit jeher gebräuchlich sind, auch in christlichen Gottesdiensten zugelassen: die Verwendung von Weihrauch, Kerzen und gesegnetem Salz. Im Zug des wachsenden Bedürfnisses, das Heilige mit allen Sinnen zu erfassen und entsprechend ästhetisch nachzubilden, wußte die Kirche schließlich auch die bildenden und darstellenden Künste für ihr Erziehungswerk einzuspannen.

Die Theatralisierung der Liturgie

Als das Konzil zu Konstantinopel (692) die Vermenschlichung des Göttlichen forderte, lockerte

Die Kunst diente im Mittelalter v. a. der nachhaltigen Glaubensvermittlung. Die brutale szenische Ausgestaltung des Bethlehemischen Kindermords war ein beliebtes Motiv in Malerei und geistlichem Theater.

Das Mittelalter — Kirchentheater

Wettlauf der Jünger zum Grab

Für die inszenatorische Gestaltung der Liturgie konstruierte man Kruzifixe mit abnehmbarem Korpus.

die Kirche das Bilderverbot und begann im 10. Jh., die Osterliturgie inszenatorisch auszuschmücken. Die Einfügung dramatischer Wechselgesänge zwischen Chor und Solisten und sogenannter *Tropen* – d. h. textliche Erweiterungen der liturgischen Gesänge – sollten der Veranschaulichung der Heilslehre dienen. Am Karfreitag wurde das Kreuz als Symbol für den Heiland vom Altar genommen, in ein Leichentuch gehüllt und in einer feierlichen Prozession durch die Kirche zu Grabe getragen. Am Ostermorgen stand die Erhebung des Kreuzes für die Auferstehung Christi.

Die ersten dramatischen Rollen des Kirchentheaters begegnen uns in den drei Marien der Verkündigungsszene, die wie der Engel von kostümierten Geistlichen gespielt wurden. Schon bald fanden auch burleske Momente Eingang in die Osterliturgie. Man ließ die Apostel Petrus und Johannes einen Wettlauf zum Grab des Auferstandenen veranstalten und zeigte, wie die Marien bei einem geschwätzigen Krämer ihre Salben kauften. Diese Situation weitete sich später zu einem eigenständigen *Krämer-Spiel* aus, in dem sich die junge Frau des feilschenden Quacksalbers eindeutig mit seinem Gesellen Rubin vergnügt.

Geistliche Spiele — Das Mittelalter

Geistliche Spiele

Von den an die Liturgie gebundenen dramatischen Einschüben war es nur ein kleiner Schritt zu komplexeren Spielen biblischen Inhalts. Sie dehnten sich über den ganzen Kirchenraum aus und bezogen die Gläubigen in die Handlung ein.

Neben Oster- und Weihnachtsspielen sind eine überraschende Fülle von Motiven und Spielarten überliefert. Mirakelspiele schilderten Leben und Wundertaten von Heiligen, Propheten- und Antichristspiele beschworen den Kampf zwischen Himmel und Hölle am Tag des Jüngsten Gerichts herauf. In burlesken Esels- und Kinderbischofsspielen traten u. a. Kinder in der Maske geistlicher Ämter auf und zeigten ausgelassene Persiflagen auf kirchliche Zeremonien.

Mit der Loslösung von der Liturgie wandelte sich auch die zunächst streng symbolistische Spielweise. Christus, in der Osterfeier nur als Zeichen anwesend, trat im Dienst einer stärkeren emotionalen Vergegenwärtigung nun selbst als sprechende und handelnde Figur auf. Spätestens im 13. Jh. verlagerten sich die geistlichen Spiele aus dem Kirchenraum auf den Kirchenvorplatz, wurden nicht länger lateinisch gesungen, sondern in den verschiedenen Volkssprachen gesprochen. Dies bedeutete jedoch noch keine Säkularisierung des religiösen Theaters. Die Kirche trat hinaus in die Welt, in der inzwischen eine neue Publikumsgruppe, das Bürgertum der jungen mittelalterlichen Metropolen, selbstbewußt seine wirtschaftliche Stärke behauptete.

Marien beim Salbenkrämer

800 – 1600

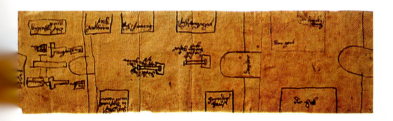

Plan der Spielanlage des Passionspiels von Villingen mit Standortangaben für die Spielpositionen

Das Mittelalter — Mysterien- und Passionsspiele ...

Das Luzerner Osterspiel von 1583 ist ein typisches Beispiel für die Einbeziehung des gesamten Marktplatzes. Die Rollenbesetzung spiegelte die soziale Hierarchie in der Bürgerschaft: Patrizier und Mitglieder der Zünfte übernahmen die Hauptpartien, während Dienstboten nur in unbedeutenden Rollen auftraten.

Mysterien- und Passionsspiele

Das Heraustreten aus dem Kirchenraum brachte mit der räumlichen auch eine inhaltliche Erweiterung der Spiele mit sich. Die Kirchenvorplätze boten Raum für die Errichtung unzähliger Spielorte, die im und um das Publikum herum aufgebaut werden konnten. Die Aufführungen zeigten keine Einzelmotive mehr, sondern widmeten sich der Heilsgeschichte von der Erschaffung der Welt bis zum Jüngsten Gericht. Vor dem Kirchenportal thronte auf einem Podest Gottvater im ›Paradies‹. Auf der gegenüberliegenden Seite des Platzes öffnete sich ein plastischer Höllenrachen, aus dem Christus am Jüngsten Tag die Seelen der Vorväter dramatisch rettete. Mit den Teufeln, die anschließend beim Kirchenvolk auf Seelenfang gingen, um ihre Hölle wiederaufzufüllen, rückte das Prinzip des Bösen ins Zentrum des Spiels.

All dies sorgte für emotionale Spannung, meist aber auch für unterhaltsame Entspannung bei der Vergegenwärtigung des heiligen Geschehens. Der Weg des Heilands vom Himmel zur Hölle führte durch die Welt: Die Stationen der Passion Christi bildeten oft auch den räumlichen Mittelpunkt des Mysterienzyklus. Sämtliche Spielorte

Der Bühnenplan von Valenciennes (1547) zeigt eine flächige Aneinanderreihung der einzelnen Spielorte zwischen Paradies und Höllenrachen. Zeltdächer schützten Spieler und Zuschauer, die nicht in die Handlung einbezogen wurden, sondern auf festen, ansteigenden Stuhlreihen der Bühne frontal gegenübersaßen.

... auf den Marktplätzen — Das Mittelalter

und Figuren waren während der ganzen Aufführung anwesend und repräsentierten die Gesamtheit des Ordnungs- und Heilssystems; das Publikum folgte dem Spielgeschehen von Spielstand zu Spielstand. Um den zahlreichen Rollen der mehrere Tage oder gar Wochen dauernden Festspiele gerecht zu werden, nahmen neben Klerikern auch (männliche) Bürger an den Aufführungen teil, bis die Städte diese Veranstaltungen im 14. Jh. ganz in die Hände von Zünften und Laienspieler-Bruderschaften legten. Die Spiele fanden nun auf den Marktplätzen statt und wurden von Bürgern finanziert.

Die großen Mysterienspiele dienten nicht länger zur Demonstration der kirchlichen Allmacht, sondern wurden zu *dem* Ereignis städtischer Festkultur. Sie verbreiteten sich über den ganzen Kontinent, insbesondere im Alpengebiet, Flandern und Frankreich, und bildeten in einzelnen Ländern eigene Traditionen heraus.

Das Passionsspiel von Valenciennes dauerte 25 Tage und ist in zahlreichen farbigen Miniaturen überliefert. Diese zeigt den Besuch der Heiligen Drei Könige, die Flucht nach Ägypten, den Kindermord zu Bethlehem und den Selbstmord des Herodes.

Neuer Wirklichkeitsbezug

In den Passionsspielen des Spätmittelalters läßt sich eine markante Veränderung der Christusverehrung beobachten. Nicht der Triumph des glor-

Mysterienspiel um das Martyrium der hl. Apollonia: rechts der Spielleiter mit aufgeschlagenem Regiebuch und Dirigierstab und der von Teufeln bevölkerte Höllenrachen, im Hintergrund der Himmel mit angelehnter Leiter

Das Mittelalter — Neuer Wirklichkeitsbezug

reich Auferstandenen, sondern Erniedrigung und Leiden Christi bildeten das Kerngeschehen. Die Passion wurde zum Spiegel für das neue Lebensgefühl einer Gesellschaft, die im 14. Jh. zunehmend mit wirtschaftlichem Niedergang, Hunger- und Pestkatastrophen und einer Krise der kirchlichen und politischen Autorität zu kämpfen hatte.

Wie die bildende Kunst orientierte sich das religiöse Theater des Spätmittelalters immer mehr an der empirischen Wirklichkeit. Beeindruckend konkrete Theatermittel sollten den Wahrheitsgehalt der Dogmen untermauern. In den trickreichen und effektvollen Aufführungen wurde eine erstaunliche Bühnenmaschinerie in Bewegung gesetzt, um Flug- und Versenkungsszenen, Manna-Regen, Wasserwunder und lebensechte Folterungen zu inszenieren. Aus präparierten Tierblasen unter Gewändern und Perücken floß reichlich Theaterblut, bevor die Darsteller der Märtyrer für die detailliert nachgestellten Hinrichtung gegen wächserne Puppen eingetauscht wurden.

Der erhöhte Wirklichkeitsbezug stärkte die spektakuläre Komponente auf Kosten der rituellen. V. a. die reformierte, aber auch die katholische Kirche verboten im 16. Jh. die ausfernden Spiele, eine Maßnahme, die nicht zuletzt der nachhaltigen Unterdrückung einer sich eigendynamisch entfaltenden Volkskultur galt.

Volkstümliches Theater auf der *Boerenkermes* von **Pieter Brueghel d.J.** nach Pieter Balten

800 - 1600

> **Glossar**
> **Fastnachtsspiel**: im 15. Jh. für den Karneval entwickeltes weltliches Spiel; lockere Aneinanderreihung derb-komischer Szenen um Ehebruch und Gerichtsstreitigkeiten
> **Geistliche Spiele**: Aus liturgischen Wechselgesängen hervorgegangene religiöse Spiele; die älteste Form ist das Osterspiel; daneben existieren noch das Weihnachts-, Propheten-, Fronleichnams-, Weltgerichts-, Mirakel-, Antichrist- und Paradiesspiel.
> **Morality-Play**: allegorisches Spiel, in dem abstrakte Begriffe und Eigenschaften personifiziert werden, z. B. der Kampf zwischen Lastern und Tugenden der Menschen
> **Mysterienspiel**: theatralisch effektvolle Inszenierungen biblischer Stoffe, Aufführungen unter freiem Himmel, v. a. in England und Frankreich verbreitet
> **Passionsspiel**: Erweiterung des Osterspiels auf mehrtägige Aufführungen der Leidensgeschichte Jesu mit profanen Zwischenspielen

Von der Kirche in die Welt — Das Mittelalter

Weltliche Spiele

Erst im Spätmittelalter entstanden im Rahmen von jahreszeitlichen Brauchtumsfesten weltliche Spielformen. In Frankreich führte man die wichtigsten komischen Theatergenres, *Farce* und *Sotie*, ursprünglich nur zur Fastnacht auf. Diese kurzen szenischen Formen erlaubten eine kritisch-spöttische Sicht auf den Alltag und scheuten sich nicht, kirchliche und staatliche Autoritäten in grotesken Verzerrungen zu demontieren.

Wie die französische *Farce* emanzipierte sich auch das deutsche *Fastnachtsspiel* schon bald vom Karneval und lockte als eigenständiges Genre sein Publikum in Wirtshäuser und auf Marktplätze. Die ungehemmte Sexual- und Fäkalkomik im Spiel der städtischen Handwerksgesellen ging meist auf Kosten von Juden, Bauern und Frauen und nahm mit Vorliebe die Laster der herrschenden Geistlichkeit und Aristokratie aufs Korn.

Die Tradition der ernsten englischen *Morality-Plays*, die den allegorischen Kampf zwischen Laster und Tugend gestalteten, lebt bis heute im meistgespielten Stück der europäischen Bühnen, dem *Jedermann*, fort. Der leichtlebige Jedermann wird vom Gevatter Tod vor den Thron Gottes befohlen. Vergeblich bittet er seine Zechgenossen »Kameradschaft«, »Verwandtschaft« und »Reichtum« um Beistand. Seine »Guten Werke«, selbst zu schwach, ihn zu begleiten, raten ihm zu Umkehr und Buße. Auf diesem Weg geht er gestärkt in den Tod.

Der wichtigste Autor des deutschen Fastnachtsspiels ist **Hans Sachs** (1494-1576). Als Oberhaupt der Meistersinger schrieb er über 4000 Meisterlieder und 87 Fastnachtsspiele. Seine Stücke sind weniger obszön und zeigen eine moralisierend didaktische Tendenz.

800 – 1600

Die Salzburger Festspiele eröffnen seit 1920 (Gründung 1917) traditionell mit einer Inszenierung des *Jedermann* von Hugo von Hofmannsthal vor der Domfassade (1973 mit Curd Jürgens in der Hauptrolle).

Bühnenformen

»Ich kann jeden leeren Raum nehmen und ihn eine nackte Bühne nennen. Ein Mensch geht durch den Raum, während ihm ein anderer zusieht; das ist alles, was zur Theaterhandlung notwendig ist«, beginnt Peter Brook seine berühmte Vorlesung *The Empty Space*. Theater wurde und wird überall gespielt – unter freiem Himmel auf Straßen und Plätzen, in Kirchen und Palästen, Wirtshäusern, Zelten, prunkvollen Staatsopern – und hat neuerdings auch Alltagsräume wie Klassenzimmer, Autobusse und Fabrikhallen für sich erobert.

Theatrales Spiel ist eine Urform der Kommunikation – zwischen Menschen und Göttern, zwischen Spielern und Zuschauern – und findet seinen Raum überall dort, wo sich ein Publikum versammeln läßt. Je nachdem, welche gesellschaftliche Funktion das Theater in einer Epoche oder Kultur erfüllte, definierte sich das Verhältnis von Spielern und Zuschauern neu und beeinflußte mit der Entwicklung des Theaterraums v. a. das spezifische Verhältnis von Bühnen- und Zuschauerraum.

Das kultische Theater spielt unter freiem Himmel. Die Zuschauer sitzen und stehen um eine meist kreisförmige Fläche herum, in deren Zentrum die Priester-Spieler den Opferaltar umtanzen. Sie sehen von jedem Platz aus gleich gut und haben neben den Akteuren auch den Rest des Publikums im Blick. Bei der ältesten rekonstruierbaren Bühnenform des europäischen Theaters, den hochentwickelten Theatern Griechenlands, wurde diese Arena *Orchestra* genannt. Der Zuschauerraum hieß *Theatron* und schmiegte sich ansteigend in einen natürlichen Hang. So konnten die Zuschauer der kultischen Gesänge und Tänze zu Ehren des Gottes Dionysos das Schauspiel als rituelle Gemeinschaftserfahrung und lebendigen Zusammenhang von Mythos, Göttlichem und Natur erleben.

Mit der Entfaltung des klassischen antiken Dramas gewann die kleine, *Proskenion* genannte hölzerne Bühne im hinteren Drittel der *Orchestra* an Bedeutung. Die an ihrer Rückseite errichtete *Skene*, eine Hütte mit mehreren Türen, diente der Erleichterung von Umzügen und Auftritten

Das Theater von Epidauros ist der besterhaltene griechische Theaterbau.

Bühnenformen

Das römische Theater in Orange mit *Cavea* und *Scaenae frons*

An den Theaterbauten der römischen Kaiserzeit, die sich an griechischen Vorbildern orientierten, kann man ablesen, wie sich der gesellschaftliche Funktionswandel des Mediums auf den Theaterbau auswirkte. Theater war nicht länger kultische Feier oder staatspolitischer Akt, sondern diente der Unterhaltung und Ablenkung des Volks und der Machtrepräsentation seiner Tyrannen. Die römischen Herrscher ließen vielstöckige, prunkvolle Theatergebäude errichten. Die Stirnseite des Bühnenhauses, die *Scaenae frons*, wurde aufgestockt und reich verziert. Die *Orchestra* schrumpfte zur halbkreisförmigen *Cavea*, in der besonders privilegiertes Publikum Platz nahm. Die Zuschauerordnung mit ihren unterschiedlich guten Sichtmöglichkeiten auf die Bühne spiegelte nicht mehr demokratische Verhältnisse, sondern repräsentierte die Klassenstruktur der römischen Gesellschaft.

Die in ganz Europa verbreiteten sakralen Spiele des Mittelalters, die weder formal noch inhaltlich eine Verbindung zum antiken Theater erkennen lassen, brachten mit der Simultanbühne auch eine ganz eigene Bühnenform hervor. Die unterschiedlichen Spielorte der dargestellten biblischen Geschichten wurden – zunächst im Kirchenraum, später vor den Kirchen und auf Marktplätzen – flächig oder kreisförmig nebeneinander aufgebaut. Das Publikum bewegte sich während eines Passions- oder Mysterienspiels von Spielpodest zu Spielpodest, auf denen Laienspieler ihre Szenen in plastischen Dekorationen wie einem Höllenschlund, einem Himmelsthron und verschiedenen weltlichen Stationen wiederholten. Die Simultanbühne ist ein Sinnbild für die gleichzeitige Präsenz von Himmel, Hölle und Weltgeschehen, mithin für die Ganzheit des christlichen Kosmos. Wie in den meisten kultisch begründeten Theaterformen sollte sich das Publikum, das sich zwischen den Stationen bewegte, als Teil dieses Kosmos auffassen.

In England entstand die Sonderform der Wagenbühne. Die einzelnen Stationen wurden auf Wagen aufgebaut, die in einer Art Festzug prozessionsartig hintereinander auffuhren. Während der Aufführung umstanden die unbeweglichen

Bühnenformen

Zuschauer jeweils den Wagen ihrer Station. Zur Überbrückung der Pausen, in denen die Wagen verschoben wurden, gaben die »Ruhestifter«, Spielleiter zu Pferd, überleitende Erklärungen zur Handlung ab.

Neben den kultischen und staatlichen Theaterformen wissen wir um die Existenz reisender Schauspielensembles mit weltlichem Repertoire bereits seit der Antike. Die griechischen Mimen und mittelalterlichen Gaukler begnügten sich wie die Spieler der neuzeitlichen *Commedia dell'arte* und des modernen Straßentheaters mit dem schnellen Aufschlagen eines einfachen erhöhten Bretterpodests. Die Rückseite wurde je nach Bedarf durch eine Bude aus Vorhängen abgegrenzt, die als Umkleideraum diente und Möglichkeiten für wirksame Auf- und Abtritte bot. Das Spiel auf der Budenbühne setzt seit jeher auf die Virtuosität der

Corral-Bühne

Spieler und verzichtet auf Ausstattung und bühnentechnische Effekte, wie sie bereits das römische und v. a. das mittelalterliche Theater kannten. Wesentlich ist die Nähe der Spieler zu ihrem Publikum, das an drei Seiten um die erhöhte Spielfläche herumsteht und oft direkt angesprochen wird.

Solche Budenbühnen, die man nicht selten in Innenhöfen von Wirtshäusern aufschlug, wurden im 17. Jh. in England und Spanien zu Vorbildern der ersten öffentlichen kommerziellen Theater, der Shake-

Wanderbühne

46

Bühnenformen

spearebühne und den *Corrales*. In diesen stehenden Freiluft-Theatern war die weit in den Zuschauerraum hineinragende Bühne teilweise überdacht und nach hinten von einem Garderobenhaus mit bespielbarer Balustrade abgeschlossen. Die Kulisse wurde »gesprochen« oder nur durch Versatzstücke angedeutet. Das einfache Publikum stand um die Bühne herum, während reiche Bürger und Adlige in der den Raum umrahmenden Galerie Platz nahmen.

Terenzbühne

Mit der Verlegung des Theaters in geschlossene Räume beginnt in der Renaissance eine neue Periode des Theaterbaus, die für fast vier Jahrhunderte als »klassische Bühne« die Schauspielästhetik des Abendlands wesentlich prägen sollte. Die repräsentationswütigen europäischen Fürsten begrüßten das Theater als willkommene Bereicherung ihrer prunkvollen, meist mehrtägigen höfischen Feste. Die gerade wiederentdeckte Kunst und Architektur der Antike lieferte das Vorbild für Bühnengestalt und Theaterbau.

Die Humanisten versuchten zunächst die Form der antiken Bühne aus den Komödien des Terenz zu rekonstruieren. Den eigentümlichen Beinamen »Badezellenbühne« verdankt die Terenzbühne ihrer Ähnlichkeit zu aneinandergereihten Badekabinen. Hinter einem schmalen Bühnensteg waren einzelne Zellen angeordnet, die durch Zwischenwände und kleine Säulen voneinander getrennt und nach vorn durch einen Vorhang verschlossen wurden. Die Figuren traten zum Dialog jeweils aus einer der Zellen hervor, die durch eine Überschrift als konkreter Spielort gekennzeichnet war. So bewegte sich die Aktion wie bei der Simultanbühne von einem Ort zum anderen, ohne das antike Prinzip der drei Einheiten von Zeit, Handlung und Ort zu durchbrechen.

Das Theater der Renaissance schlug seine Bühnen zunächst provisorisch in Festsälen auf, doch schon bald richtete man in den Palästen ständige Theateranlagen ein. Mit dem 1480-84 in Vicenza errichteten »Teatro Olimpico« ist das erste Beispiel eines massiven, geschlossenen Theaterbaus in Europa erhalten. Sein Erbauer, Andrea Palladio, orientierte sich streng am antiken Vorbild, das man inzwischen, dank der wiederentdeckten Architekturstudien des Vitruv, zuverlässiger rekonstruieren konnte. Der erstmals verdunkelbare Zuschauerraum umschließt die *Orchestra*, die im »Olimpico«

Bühnenformen

Die *Scaenae frons* des »Teatro Olimpico«

bereits den Musikern als Spielraum diente, in Form einer ansteigenden Halbellipse. Eine Kolonnade korinthischer Säulen und Statuen verziert die umlaufende Rückwand. Die als Himmel bemalte Holzdecke vermittelt die Illusion eines Freiluft-Theaters. Hinter der breiten und seichten Spielbühne erhebt sich eine reich verzierte Architekturwand in der Art der römischen *Scaenae frons*, deren drei klassische Torbögen den Blick auf perspektivisch gestaltete Straßenzüge freigeben.

Die neue Kunst der Perspektivmalerei gab die entscheidenen Impulse für die Wandlung der antikisierenden Renaissance- zur barocken Kulissenbühne. In der ersten Hälfte des 16. Jh. setzte sich die Trennung der Bühne in eine breite Spielbühne und eine dahinterliegende perspektivische Bildbühne durch. Wegen des hohen Bühnenfalls war dieser Teil der Bühne unbespielbar. Seine Winkelrahmenkulissen zeigten kein szenisches Bühnenbild, sondern eine feststehende Einheitsdekoration.

Der nächste Entwicklungsschritt brachte die perspektivische Spielraumbühne mit wandelbarem Szenenbild. Die schnellen Änderungen des Bilds erreichte man durch das Drehen dreiseitiger Prismen, sogenannter *Telari*, die paarweise hintereinander gestaffelt wurden. Im »Teatro Farnese« zu Parma (1618) verwendete man erstmals bewegliche Kulissen, flache bemalte Wände, die auf schmalen Wagen von der Unterbühne aus hin und her geschoben wurden. Den Zuschauerraum gestaltete man im Barock gemäß der streng hierarchischen Gliederung der Ständegesellschaft: Die Theatersäle wurden mit umlaufenden Galerien ausgestattet, deren Etagen, die Ränge, in separate Logen unterteilt waren. Die billigsten Plätze mit der schlechtesten Sicht auf die Bühne lagen auf dem obersten Rang. Die Loge im ersten Rang direkt gegenüber der Bühne gewährte den idealen Blick auf das zentralperspektivische Bühnenbild und war deshalb als repräsentativ ausgestattete Hofloge den Fürsten vorbehalten.

Obwohl die Spielfläche nun nicht mehr in den Zuschauerraum hineinragte, war die Trennung von Publikum und Bühne noch keineswegs vollzogen. Szenenwechsel fanden auf offener Bühne statt, und eine überzeugende Illusion von Wirklichkeit war nicht beabsichtigt. Symme-

Bühnenformen

trie und Formalisierung bestimmten die Bühnenarchitektur, die Anordnung der Kulissen wie der Personengruppen und ihrer Bewegungen und Gebärden. Die Bühne symbolisierte, dem barocken Weltbild entsprechend, Täuschung und Scheinhaftigkeit, mithin die Vergänglichkeit der Welt.

Mit der Vereinnahmung des Theaters durch das Bildungsbürgertum erfuhren Eingangshallen, Treppenanlagen und die Foyers als Treffpunkt zur Selbstdarstellung der emanzipierten Bürger architektonische Aufwertung. Das Rangsystem wurde mit der Übernahme der Hoftheater in bürgerliche Regie den neuen gesellschaftlichen Umgangsformen angepaßt, die schlechten Plätze in den Seitenlogen und oberen Rängen entfielen ganz.

Erst im 19. Jh., dem Zeitalter der akribischen Naturforschung und positivistischen Kunstbetrachtung, wurde das perspektivisch gestaffelte Kulissenbild langsam durch die Gestaltung vollplastischer Realdekorationen abgelöst. Für die schnelle Verwandlung dieser aufwendigen Bauten entwickelte man komplizierte Bühnenmaschinen wie Drehbühne, Hub- und Versenkungsapparate oder großflächige Transportwagen. Der Bühnenvorhang verdeckte die Umbauten schamhaft, um die nun angestrebte Illusion einer eigenständigen Bühnenwirklichkeit nicht zu durchbrechen. Die neue, dreiseitig geschlossene »Guckkastenbühne«

Barocke Kulissenbühne

mit ihrer illusionierten ›Vierten Wand‹ zum Publikum bestimmt noch heute die konventionelle Theaterarchitektur. Doch seit die schier unbegrenzten Möglichkeiten des Films jeglichen Bühnenillusionismus als lächerliche und vergebliche Anstrengung überflüssig machte, setzte sich mit neuen Theaterkonzepten auch eine Vielfalt der Bühnenformen durch. Die Theatermacher entdeckten erst jetzt, daß die leibliche Anwesenheit von Schauspielern dem Theater eine besondere kommunikative Qualität verleiht. Man »öffnete« die ›Vierte Wand‹ wieder und setzte auf direkte Kommunikation zwischen Bühne und Zuschauerraum. Die Shakespearebühne stand Pate für den Entwurf zeitgemäßer Arena-Saalbühnen, und in jüngster Zeit ist es modern, variable Raumbühnen außerhalb der Musentempel in ausgedienten Fabrikhallen, Schwimmbädern oder Autogaragen – den Alltagsräumen des Publikums – zu installieren.

Wende zur Neuzeit
Das Zeitalter der Entdeckungen

1450 – 1600

- um 1450 Gutenberg erfindet den Buchdruck mit beweglichen Lettern.
- 1453 Nach dem Fall Konstantinopels fliehen viele griechische Gelehrte nach Italien und bringen Texte des klassischen Altertums mit.
- 1454 Frieden von Lodí
- 1459 Gründung der neuen Platonischen Akademie
- 1486 Erstdruck von Vitruvs *Zehn Bücher über Architektur*
- 1492 Christoph Columbus entdeckt Amerika.
- 1498 Entdeckung des Seewegs nach Indien
- 1500 Erfindung der Taschenuhr
- 1503 Leonardo da Vinci malt die *Mona Lisa*.
- 1507 Nikolaus Kopernikus beschreibt das heliozentrische Sonnensystem.
- 1508-12 Michelangelo gestaltet die Sixtinische Kapelle aus.
- 1517 95 Ablaßthesen Martin Luthers an der Schloßkirche in Wittenberg
- 1525 Bauernkrieg in Deutschland
- 1527 Sacco di Roma: Karl V. erobert und plündert Rom.
- 1533 Heinrich VIII. löst sich vom Papsttum.
- 1572 Ermordung von über 10 000 Hugenotten in der Bartholomäusnacht
- 1588 Opern-Experimente der *Camerata Fiorentina*
- 1600 Giordano Bruno wird als Ketzer verbrannt.
- 1607 Claudio Monteverdi: *Orfeo*
- 1633 Galileo Galilei schwört vor der Inquisition dem »Irrtum« vom heliozentrischen System ab.

Die Entdeckung und Eroberung der Neuen Welt wäre ohne die technischen Errungenschaften der Renaissance nicht möglich gewesen. Doch auch für die Alte Welt erschlossen sich neue Kenntnisse, die dazu beitrugen, das mittelalterliche Weltbild zu überwinden und großen sozialen und wirtschaftlichen Veränderungen den Weg zu ebnen.

Aufbruch in eine neue Welt

Die Neuzeit begann mit einer Reihe einschneidender geographischer, naturwissenschaftlicher und geistiger Entdeckungen. Seefahrer wie Columbus erkundeten unbekannte Länder und Meere, während Kopernikus die Astronomie mit der Behauptung revolutionierte, nicht die Erde, sondern die Sonne bilde den Mittelpunkt unseres Planetensystems. Die Konstruktion der ersten Taschenuhr veränderte das Zeitverständnis des Menschen, und die Erfindung des Buchdrucks eröffnete der Verbreitung neuer Ideen ungeahnte Möglichkeiten.

Begünstigt vom aufkommenden Frühkapitalismus, setzten sich rein weltliche Herrschaftsformen durch, an denen das übersteigerte Machtstreben der mittelalterlichen Kirche endgültig scheiterte. Die Reformation beschwor die größte Krise der Kirchengeschichte herauf, und mit dem Humanismus breitete sich von Italien eine neue weltzugewandte Geisteshaltung über ganz Europa aus.

An den Universitäten befreite man das Streben nach Wissen vom Diktat des Glaubens, und optimistisch begannen die Gelehrten mit ersten Versu

Renaissance

Wende zur Neuzeit

chen, die Weltzusammenhänge aufgrund von empirischer Beobachtung naturwissenschaftlich zu erklären.

Die Philosophie wandte sich wie die Kunst dem Menschen zu und forderte die Freiheit der Persönlichkeit. Die als *Renaissance* (Wiedergeburt) bezeichnete Anknüpfung an Denken und Kunst der Antike – eine ebenfalls von Italien ausgehende Bewegung – war nicht nur eine Folge dieser Entwicklung, sondern förderte sie maßgeblich.

Höfische Feste, bürgerliche Gelehrsamkeit

Die neu erwachte Begeisterung für die Kultur der Antike brachte im 15. Jh. ein von kirchlichen und damit von kultischen Anlässen unabhängiges Theaterleben hervor. Während die Bürger das mittelalterliche Mysterienspiel fest in ihre Hände nahmen, erblühte an europäischen Höfen und Akademien – jenseits von Brauchtum und Kult – eine neue Elitekultur.

Das Theater verstand sich in der Renaissance erstmals als reine Kunst, die keinem anderen Zweck diente als der Erbauung ihres Publikums. Zwei wesentlichen Voraussetzungen für das moderne europäische Theater war der Weg geebnet. Im Theater der Humanisten erkennt man die ersten Ansätze zur Tradition des ›klassischen Dramas‹ als Wortkunstwerk, in dem eine spannende Handlung durch Dialoge vorangetrieben wurde.

Der Siegeszug dieser jungen Literaturgattung wurde von der Entwicklung der Theaterbühne als begrenztem Raum flankiert, in dem die Orte der

In **Leonardo da Vincis** (1452-1519) *Anatomischen Studien* manifestiert sich das Interesse des Renaissance-Menschen an der Natur der Dinge und ihrer wahrheitsgetreuen Nachahmung. Das Lebenswerk des Künstlers, der zugleich Maler, Architekt, Bildhauer, Techniker und Naturwissenschaftler war, steht für die universale Bildungsidee des Humanismus.

1450 – 1600

Die Rezeption antiker Stoffe und Formen durch die Kunst der Renaissance fand ihren augenfälligsten Niederschlag in der Malerei und Architektur. Die bildenden Künstler wurden zu wichtigen Partnern bei der Erneuerung des Theaters. So war das »*Teatro Olimpico*« in Vicenza (erbaut 1580-84 von **Andrea Palladio**) mit seinem amphitheatralischen Zuschauerraum und seiner architektonisch reich verzierten Bühnenrückwand römischen Theaterbauten nachempfunden.

Wende zur Neuzeit

Humanistisches Drama

Handlung nicht mehr simultan nebeneinander standen, sondern entsprechend der zeitlichen Abfolge des Geschehens durch Szenenverwandlungen aufeinander folgten.

Das antike Drama, gefeiertes Vorbild der neuen Theaterform, wurde freilich nicht erst im 15. Jh. wiederentdeckt. Terenz und Seneca waren auch im Mittelalter Gegenstand des Lateinunterrichts, ihren Lesern fehlte jedoch jegliche Vorstellung von antiker Aufführungspraxis. Erst humanistischen Gelehrten gelang es, im eifrigen Studium der Dramentexte und architektonischer Beschreibungen römischer Theaterbauten, antike Spielformen zu rekonstruieren.

Die prunkliebenden Veranstalter höfischer Feste, stets auf der Suche nach neuen Attraktionen für ihre Programmgestaltung, griffen die neue ›klassische Welle‹ begeistert auf. Schon bald nach ersten lateinischen Aufführungen vor gelehrtem Publikum in Rom, veranlaßte Herzog Ercole I. d'Este 1486 am Hof von Ferrara eine Inszenierung von Plautus' *Menaechmi* in italienischer Übersetzung. Im Unterschied zu den musealen

Dieses Titelblatt (Ausschnitt) einer Terenzausgabe des 15. Jh. zeigt, wie man sich noch im Mittelalter Theateraufführungen der Antike vorstellte. Der Dichter rezitiert, umgeben von seinem Publikum, das Werk, während maskierte Pantomimen das Geschehen gestisch illustrieren.

1450 – 1600

Bernardo Buontalenti, Kostümentwürfe für die *Intermedien* zum großen Theaterfest der Medici, aufgeführt 1589 im »Teatro degli Uffizi«, Florenz

Ariost und Machiavelli

Wende zur Neuzeit

Aufführungen der Gelehrten, die vom Streben nach möglichst genauer Rekonstruktion der Originale bestimmt waren, legte man bei Hof v. a. Wert auf eine prachtvolle Ausstattung. Stattliche 1000 Golddukaten soll der Herzog von Ferrara in Kostüme und Bühneneffekte dieser ersten Aufführung investiert haben.

Wenig später lockerte man die von Laien langatmig rezitierten Aufführungen durch burleske tänzerische Zwischenspiele auf. Mit ihren zahlreichen pompös kostümierten Darstellern gerieten diese virtuosen *Intermedien* schon bald zur Hauptattraktion der höfischen Inszenierungen.

Die ›gelehrte‹ Komödie

Der Hof von Ferrara war mit seinen jährlichen Aufführungen nicht nur das erste glanzvolle Zentrum für die Wiederbelebung antiker Komödien. Seine kunstsinnigen Fürsten förderten gleichzeitig die Schöpfung der *Commedia erudita*, einer volkssprachlichen ›gelehrten‹ Komödie. 1508 erlebte hier Ariosts *La cassaria* seine Uraufführung. Ariost, der sich als Übersetzer von Plautus und Terenz einen Namen gemacht hatte, orientierte sich zunächst strikt an seinen antiken Lehrmeistern. Er übernahm neben der fünfaktigen Aufteilung auch Situationen und Figuren der lateinischen Komödie und siedelte die Handlung im Alten Rom an.

In seinem zweiten Bühnenwerk *I suppositi* verlegte Ariost die antiken Motive jedoch ins Hier und Jetzt des 15. Jh. und erlaubte sich satirische Seitenhiebe auf seine Zeitgenossen. Der dichtende Kardinal Bernardo Dovizi Bibbiena ging einen Schritt weiter und baute in seine Komödie *Calandria* (UA 1513) gewagte erotische Motive aus der populären Novellistik ein.

Die bis heute meistgespielte Renaissancekomödie schuf Niccoló Machiavelli. Mit *Mandragola*,

Lodovico Ariost (1474-1533) verbrachte den größten Teil seines Lebens am Hof von Ferrara, wo er ein kleines Hoftheater leitete und als Dichter, Schauspieler und Regisseur auch wesentlich gestaltete.

1450 – 1600

Niccoló Machiavelli (1469-1527) war der einflußreichste Staatstheoretiker seiner Zeit und ging nicht als Dramenautor, sondern mit einem an der politischen Realität orientierten Lehrbuch für den absolutistischen Herrscher, *Il Principe* (*Der Fürst*), in die Geschichte ein.

53

Wende zur Neuzeit

Die ›reguläre‹ Tragödie

Die Anfänge zur Professionalisierung der Schauspielkunst finden sich bei Liebhaberschauspielern wie **Angelo Beolco**, genannt **Ruzzante**, der mit einer kleinen Truppe von Schauspielern seine selbstverfaßten Komödien in Herrenhäusern und am Hof von Ferrara aufführte. Ruzzante war mit der Entwicklung von feststehenden Typen ein Pionier der bühnenwirksamen Inszenierung der ›gelehrten‹ Komödie und schlug so die Brücke zur Commedia dell'arte.

Szene aus Bernardo Dovizi Bibbienas *Calandria*

einer amüsanten Verteidigung des außerehelichen Beischlafs, verabschiedete sich der Staatstheoretiker gänzlich von antiken Vorbildern und entwarf ein scharfes Portrait der Sitten und v. a. der Laster seiner Zeit.

Wegen der großen Nachfrage nach neuen Texten für die zunächst noch durchaus unterhaltsame *Commedia erudita* fanden Ariost und Machiavelli zahlreiche, aber leider deutlich weniger begabte Nachahmer. Unter deren Federn erstarrte die ›gelehrte‹ Komödie zu schablonenhafter Langeweile. Daher stahlen die quicklebendigen Typen der *Commedia dell'arte*, einer neuen, von Berufsschauspielern kultivierten Stegreifkomödie, im 17. Jh. den papieren gewordenen Figuren der *Commedia erudita* buchstäblich die Schau.

Die ›reguläre‹ Tragödie

Der Tragödie war in der Renaissance kein großer Erfolg beschieden. Sie ließ sich nicht so leicht in den heiter-pompösen Rahmen der höfischen Feste

»Mit einem Gänsekiel und ein paar Blatt Papier spotte ich der Welt.« Der gefürchtete Satiriker **Pietro Aretino** (1492-1556), die »Geißel der Fürsten«, arbeitete als erster Berufsschriftsteller seiner Zeit. Sein Drama *L'Orazia* gilt als die schönste Tragödie des 16. Jh.

Die drei Einheiten

Wende zur Neuzeit

einfügen. Griechische Tragiker waren bestenfalls Gegenstand der Forschung, zur Aufführung gelangten allein Dramen des Römers Seneca, der seinen italienischen Nachfahren als Vollender der antiken Tragödie galt. Ein kleiner Kreis von Dichtern versuchte sich zwar an der unpopulären Gattung, doch neben der *Orazia* des berühmt-berüchtigten Satirikers P. Aretino entstand dabei kaum ein Werk von theatergeschichtlicher Bedeutung.

Um so folgenreicher erwies sich die theoretische Auseinandersetzung mit der Tragödientheorie des antiken Philosophen Aristoteles. Aus dessen 1536 ins Lateinische übertragenen *Poetik* leiteten die Humanisten Dichtungsnormen ab, die jahrhundertelang das Theater in Italien und v. a. Frankreich bestimmen sollten.

Zu den wichtigsten Gesetzen gehörten die berühmten *drei Einheiten* von Ort, Handlung und Zeit. Sie schreiben vor, daß sich alle Figuren während eines Stücks nur innerhalb eines begrenzten Raums bewegen dürfen. Der einzige Handlungsstrang, in den sie allesamt verwickelt sind, muß in der ›regulären‹ Tragödie innerhalb von 24 Stunden geknüpft und wieder aufgelöst werden.

1450 – 1600

Die sogenannte ›Ständeklausel‹ schließlich behielt die großen tragischen Stoffe um Aufstieg und Niedergang von Geschlechtern und Nationen adligen Protagonisten vor, während in der Komödie ausschließlich die kreatürlichen Neigungen des dritten Standes verlacht werden durften.

Eine der neuen Bühnenformen der Renaissance war die neutrale Terenz-Badezellenbühne. Die schmale Spielfläche war hier nach hinten mit von Vorhängen zu verschließenden Zellen (= Häusern) begrenzt, aus denen die Personen jeweils zum Dialog hervortraten. Das Nebeneinander der Orte entsprach noch der mittelalterlichen Simultanbühne, während gleichzeitig dem neuen Prinzip der *drei Einheiten* von Zeit, Ort und Handlung Genüge getan werden konnte.

Wende zur Neuzeit

Torquato Tasso

Torquato Tasso (1544-95) leitete mit seinem Schäferspiel *Aminta* eine neue literarisch-theatralische Mode ein.

1450 – 1600

Die Szenerie für eine Tragödie zeigte Häuser vornehmer Persönlichkeiten.

Zur »satyrische Szene« des Schäferspiels gehörten Bäume, Felsen, Quellen, Blumen und ländliche Hütten. Sie war der Lebensraum für Wesen, die frei und ungebunden in der Natur leben.

Vom Schäferspiel zur Oper

Die kurze Blütezeit von ›gelehrter‹ Komödie und ›regulärer‹ Tragödie wurde bald vom glanzvollen Siegeszug einer neuen, Komik und Tragik geschickt vereinenden Gattung überstrahlt. Weit bis ins 17. Jh. beherrschte das antikisierende Schäferspiel die höfischen Feste und beschwor, in Anlehnung an die idyllische Hirtendichtung Vergils, die Sehnsucht nach einem goldenen, harmonischen Zeitalter herauf.

Schauplatz ist das liebliche Arkardien mit bald freundlich, bald feindlich gesinnter Natur, bevölkert von Nymphen, Schäfern und olympischen Göttern. In einer komplizierten Handlungsarchitektur finden und trennen sich die arkadischen Liebespaare, um sich nach einer scheinbar unabwendbar bevorstehenden Katastrophe endlich zu vereinen.

Alle Elemente der klassischen Schäferdichtung verwendete Torquato Tasso in seinem Schauspiel *Aminta*, das Herzog Alfonso II. 1573 auf der Po-Insel Belvedere in der Nähe von Ferrara uraufführen ließ. Den Ruf eines Meisterwerks seiner Gattung teilte es sich mit Giovanni Battista Guarinis *Il Pastor fido*.

Zur Realität der von politischen und sozialen Krisen geschüttelten Gegenwart traten die Dichter der Schäferspiele auf Distanz. Ihre rückwärtsgewandten Utopien wirkten wie Fluchten in eine schöne, substanzlose Formenwelt.

56

Die Oper

Wende zur Neuzeit

Großen Einfluß nahm das heute fast völlig unbekannte Schäferspiel auf die Geburt der Oper. Das *dramma per musica* und mit ihm die neue Form des Sologesangs waren in der Absicht erfunden worden, die legendäre Deklamationskunst des antiken Theaters mit modernen musikalisch-gestischen Mitteln nachzubilden. Das Schäferspiel stellte dank seiner musikalischen Einlagen, Ballette und Chöre ein ideales Rohmaterial für die neue Gattung dar. Die phantastischen Figuren und Schauplätze Arkadiens boten außerdem vielfältige Möglichkeiten, die neue repräsentative Theaterform in einem entsprechend aufwendigen Rahmen zu inszenieren.

Die Vorliebe für prunkvolle Kostüme und Bühnenbilder hat man sich an manchem Opernhaus bis heute bewahrt (und pflegt damit einen – an-

Claudio Monteverdi (1567-1643). In seinem *Orfeo* verband sich das Schäferspiel mit den musikalischen Ausdrucksformen seiner Zeit zu einer neuen Gattung, der Oper.

Bürgerhäuser beherrschten die Szenerie für eine Komödie.

1450 – 1600

Glossar
Commedia erudita: (*gelehrte Komödie*) nach römischem Vorbild entwickelte italienische Renaissance-Komödie mit antikisierenden Stoffen
Humanistendrama: nach römischem Vorbild entwickeltes lateinisches Drama, behandelt Stoffe aus der Bibel und den Moralitäten
Intermedium: ursprünglich auflockerndes Zwischenspiel in einer Komödienaufführung; entwickelt sich zum eigenständigen Genre mit höchst aufwendiger Inszenierungspraxis.
Jesuitentheater: ursprünglich katholisches Schuldrama, entwickelte sich zum allgemeinen Medium gegenreformatorischer Propaganda in opulenter Inszenierung
Schäferspiel: antikisierende Gattung des Renaissance-Theaters, spielt in wirklichkeitsferner, idealisierter Schäfer- und Hirtenwelt
Schuldrama: Humanistendrama im Dienst des Schulunterrrichts; gerät an protestantischen Schulen zum Medium reformatorischer Polemik
Terenz-Badezellenbühne: speziell zur Aufführung von Terenzdramen entwickelte Einortbühne der Renaissance
Trionfi: Nachbildung altrömischer Triumphzüge mit aufwendigen Wagenbauten, begleitet von Tänzern, Musikern, Rezitatoren u. v. a.

Wende zur Neuzeit

Propaganda-Theater ...

Spielorte des Schulspiels waren Kollegienhöfe, Schulsäle, Universitätsräume, Rathaussäle, Zunftgebäude, Tanzböden und öffentliche Plätze. Die Bühne wurde einfach auf Fässern aufgeschlagen – wie beim Kölner *Laurentius-Spiel* von 1581 – und beanspruchte keine besondere Zurüstung. Erst im barocken Jesuitentheater wird das Schulspiel auch zum Schauspiel.

1450 – 1600

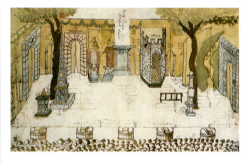

gesichts der Entwicklung der modernen Bühnenästhetik – beinahe grotesken Anachronismus).

Schultheater

Im 16. Jh. entdeckten die Humanisten den didaktischen Gebrauchswert des Theaters. Inszenierungen von lateinischen Dramen wurden in den Lehrplan aufgenommen, um die aufführenden Schüler in lateinischer Konversation und sicherem öffentlichen Auftreten zu unterweisen.

Das auf moralische Belehrung ausgerichtete Schuldrama ist in der Form antiken Vorbildern nachempfunden, verrät aber auch Einflüsse des mittelalterlichen geistlichen Spiels. Luther selbst empfahl das Theaterspiel ausdrücklich für den Schulunterricht und darüber hinaus als geeignetes Propagandainstrument der Reformation.

In deutlicher Abgrenzung zur heilsgeschichtlichen Motivik der mittelalterlichen Mysterienzyklen bearbeitete das Schuldrama Stoffe aus dem biblischen und antiken Sagenkreis. Diese wurden freilich im Geist der Reformation gedeutet und von ihren aggressivsten Autoren auch mit massiven Angriffen auf die »papistischen« Gegner gewürzt.

Als eine der wichtigsten Institutionen des protestantischen Schultheaters galt die Straßburger Lateinschule. Hier kamen die wichtigsten Autoren des internationalen Humanistendramas, aber auch Plautus und Terenz in lateinischer sowie Ari

Martin Luther (1483-1546) war ein entschiedener Förderer des Schultheaters. Gemälde von Lucas Cranach d. Ä., 1529

... der Protestanten und Jesuiten

Wende zur Neuzeit

stophanes, Sophokles und Euripides in in griechischer Sprache zur Aufführung. Schüler und Lehrer sollen sich in Straßburg so begeistert haben, daß der allgemeine Unterricht deutlich zu kurz kam.

Es war nur eine Frage der Zeit, bis die Jesuiten, Exponenten der katholischen Partei, das Schultheater ihrerseits als wichtige gegenreformatorische Kampfstätte etablierten.

Das *Jesuitendrama* wandte sich in spektakulären Geschichten um die Tugenden und Laster historischer Persönlichkeiten direkt an das Herz des Publikums. Die Inszenierungen prunkten mit dem Einsatz aller denkbaren Theatermaschinen, einem Aufgebot von über 100 Darstellern, die in virtuosen tänzerischen und musikalischen Einlagen brillierten. Mehr Bild- als Wortkunst, sollte das Jesuitentheater die schaulustige Menge fesseln und im Dienst religiöser Erziehung zum Staunen und Fürchten bringen. Doch dieser sinnenfreudige Ansatz betonte auch den Unterschied zu den »kunstfeindlichen« Inszenierungen der Protestanten. Bühnenmusik, Ballette und allegorische Zwischenspiele waren feste Bestandteile des Jesuitentheaters, das im Gegensatz zum reformatorischen Schultheater direkte Angriffe auf den geistlichen Gegner vermied. Die ›Moral‹ der Stücke gipfelte stets in der Feststellung, daß auch die vom Renaissancemenschen so gepriesenen Verstandeskräfte letztlich eine Gottesgnade sind.

»Comödien zu spielen soll man um der Knaben in der Schule willen nicht wehren, sondern gestatten und zulassen; erstlich, daß sie sich üben in der lateinischen Sprache, zum anderen, daß in Comödien fein künstlich erdichtet, abgemalet und fürgestellet werden solche Personen, dadurch die Leute unterrichtet und ein Iglicher seines Amts und Standes erinnert und vermahnet werde, was einem Knecht, Herrn, jungen Gesellen und Alten gebühre, wohl anstehe und was er thun soll; ja, es wird darinnen fürgehalten und vor die Augen gestellet, aller Dignitäten Grad, Ämter und Gebühre, wie sich ein Iglicher in seinem Stande halten soll im äußerlichen Wandel wie in einem Spiegel.«
Martin Luther, Tischreden

1450 – 1600

Szene aus Johann Rassers
Spiel von der Kinderzucht,
1574

Das Goldene Zeitalter

Die Welt ist Bühne

1550 – 1750

1579 Die Niederlande erkämpfen ihre Unabhängigkeit von der spanisch-habsburgischen Universalmonarchie.

1588 England vernichtet die spanische Armada.

1598 In Spanien wird der Schauspielerstand gesetzlich geächtet.

1605 Miguel de Cervantes: *Don Quijote*

1618–48 Der Dreißigjährige Krieg verwüstet Mitteleuropa.

1620 Die Pilgrim Fathers landen mit der Mayflower in Neu-England an der nordamerikanischen Küste.

1624 Martin Opitz: *Buch von der deutschen Poeterey*

1637 In Venedig wird die erste ständige Opernbühne, »Teatro di San Cassiano«, eröffnet.

ab 1640 Verbreitung der Kulisse als Bühnendekoration in ganz Europa

1642 Rembrandt van Rijn malt das Gruppenbild einer Amsterdamer Schützengilde, die sogenannte *Nachtwache*.

1648 Spanien erkennt im Haager Frieden die Unabhängigkeit der Niederländischen Republik an.

1651 Thomas Hobbes propagiert im *Leviathan* den Rechtsverzicht des Einzelnen zugunsten des Staats als eine (fiktive) Willenserklärung freier, gleicher Menschen.

Die Welt ist Bühne

Keine Zeit liebte das Theater mehr als das europäische Barock. Das Treiben auf den Bühnen des 17. Jh. galt den Zeitgenossen als vollkommenes Abbild und Sinnbild einer glanzvollen Welt, die von der Gewißheit ihrer Vergänglichkeit überschattet ist.

Große gesellschaftliche Umwälzungen – der Niedergang des Feudalismus und der Siegeszug des merkantilen Absolutismus – erschütterten den in der Renaissance wurzelnden Glauben an die Erklärbarkeit und Beherrschbarkeit der Welt. Der Sturz oder die Umkehrung alter Werte schärften das Bewußtsein für Schein und Lüge.

Der Vergleich der ganzen Welt mit einer Bühne, auf der jeder Mensch die ihm zugedachte Rolle spielt, beherrscht nicht nur das Werk William Shakespeares. Im »Großen Welttheater« des Spaniers Pedro Calderón de la Barca erscheint Gott als Regisseur und Zuschauer des menschlichen Lebens, das sich im Angesicht der jenseitigen Wahrheit als eitler Traum entpuppt.

Die gesamte Barockkultur schien diesem Bild nachzueifern und entfaltete sich in glanzvoller Theatralik. Das 17. Jh. erlebte den Siegeszug der Oper, die von Italien aus ganz Europa eroberte. Architekten, Maler und Bildhauer stellten ihre Kunst in den Dienst herrschaftlicher Repräsentation.

Professionalisierung

Das Goldene Zeitalter

Am Hof Ludwigs XIV., dem Vorbild aller absolutistischen Fürsten, kam das Alltagsleben selbst, von der Morgentoilette bis zum Nachtgebet, einer gigantischen Inszenierung gleich. Mit dem französischen Sonnenkönig wetteiferten sämtliche europäischen Höfe um immer größere, teurere und prächtigere Festlichkeiten. Bei den mehrtägigen Spielen waren sogar die zahllosen Speisefolgen der Bankette theatralisch arrangiert, und eine schier unendliche Kette von Feuerwerken, Balletten und ritterlichen Kampfspielen umrahmte die monumental-dekorativen Schauspiele.

In solcher Atmosphäre war der Hunger nach stets neuem theatralischem Futter beinahe unersättlich und versorgte einen jungen Stand von Berufsdramatikern hinreichend mit Arbeit. In Italien und England gründeten sich die ersten professionellen Schauspieltruppen und verbreiteten auf ihrer Wanderschaft über den Kontinent nicht nur ihre eigenen Spieltraditionen, sondern alles, was sie unterwegs an nationalen Eigenarten in ihr Repertoire aufgenommen hatten. Das Barocktheater war ein Auffangbecken für die Vielfalt der verschiedenen theatralischen Gattungen der Antike, des Mittelalters und der Renaissance, ein Sammelbegriff für die gleichzeitige Blüte gegensätzlicher Kunstrichtungen. Es übte eine magische Anziehungskraft auf fast alle Teile der Bevölkerung aus.

1656 Am 23. Mai tritt erstmals eine Frau auf einer englischen Bühne auf: Mrs. Colemann in William Davenants *The Siege of Rhodos*.

1660 Beginn der Restauration in England

1661 Der »Sonnenkönig« Ludwig XIV. übernimmt die Regierungsgeschäfte in Frankreich.

1667 John Milton verfaßt das englische Epos *Das verlorene Paradies*

1669 Hans Jakob Christoffel von Grimmelshausen: *Simplicius Simplizissimus*

1672 Isaac Newton erfindet das Spiegelteleskop.

1685 In Eisenach wird Johann Sebastian Bach geboren, in Halle Georg Friedrich Händel.

1688 Vollendung des Versailler Schlosses

1689 Die *Declaration of Rights* sichert der englischen Gentry und City parlamentarische Mitbestimmung und Redefreiheit.

1703 Gründung von St. Petersburg

1550 – 1750

Das große Versailler Fest von 1664 spornte die europäischen Höfe zu immer größeren, prächtigeren und teureren Festlichkeiten an.

61

Das Goldene Zeitalter

Die Guckkastenbühne

Theatervorhang am Ludwigsburger »Schloßtheater«, Mitte 18. Jh.

Kostümentwurf für ein Ballet am Hof des Sonnenkönigs

Provisorisch gezimmerte öffentliche Freiluft-Theater boten Platz für Tausende und erwiesen sich als lukrative Unternehmen. Bei Hof machte der immer größere Aufwand der Spektakel bald den Bau speziell ausgestatteter Theater erforderlich. Hier entwickelte sich die Bühnentechnik geradezu explosionsartig und entfernte das höfische Theater schließlich vom Volkstheater.

Als erste bauten französische Bühnenarchitekten die aus Italien kommende, vom Zuschauerraum getrennte Guckkastenbühne nach. Deren perspektivisches Kulissensystem illusioniert Tiefe und erlaubt dank Schiebevorrichtung zahlreiche schnelle Bühnenverwandlungen. Auch die Erfindung des

Große Bühnenbildner und Dekorateure

Inigo Jones (1573-1652) brachte die italienische Bau- und Dekorationskunst nach England und entwickelte sie weiter. Für die englische Sonderform allegorischer Festspiele, der *Masques*, schuf er Kostüme sowie Perspektivdekorationen von geradezu magischer Verwandlungsfähigkeit. Die Stuarts schätzten ihn so sehr, daß sie einen Streit mit Ben Jonson um den Vorrang von Dichter oder Szenenkünstler 1631 zugunsten von Jones entschieden.

Giovan Battista Aleotti (1546-1636) erfand das System der Kulissen, flache mit Leinwand bespannte Lattenrahmen, die in Gleitrinnen über den Bühnenboden zu Rampen parallel zu schieben waren. Die Tiefenillusion, die bisher plastisch erzeugt wurde, enstand so durch rein malerische Mittel. Das Kulissensystem war eine wichtige Voraussetzung für die Verwandlungsfähigkeit des Barocktheaters.

Ferdinando Galli-Bibbiena (1657-1743) erfand für das »Teatro Farnese« in Parma die asymmetrische Bühnenperspektive *Scena per angolo* oder Winkelperspektive, d. h. eine Perspektive mit zwei Fluchtpunkten, die der eintönigen Zentralsymmetrie, die fast das ganze 17. Jh. vorherrschend war, ein Ende setzte.

Bühnenzauber

Das Goldene Zeitalter

Die Plätze mit der besten Sicht auf das perspektivisch gestaltete Bühnenbild waren im Barocktheater den Fürsten vorbehalten: Neben Ludwig XIII. und seiner Familie durfte nur der Kardinal und erste Minister, Armand-Jean du Plessis de Richelieu, im Parkett des »Petit Bourbon« Platz nehmen.

Hauptvorhangs fiel in diese Zeit. Sein Öffnen sollte den Zuschauer überraschen, ihm eine Scheinwelt vorgaukeln, deren szenische Verwandlungen zwischen den Akten er schamhaft verdeckte.

Europas Bühnenarchitekten suchten sich gegenseitig mit der Entwicklung neuer Errungenschaften zu übertreffen. Versenkungs-, Hebe- und Flugapparate, Wasser- und Feuerinstallationen, Graben für Schiffe und Seeungeheuer, bewegliche Prospekte, Wolkensoffitten und abdunkelbare Lampen gehörten zur Grundausstattung höfischer Theater. Der Zuschauerraum erfuhr mit der Einführung von Rängen und Logen eine der Hierarchie der Gesellschaft entsprechende Gliederung.

1550 – 1750

Sebastiano Serlio (1475-1554) verfaßte ein Werk über die Architektur (*Regole generali di architettura*), das großen Einfluß auf die Entwicklung der Perspektivbühne nahm. Serlio beschreibt darin, wie man Straßenschluchten mit Kolonnaden und Loggien, Türmen und Toren mit Hilfe von Winkelrahmen hintereinander aufbauen kann.

Ludovico Ottavio Burnacini (1636-1707) war einer der gefragtesten Bühnenarchitekten des Frühbarock. Er dekorierte über 100 Feste und theatralische Aufführungen. Als seine bedeutendste Arbeit gilt die Ausstattung der höfischen Prunkoper *Il pomo d'oro* von 1666/67.

Bernardo Buontalenti (1536-1608) entwarf Kostüme, Dekorationen und Maschinen für die aufwendigen Feste der Medici in Florenz. Das »Teatro Mediceo«, das er 1585 in den Uffizien einrichtete, entsprach erstmals den Anforderungen des Szenenwechsels.

Giovanni Burnacini (um 1600-55) baute für den Wiener Hof das erste »venezianische« Opernhaus mit fest installiertem Kulissensystem.

Das Goldene Zeitalter

Italien: Die Commedia dell'arte

Die Kunst des Spektakels

Wie keine andere Theaterform gilt die italienische *Commedia dell'arte* als Ausdruck des Theatralischen schlechthin. Sie steht für Vitalität, Sinnlichkeit und Spontaneität. Als Körpertheater und Maskenspiel war die *Commedia dell'arte* ein lebendiger Gegenpart zum akademischen Literaturtheater der Renaissance, das schon die Zeitgenossen als sterbenslangweilig empfanden. Der Zusatz *dell'arte* bedeutete »Kunst«, wenn auch in einem mehr handwerklichen Sinn als heute. Er wies auf die Professionalität bzw. Virtuosität dieser neuen, von Berufsschauspielern erschaffenen Theatergattung hin. Mit der *Commedia dell'arte* rückte die Aktion des Mimen in den Mittelpunkt, d. h., das Schauspiel emanzipierte sich von der Literatur. Ihre Blütezeit erlebte die *Commedia dell'arte* im Barock. Komödiantische Improvisationskunst und ein Feuerwerk mimischer, musikalischer und choreographischer Einfälle waren die hervorstechendsten Merkmale des italieni-

Die *Balli di Sfessania* (1622) betitelten Kupferstiche mit Motiven aus der *Commedia dell'arte* von **Jacques Callot** heben v. a. die kreatürlichen und grotesk-animalischen Züge der Typengestalten des Stegreif-Spektakels hervor.

64

Die älteste Seifenoper der Welt   Das Goldene Zeitalter

Italienische Schauspieler am Hof Heinrichs IV. von Frankreich

schen Stegreifspiels. Es war ein Schmelztiegel verschiedenster Kunstformen, aus dem das neuzeitliche Theater als eigenständiges Medium hervorging. Bei der Geburt der neuen Gattung stand die *Commedia erudita* Pate, das ›gelehrte‹ Gegenstück, dem die *Commedia dell'arte* einen Teil des Personals und auch das dramaturgische Grundgerüst entlehnte. Zugleich schöpfte sie aus dem Fundus des karnevalesken Maskentreibens und aus der mittelalterlichen Tradition der fahrenden Gaukler und Troubadours.

Die älteste Seifenoper der Welt

Die *Commedia dell'arte* war die bedeutendste Theaterform ihrer Zeit. Über drei Jahrhunderte beeinflußte sie das europäische Theaterleben und erlebte überall dort, wo italienische Wandertruppen einige Zeit gastierten, nationale Ausprägungen. Doch an allen Orten und über die gesamte Dauer ihrer Entwicklung blieb sie einem Grundmuster treu; die typischen Themen, Konstellationen und Figuren fanden sich immer wieder.

Wie in einer modernen Seifenoper waren die unveränderlichen Typen und Grundkonflikte das Herzstück jeder Aufführung. Um sich aus der Affäre zu ziehen, waren die Figuren der *Commedia dell'arte* jedoch, anders als heute, allein auf die Kunst der Improvisation angewiesen. Die Freiheit der Schauspieler war dabei allerdings darauf be-

1550 – 1750

Lebensgroßer Arlecchino, Frankreich, 18. Jh.

65

Das Goldene Zeitalter

Typen, Masken, Intrigen, Lazzi

Figurinen von Maurice Sand

Pantalone (1550)

Arlecchino (1570)

1550 – 1750

schränkt, einen großen Schatz vorgegebener Hilfsmittel in einer festgelegten Spielsituation möglichst wirkungsvoll einzusetzen.

Typen, Masken, Intrigen, Lazzi

Ihre zeitlose Beliebtheit verdankt die *Commedia dell'arte* zunächst ihrem komischen Maskenquartett. Ein geiziger venezianischer Kaufmann namens Pantalone und ein geschwätziger Dottore (Jurist oder Mediziner aus Bologna) bilden das Paar der ›Alten‹, denen das urspünglich bergamaskische Dienerpaar des dummen Arlecchino und des schlauen Brighella immer wieder ein Schnippchen zu schlagen weiß. Als fünfte Maske gesellt sich oft ein spanischer Capitano, die klassische Figur des Aufschneiders, hinzu. Unmaskiert tritt nur das Liebespaar auf, die *Innamorati*, die im Gegensatz zu den mundartlich fixierten Masken nur in feinstem Toskanisch parlieren. Die Intrige entspinnt sich etwa so, daß ein lächerlich anmutendes Heiratsansinnen des greisen Dottore die Liebe des jungen Paars bedroht, da

Lazzo der falschen Komplimente: Brighella will Arlecchino angeblich in die Geheimnisse der amourösen Sprache einweihen. Er lehrt ihn Tausende sinnlose Wendungen und amüsiert sich köstlich, als Arlecchino sich auf diese Weise vor seiner Angebeteten lächerlich macht.

Menüfolge-Lazzo: Der ewig hungrige Arlecchino hat von seinem Herrn Orazio den Auftrag erhalten, dessen zukünftigem Schwiegervater, Dottore, ein Festmahl aufzutischen. Als Zahlungsmittel überläßt Orazio dem Arlecchino einen Wechsel über 500 Dukaten. Arlecchino ruft Colombina herbei, um mit ihr die Speisenfolge zu beraten. Im Eifer des Gefechts reißt er, ohne es zu merken, den Wechsel in viele kleine Schnitzel, mit denen er auf dem Bühnenboden die Sitzordnung markiert. Arlecchino bereitet sich innerlich auf eine Tracht Prügel vor und fängt eine Fliege, um mit ihr seinen Hunger zu stillen. Nachdem er sie in Todesverachtung hinuntergeschluckt hat, brummt sie in seinem Magen weiter und sorgt während der folgenden Szene für ein gehöriges Spektakel.

Hohn und Spott statt politischer Satire

Das Goldene Zeitalter

für Pantalone, den geizigen Brautvater, allein der Geldbeutel des Bewerbers zählt. Die Diener, getrieben von unstillbarem Hunger und ständiger Geldnot, verfolgen in der Regel egoistische Interessen, wenn sie den Liebenden mit List und Witz zum Happy-End (und obendrein den beiden Alten zu einer Tracht Prügel) verhelfen. Diese Kurzfassung eines typischen *Canovaccio* (so nannte man die hinter den Kulissen angeschlagene Szenenanweisung für eine Aufführung) zeigt bereits die ganze Mechanik der Stegreifkomödie: den Konflikt zwischen Jung und Alt und zwischen Reich und Arm. Die *Commedia dell'arte* nimmt oberflächlich Partei für die vermeintlich Schwachen, aber dem aufmerksamen Betrachter bleibt auch die moralische Indifferenz der meisten Szenarien nicht verborgen. Verspottet wurde, was leicht zu verspotten war: das im Niedergang begriffene venezianische Kaufmannstum, der borniert Gelehrtenstand aus Bologna, die verhaßte spanische Besatzungsmacht. Die wirklich Mächtigen, Adel und Klerus, wurden jedoch nicht der Häme preisgegeben.

Die *Commedia dell'arte* begeisterte das Volk, aber ihre wichtigsten Mäzene fand sie an den Fürstenhöfen. Darum wäre es ein Trugschluß,

Capitano (1577)

Brighella (1570)

Dottore (1653)

1550 – 1750

Pantalone in Not, 20. Jh.

67

Das Goldene Zeitalter

Das italienische Theater ...

in ihr eine direkte Vorläuferin des politischen Volkstheaters jenseits der höfischen Elitekultur zu sehen. Ihr Erfolgsrezept lag nicht zuletzt in der stark kommerziellen Ausrichtung – es ging darum, bei minimaler geistiger Anstrengung ein Maximum an Vergnügen zu bieten.

Der Hauptspaß jeder Aufführung lag in den sogenannten *Lazzi*, den clownesken Einlagen der Dienerfiguren. Jeder Arlecchino verfügte über ein Repertoire solcher Slapsticknummern, die er beliebig in die Handlung einbauen konnte. Neben den *Canovacci* gehören diese *Lazzi* zu den wenigen schriftlich fixierten Zeugnissen des *Commedia*-Repertoires. Ihnen verdanken wir das Fortleben des Arlecchino in der Tradition unserer Zirkusclowns bis hin zu Filmkomikern wie Stan Laurel und Oliver Hardy.

Einflüsse auf das Welttheater

Die *Commedia dell'arte*, in ihren Ursprüngen zugleich ein Produkt des höfischen Renaissancetheaters wie der Kultur des Straßentheaters, bewegte sich bis zu ihrem Untergang zwischen den

Die Szenenfolgen einer *Commedia dell'arte* im Wandgemälde auf der Narrentreppe der Burg Trausnitz in Landshut (1570) zeugen vom hohen Ansehen, das die Wandertruppen an europäischen Höfen genossen.

Die französisierten Figuren der *Commedia dell'arte* am »Théâtre Royal« in Paris (1670); links im Bild der berühmteste Schüler der *Comédie italienne*: Jean-Baptiste Poquelin, genannt Molière

1550 – 1750

... beeinflußt Europa

Das Goldene Zeitalter

Polen der schlüpfrigen Posse und der hochentwickelten Artistik. Die zahlreichen italienischen Wandertruppen hinterließen ihre Spuren auf den Jahrmärkten Europas. Als Gäste hoher Fürsten wurden sie sogar zum Gegenstand dichterischer und bildnerischer Verehrung. Das ursprünglich norditalienische Maskenquartett erfuhr auf diesen Reisen zahlreiche Variationen. Überliefert sind über hundert Typen, von denen mit Pulcinella, Colombina, Tartaglia, Pierrot, Scaramouche, Hanswurst, Pickelhering und Jack Punch hier nur die bekanntesten genannt seien. Neben den Komödien sind auch einige wenige Tragödien und Schäferspiele überliefert, in denen der spektakuläre Zug der Gattung durch die Wahl exotischer oder phantastischer Orte, Figuren und Handlungselemente zur Geltung kam.

Starken Einfluß übte die sich verändernde *Commedia dell'arte* schließlich auch auf das Drama des 18. Jh. aus. Schon Molières Charakterkomödien sind geprägt von seinen ›Lehrstunden‹ an der in Paris fest installierten *Comédie italienne*. Ein Jahrhundert später setzte der italienische Dramatiker Carlo Goldoni in seinen über 200 erhaltenen Bühnenwerken der *Commedia dell'arte* ein literarisches Denkmal. Zugleich bewirkte seine Theaterreform die produktive Überwindung des nach 200 Jahren zum vulgären Klamauk herabgesunkenen Stegreifspiels. Goldoni schrieb die Szenarien zu Dialogen aus, formte die Typen zu Charakteren und gliederte sie in einen gesellschaftlichen und moralischen Kontext ein.

Als geradezu idealtypische Rekonstruktion der italen komischen Virtuosität der ursprünglichen *Commedia dell'arte* gilt Giorgio Strehlers Inszenierung von Goldonis *Diener zweier Herren* aus dem Jahr 1947.

Carlo Goldoni (1707-93, links) wurde in seiner Heimat Venedig geringer geschätzt als sein literarischer Gegenspieler, der Märchendichter Carlo Gozzi (1720-1806), und emigrierte 1762 nach Paris an die *Comédie italienne*. Als Autor von 222 Bühnenwerken, Begründer der ›realistischen‹ Milieukomödie und großer Theaterreformer ging Goldoni in die Theatergeschichte ein.

Szene aus Giorgio Strehlers Inszenierung von Goldonis *Diener zweier Herren* (1947)

1550 – 1750

Das »Tag-Teatro« aus Venedig bemüht sich um eine möglichst authentische Rekonstruktion des italienischen Stegreifspiels. Hier eine Szene aus *La pazzia di Isabella*.

Das Goldene Zeitalter

England: Shakespeare ...

Königin Elizabeth I. (1533-1603) von England

England: Shakespeare und das elisabethanische Zeitalter

Eine Stadt im Theaterfieber

Im Jahr 1576 eröffnete der Zimmermann und Schauspieler James Burbage nur wenig außerhalb des Londoner Stadtgebiets ein öffentliches Schauspielhaus, das er selbstbewußt auf den Namen »The Theatre« taufte. Damit gab er den Startschuß für einen in der Geschichte einzigartigen Theaterboom. Beinahe alle Schichten der englischen Gesellschaft wurden von einer wahren Theaterbesessenheit erfaßt. Im Abstand von nur einigen wenigen Jahren entstanden mit »The Curtain«, »The Rose«, »The Swan«, »The Globe« und »The Fortune« weitere Spielstätten, die jeweils etwa 2000-3000 Zuschauern Platz boten und die mit ihren ständig wechselnden Spielplänen wöchentlich bis zu 15 000 Zuschauer anzogen – und das in einer Stadt, die um das Jahr 1600 nur knapp 150 000 Einwohner zählte.

1550 – 1750

Glossar
Bühnenfall: leichte Neigung des Bühnenbodens von hinten bis zur Rampe, verbessert die Sichtverhältnisse für das Parkettpublikum
Gasse: Auftrittsmöglichkeit zwischen den Kulissen, auch Standort für Scheinwerfer
Guckkastenbühne: an drei Seiten geschlossene Saalbühne, in der Bühne und Zuschauerraum durch die Rampe, das Bühnenportal und den Vorhang strikt getrennt sind
Kulissen: paarweise an den jeweiligen Bühnenseiten hintereinander angeordnete, bemalte Leinwandrahmen, die ein perspektivisches Bühnenbild ergeben
Prospekt: Hintergrundvorhang der Kulissenbühne, täuscht Raumtiefe durch perspektivische Bemalung vor
Rangtheater: im Rangtheater ist der Zuschauerraum in ein (Steh-)Parkett für das einfache Publikum und umlaufende Ränge für das gehobene unterteilt. Die Ränge bestehen aus Logen, den besten Blick hat man aus der zentralen Fürstenloge.
Soffite: Abdeckung der oberen Bühnenöffnung, täuscht geschlossene Decke vor – dem Bühnenbild entsprechend einen Himmel, einen Wald, eine Zimmerdecke u. v. a.
Telari: Vorform der Kulisse, drehbare Dreiecksprismen

... und das elisabethanische Zeitalter — Das Goldene Zeitalter

Unternehmen Theater

Diese Hochkonjunktur des Schauspiels ist v. a. der Politik einer ebenso kunst- wie geschäftssinnigen jungen Monarchin zu verdanken. Königin Elizabeth I. war es Mitte des 16. Jh. gelungen, die vom Bürgerkrieg zerrüttete Nation zu befrieden und zu einem wirtschaftlichen und kulturellen Zentrum Europas zu formen. Sie förderte entschlossen das private Unternehmertum, und nach ihrem Vorbild patronisierten viele Adlige die aus dem Boden sprießenden Berufstheatertruppen.

Im elisabethanischen England florierte das erste Theaterwesen von ausgeprägt kommerziellem Charakter. Ensembles wie »Lord Chamberlain's Men« oder »The Admiral's Men« funktionierten wie kleine Wirtschaftsunternehmen. Die jeweils 8-12 Schauspieler brachten als Gesellschafter Betriebskapital ein und wurden am gemeinsamen Gewinn beteiligt.

Ziel aller Investitionen war es, ein breites, zahlungskräftiges Publikum anzuziehen und möglichst gut zu unterhalten. Dramatik galt als Gebrauchskunst, bei der niemand nach der Originalität der künstlerischen Leistung oder der geistigen Urheberschaft fragte. Ob und wie oft ein

Richard Burbage (1573-1619), Sohn des Theatergründers James Burbage, gehörte zu den berühmtesten Schauspielern seiner Zeit. Shakespeare, der der Truppe der Burbages während seiner ganzen Laufbahn angehörte, schrieb dem Freund und Kollegen die großen Tragödienrollen auf den Leib: Hamlet, Othello und Lear.

1550 – 1750

Gegen Ende des 16. Jh. trennte die Themse die übel beleumundete südliche Bankside vom Rest der Stadt. In diesem Vergnügungsviertel befanden sich die Arenen für Stier- und Bärenkämpfe, neben denen wenig später das »Rose Theatre« und das »Globe Theatre« errichtet wurden.

Das Goldene Zeitalter

Theater für Volk und Hof

Drama über die Londoner Bühnen ging, hing allein von seiner Zugkraft ab. Deshalb griffen die Autoren und Autorenteams vorzugsweise auf bekannte Stoffe und Motive zurück und bereiteten sie dem Zeitgeschmack entsprechend auf.

Theater für Volk und Hof

Den elisabethanischen Theatermachern gelang eine soziale Nivellierung des Publikums, die abseits der Bühne weiterhin undenkbar blieb: die Aufhebung der Klassenschranken im Augenblick des gemeinsamen Vergnügens. Der lebenslustige Adel protegierte und genoß das Theater, und das Volk nahm diese Vergnügungsform begeistert auf. Die neuen englischen Truppen gastierten zwar regelmäßig bei Hof, doch die Lords suchten auch gern deren öffentliche Spielstätten im Londoner Vergnügungsviertel außerhalb der Stadtmauern auf. Hier nahmen die Höflinge freilich in *Gentlemen's rooms* – Logen im unmittelbaren Bühnenbereich zum Preis von zwölf Pennies – Platz. So schützten sie sich vor der Berührung mit dem einfachen Volk auf den Stehplätzen im Parkett zu einem Penny und den Sitzplätzen in den Galerien für zwei bis drei Pennies.

Die öffentlichen Theater waren hölzerne Rundbauten mit nur teilweise überdachtem Innenhof. Die Fahne auf dem Dach zeigte weithin sichtbar an, ob Komödie (weiß) oder Tragödie (schwarz) gespielt wurde.

Die neuen Theater waren den Innenhöfen von Wirtshäusern, die bis dahin den Truppen als Spielstätten gedient hatten, nachempfunden. An allen drei Seiten, im Parkett und auf Galerien, war die teilweise überdachte Bühne von Zuschauern umgeben. Einige besonders privilegierte Bürger nahmen sogar auf der Bühne selbst Platz. Auf Dekorationen verzichtete man ganz. Die Darstellungskunst, genau genommen die »Wortkulisse«, ersetzte plastische und gemalte Bühnenbilder.

Die Vorstellungen waren Volksfeste, deren Atmosphäre mit der eines Fußballspiels treffend beschrieben sein dürfte. Gespielt wurde bei Tageslicht, so daß keine lichttechnische Trennung von Zuschauerraum und

Kampf gegen das Theater

Das Goldene Zeitalter

Bühne möglich war. Während der Aufführungen durfte gegessen und getrunken werden. Manchmal mag das Spiel ganz im Lärm und Treiben der Zuschauer untergegangen sein, die lautstark und hin und wieder sogar handgreiflich intervenierten.

Der Kampf gegen das Theater
Den puritanischen Stadtvätern war solch frivoles Treiben ein Dorn im Auge. Das gebildete Bürgertum, heute theatertragende Schicht, blieb als einzige Gruppe dem Theater fern und ließ darüber hinaus keine Möglichkeit aus, gegen seine Einrichtungen vorzugehen. Öffentliche Aufführungen waren bereits seit 1574 ins Vergnügungsviertel jenseits der Stadtmauern verbannt. Weiteren Zugriff sicherte sich der Magistrat 1581 durch die Einführung einer amtlichen Theaterzensur.

Die Pestepidemie lieferte von 1592-94 ein wohlfeiles Argument zum Verbot sämtlicher Aufführungen. 1642 gewannen die Puritaner in der Krise der Monarchie schließlich Oberwasser und setzten die endgültige Schließung und bald darauf auch die Zerstörung aller öffentlichen Theater durch.

Historienspiele, Rachetragödien und romantische Komödien
Daß dieser vernichtende Schlag nicht sämtliche Spuren des elisabethanischen Theaters vom Erdboden vertilgen konnte, ist der Schreibwut seiner Autoren zu verdanken. Bis zur Schließung der öffentlichen Häuser wurden ca. 3000 Dramen verfaßt. Die Theater hatten einen enormen Bedarf an stets neuen Spielvorlagen. Das Stückeschreiben avancierte zum Broterwerb, dem sich manch hungriger Poet zuwandte.

Fast alle 14 Tage brachten die Bühnen eine Uraufführung heraus. Die Stücke wurden in er-

Diese Innenansicht des »Swan Theatre« ist die einzige überlieferte zeitgenössische Darstellung eines elisabethanischen Theaters.

1550 – 1750

Kostüme waren stets sehr prunkvoll und oft teurer als der Erwerb eines neuen Stücks. Der Theaterunternehmer Hensloe z. B. kaufte Thomas Heywood die Aufführungsrechte für *A Woman Killed With Kindness* für nur 6 Pfund ab – in das Kostüm der Hauptdarstellerin investierte er immerhin 6 Pfund und 13 Schillinge.

Das Goldene Zeitalter

Horrorshow und Actionthriller

Mit *The Spanish Tragedy* schuf Thomas Kyd (1558-94) den Prototyp der elisabethanischen Rachetragödie. Sein nicht erhaltener Ur-Hamlet mag Shakespeare als Vorlage gedient haben.

ster Linie für den kommerziellen Erfolg konzipiert, und die Autoren mischten zu diesem Zweck Bewährtes aus dem traditionellen Volkstheater mit Elementen der neuen klassizistischen Mode aus Italien zu einem höchst populären Cocktail auf. Erlaubt war, was gefiel, und so bewahrte sich das elisabethanische Theater den humanistischen Normenforderungen zum Trotz eine Komplexität der Formen, die ihren überzeitlichen Erfolg zweifellos begünstigte. Da erscheinen edle und gemeine Menschen auf ein und derselben Szene, das Komische steht unmittelbar neben dem Tragischen, und die Forderung nach den *drei Einheiten* vermochte keinen Autor von rasanten Zeitsprüngen und Ortswechseln abzuhalten.

Die elisabethanischen Zuschauer, durchdrungen vom neu erwachten englischen Nationalstolz, verlangten nach Historienspielen und wußten geschickt eingefügte tagespolitische Anspielungen zu schätzen. Publikumsrenner waren bluttriefende Rachetragödien, die in spektakulären Geistererscheinungen und Wahnsinnsausbrüchen gipfelten. Zur Entspannung zwischen Horrorshow und Actionthriller ergötzte man sich vorzugsweise an erotisch prickelnden Verwechslungskomödien.

»Die Schauspiele sind auch die normalen Orte, wo sich herrenlose Leute treffen und vergnügen. Um selbiges zu vermeiden, möchten wir zum wiederholten Male ergebenst und ernsthaft das Ersuchen an Euer Ehren richten, sowohl an uns als auch an die Friedensrichter von Surrey und Middlesex Weisungen zu schicken, die das sofortige Verbot und die endgültige Unterdrückung der besagten Theaterspiele, sowohl im ›Theatre‹, im ›Curtain‹ und auf der Bankside als auch an allen anderen Plätzen in der Stadt und um sie herum, beinhalten. Wenn auf diese Weise, wie wir nicht bezweifeln, die Gelegenheit und die Ursache für viele Ordnungswidrigkeiten entfernt ist, wird es uns eher möglich sein, die schlimmere Schicht von bösen und ordnungsfeindlichen Personen in besserer Ordnung zu halten, als es uns bislang möglich gewesen ist.«
A Letter from the Lord Mayor and Aldermen to the Privy Council, London 1597

Geheimnisvoller Shakespeare

Das Goldene Zeitalter

Der Krieg der Dichter

Mit derart regellosem Blendwerk, glauben viele Zeitgenossen, waren keine literarischen Meriten zu gewinnen. Das Theater, das zum Schutz der Moral außerhalb der Stadtgrenzen angesiedelt war, stand auch im Musentempel im Abseits. Unter den humanistisch gebildeten Literaten ließen sich – so schien es – nur die abenteuerlichsten Heißsporne zum Theater herab. Sie befehdeten sich heftig und stahlen einander immer wieder die Ideen. Raufereien gehörten ebenso zur Tagesordnung wie die anschließende Versöhnung bei reichlichem Weingenuß. Robert Green endete im Schuldgefängnis, Thomas Kyd wurde des Atheismus angeklagt und gefoltert, Ben Jonson tötete einen Mann im Duell, und Christopher Marlowe, der sich als Regierungsspion verdingt hatte, wurde von einem seiner Widersacher in einer Wirtschaft erdolcht.

Geheimnisvoller Shakespeare

Die Biographie ihres erfolgreichsten Kollegen, William Shakespeare, wirkt dagegen geradezu farblos. 1564 erblickt der Sohn eines Handschuhmachers im provinziellen Stratford-upon-Avon das Licht der Welt. Die Kirchenbücher unterrichten uns lediglich über seine Taufe, seine Heirat mit der um einige Jahre älteren Anne Hathaway und seine vierköpfige Nachkommenschaft.

Christopher Marlowe (1564-93) gilt als der bedeutendste elisabethanische Autor vor Shakespeare. Mit seinem Erstling *Tamerlan der Große* führte er den Blankvers, einen ungereimten fünffüßigen Jambus, in das englische Theater ein. Marlowe verfaßte u. a. die erste dramatische Bearbeitung des Faust-Stoffs *Die tragische Geschichte von Dr. Faustus* und die Tragödie *Der Jude von Malta*.

Ben Jonson (ca. 1573-1637), der gelehrteste Dramatiker seiner Zeit, engagierte sich in einem öffentlichen Theaterstreit erfolgreich für die Durchsetzung der klassischen dramatischen Regeln. Er erfand die Gattung der *Comedy of Humours*, in der eine eklatante Charakterschwäche des Protagonisten zum Motor der Handlung wird. Jonsons zeitkritische und satirische Sittenkomödien wie z. B. *Volpone* oder *Bartholomew Fair* sind im Londoner Milieu angesiedelt und spiegeln bürgerliche Moralvorstellungen wider.

1550 – 1750

Duell- und Kampfszenen gehörten zu den beliebtesten Höhepunkten des elisabethanischen Showbusiness.

75

Das Goldene Zeitalter

Kunst und Kommerz

Daß der junge **William Shakespeare** sich in London nicht nur Freunde machte, entnimmt man dem Pamphlet eines Konkurrenten. Robert Green beschimpfte ihn als größenwahnsinnige Krähe und Emporkömmling, der von sich »glaubt, er sei der einzige Bühnenschütterer (Shakescene) dieses Landes«.

1550 – 1750

In seinen Tragödien analysiert Shakespeare – ganz im Geist der Renaissance – die moralisch-existentielle Verfassung des komplexen Individuums. Edmund Kean, gefeierter Shakespeare-Spezialist des frühen 19. Jh., ging mit seiner Gestaltung des Othello in die Theatergeschichte ein: »Kean sehen, heißt Shakespeare beim Schein von Blitzen lesen.«

1592, im Jahr seiner nächsten Erwähnung, war er bereits ein erfolgreicher Schauspieler und Dichter in London. Schon bald stieg er bei den »Lord Chamberlain's Men« zum Mitgesellschafter auf und erwarb 1599 Anteile des neu eröffneten »Globe Theatre« am südlichen Themse-Ufer. Doch kaum hatte er sein kleines Vermögen im trockenen, zog sich Shakespeare 1610 nach Stratford auf ein geruhsames Altenteil zurück, wo er nur sechs Jahre später starb.

Die Spärlichkeit der biographischen Informationen inspirierte die Shakespeare-Forschung zu abenteuerlichen Spekulationen. Die Vermutungen, hinter dem ›Pseudonym‹ Shakespeare verberge sich der nur untergetauchte Christopher Marlowe, vielleicht auch ein ganzes Team von Autoren oder gar der Philosoph Francis Bacon, gelten heute jedoch als unhaltbar – zu markant ist die Handschrift Shakespeares, der schon von seinen Zeitgenossen als bedeutendster englischer Dramatiker verehrt wurde.

Eine glückliche Ehe von Kunst und Kommerz

Im Werk Shakespeares beobachten wir ein einzigartiges Zusammentreffen von Popularität und Qualität. Bis heute führen seine Stücke vielerorts die Hitparade der meistgespielten Dramen mit den höchsten Besucherzahlen an. Dabei orientierte sich der Dichter strikt an der Nachfrage des elisabethanischen Markts.

Shakespeare hatte zu diesem Zweck die großen Leitbilder der modernen italienischen Humanisten studiert. Seine Komödie der Irrungen ist eine Bearbeitung von

Komödie, Tragödie, Historienspiel

Das Goldene Zeitalter

Plautus' *Menaechmi*, und für *Titus Andronicus* schlachtete er ungeniert Senecas Tragödien-Nachlaß aus.

Wie seine weniger berühmten Zeitgenossen feierte er in zahlreichen Historienspielen die großen Könige der englischen Geschichte von *König Johann* bis *Heinrich VIII*. Auf Bestellung verfaßte er heitere erotische Verwirrspiele wie den *Sommernachtstraum* oder die Komödie *Was ihr wollt*.

In seinen Macht- und Rachetragödien – z. B. *Macbeth*, *König Lear* oder *Hamlet* – wußte Shakespeare schließlich eine wohlkalkulierte Abfolge beliebter Glanznummern des elisabethanischen Entertainments zu arrangieren. Da treiben Geister und Hexen ihr Unwesen, Frauen verlieren den Verstand, und das Blut fließt in Strömen. Den anmutigen Rahmen für das Spektakel bilden Maskeraden und ausgelassene Clownerien.

Doch neben kruder Theatralik, die sicher den Großteil seines Publikums sattsam unterhielt, leistete sich Shakespeare eine hochentwickelte Sprachkunst. Sein Sprachreichtum – er verfügte über einen Wortschatz von 15 000 Vokabeln – ließ im Wechselspiel mit derber Direktheit phantastische Methaphorik blühen. Der Dichter im Unternehmer begnügte sich nicht damit, Blutrache und Machtintrigen möglichst effektvoll in Szene zu setzen. Königsmord und Liebestragödie, Rollentausch und Eifersuchtsdrama dienten ihm vielmehr als überzeitliche Modelle menschlich irrender Leidenschaften. Denn allein die literarische Vervollkommnung des Dramas durch Dichter wie Shakespeare, Marlowe und Jonson konnte dem Theater dauerhaft zu einer größeren kulturellen Relevanz verhelfen.

Das Schauspielwesen genoß in der Frühzeit seiner Professionalisierung und Kommerzialisierung nur geringes soziales Ansehen. Die Lust-

Frauen war das Auftreten auf der elisabethanischen Bühne nicht gestattet. Alle Rollen wurden von Männern oder Knaben verkörpert. Das hinderte die großen Virtuosinnen des ausgehenden 19. Jh. nicht daran, ihre Kunst an den männlichen Heldenrollen der Tragödien zu messen. Neben Sarah Bernhardt (oben) überraschten z. B. Asta Nielsen und Adele Sandrock ihr Publikum mit ihrer Interpretation des Melancholikers Hamlet.

1550 – 1750

Lady Macbeth, 1887 verkörpert von der legendären Ellen Terry, der Mutter von Edward Gordon Craig

Das Goldene Zeitalter

Spanien: Das »Große Welttheater«

Szenenbild aus einer Aufführung von Shakespeares *König Lear* Ende des 19. Jh.

feindlichkeit der Puritaner hing wie ein Damoklesschwert über dem jungen Medium, und die frisch verpflichteten Berufskünstler waren in dieser Situation hochmotiviert, die Existenz des Theaters gesamtgesellschaftlich zu festigen. Das schönste dramatische Werk der Weltgeschichte ist mithin einer überaus produktiven Ehe von Kunst und Kommerz zu verdanken.

1550 – 1750

Ein wundersames Schauspiel für die Sinne bot Ariane Mnouchkine mit ihrer exotisch schönen Inszenierung von *Heinrich IV.*, die zu den international erfolgreichsten Shakespeare-Aufführungen der letzten Jahrzehnte zählt.

Spanien: Das große Welttheater

Theater im Dienst und Schutz der Kirche

Das Theater des spanischen Barock wurzelt tief im Katholizismus. Das sogenannte *Auto sacramentale*, ein aus mittelalterlichen Traditionen hervorgegangenes allegorisches Fronleichnamsspiel, erfreute sich bis weit ins 18. Jh. großer allgemeiner Beliebtheit. Das weltliche Volkstheater Spaniens stand stets im Dienst und Schutz der Kirche.

Als die ersten italienischen Wandertruppen um 1535 Spanien bereisten, stellten religiöse Bru-

Englische und italienische Einflüsse

Das Goldene Zeitalter

derschaften den Schauspielern ihre Innenhöfe als Spielorte zur Verfügung. Der vereinbarte Gewinnanteil diente den Brüdern als willkommene Einnahmequelle für die Erhaltung ihrer Waisenhäuser und Spitäler.

Die ersten öffentlichen spanischen Theater wurden nach dem Vorbild solcher Innenhof-Bühnen erbaut und »Teatro de Corral« genannt. Die Ähnlichkeit mit dem englischen Theaterwesen ist verblüffend. Wie in London bestimmte das Steh-Parkett, die sogenannten *Mosqueteros*, mit ihren lautstarken Mißfallens- oder Beifallsbekundungen über den Erfolg einer Aufführung. Die gehobenen Gesellschaftsschichten saßen in den ihnen vorbehaltenen Logen, Frauen wurden im katholischen Spanien allerdings getrennt von Männern plaziert. Bereits Mitte des 16. Jh. bespielten auch einheimische Truppen die im ganzen Land errichteten Corral-Theater.

Die Weichen waren gestellt für das *Siglo de oro*, das Goldene Zeitalter der iberischen Theaterkultur, einem Volkstheater, das bei allen Bevölkerungsschichten begeisterten Anklang fand.

Zu den Pionieren des Berufstheaters zählte **Lope de Rueda** (1505-65), der wie Shakespeare und Molière als Prinzipal, Schauspieler und Stückeschreiber die Entfaltung einer spanischen Nationaldramatik maßgeblich beeinflußte.

Mantel- und Degenkostüm, 1546

1550 – 1750

William Hogarth, *Wander-Schauspielerinnen in einer Scheune*. Vereinzelte Aufführungsverbote durch die kirchliche Zensurbehörde richteten sich in der Regel gegen das Auftreten von Schauspielerinnen, die die spanischen Bühnen schon sehr früh mit ihrer Kunst belebten.

79

Das Goldene Zeitalter

Das Mantel- und Degenstück

Miguel de Cervantes Saavedra (1547-1616). Der von der Inquisition verfolgte und vermutlich unschuldig in einen Mordprozeß verwickelte Autor des *Don Quijote* (rechts *Der Kampf gegen die Windmühlen*, Stich von Gustave Doré) schrieb ca. 30 Theaterstücke. Im Vorwort zu einer Sammlung von einaktigen Zwischenspielen verneigt er sich vor seinem großen Zeitgenossen: »Ich legte Feder und *Comedias* beiseite, und die Szene betrat das Monstrum der Natur, der große Lope de Vega, und machte sich zum Gebieter in der Monarchie des Komischen.«

Mit Mantel und Degen für Liebe und Ehre
Im 17. Jh. war das Weltreich Spaniens längst im Zerfall begriffen. Doch die Menschen erhielten die Illusion von Macht und glanzvollem Leben im Theater aufrecht. Über 30 000 Dramen sollen in dieser Zeit verfaßt worden sein.

Unter dem Sammelbegriff *Comedia* bildeten sich eine Vielzahl unterschiedlicher Gattungen heraus, von denen v. a. die *Comedia en capa y espada*, das »Mantel- und Degenstück«, über die Grenzen Spaniens hinaus berühmt wurde.

Lope de Vega, König aller Gattungen des spanischen Barocktheaters, definierte in seiner *Arte Nuevo de hacer comedias en este tiempo* (*Neue Kunst, in dieser Zeit Schauspiele zu schreiben*) ihre grundlegende dramaturgische Form. Gegenstand der Handlung ist das Privatleben der gehoben Schichten, von deren typischer Gewandung sich der Gattungsname ableitet. Der Mantel, Symbol der Vermummung, ist das wesentliche Requisit der unverzichtbaren Liebesintrige – in der Regel

---

Gattungen des spanischen Barocktheaters
Autos sacramentales: einaktige allegorische Fronleichnamsspiele, die, von possenhaften Szenen durchsetzt, zur Verehrung des Altarsakraments aufgeführt wurden
Comedias en capa y espada: Mantel- und Degenstücke, die das private Leben der Kavaliere und Edelleute schildern
Comedias del teatro: aufwendig inszenierte historische Schauspiele, die sich, in Abgrenzung zu den Mantel- und Degenstücken, mit dem öffentlichen Leben der Fürsten befassen
Comedias de santos: Heiligenlegenden und Märtyrertragödien
Comedias de figurón: Vorläufer der Charakterkomödie
Entremeses: einaktige farcenhafte Zwischenspiele für Festlichkeiten
Burlescas: Possen und Persiflagen
Fiestas: höfische Festspiele mit Tanz und Musik

Lope de Vega, Calderón de la Barca

Das Goldene Zeitalter

ein verhinderter Heiratsplan. Der verliebte Galan gerät unweigerlich in einen Konflikt mit seinem Ehrbegriff, den er schließlich mit dem Degen zu verteidigen sucht.

Die aristotelische Poetik war Lope de Vega zwar bekannt, doch zog er dem Beifall der Regelwächter den seines Publikums vor. Das erwartete weniger eine stimmige als vielmehr eine spannende, abenteuerliche und überraschende Handlung, mithin rasante Wechsel von Ort und Zeit sowie eine gelungene Mischung von Tragischem und Komischem. Im »Mantel- und Degenstück« spiegelt sich die dramatische Haupthandlung in den parodistischen Auftritten der Diener. Die Figur des Gracioso erinnert an den italienischen Arlecchino und vertritt wie dieser die Ansichten des Volks. Neuzeitlich realistische Handlungen sind der spanischen Barockdramatik ebenso fremd wie psychologisch glaubwürdige Charaktere. Es ist v. a. ein Allegorie- und Gleichnistheater, das die weltliche und himmlische Ordnung nachbilden will.

So gestaltete auch der Hofdichter Pedro Calderón de la Barca, Mittelpunkt der zweiten großen Dichterschule des spanischen Barock, in vielen Werken die vorherrschende religiöse Überzeugung von der Eitelkeit und Vergänglichkeit allen irdischen Geschehens. Als dichterischer Höhepunkt in Calderóns Werk gilt das wundersame Märchen *Das Leben ist ein Traum* vom gefangenen und geläuterten Prinzen Sigismund. Der polnische Königssohn muß erkennen, daß das Leben nicht mehr als eine Sinnestäuschung und alles irdische Streben eitel ist, bevor er zum gerechten Herrscher reifen kann.

Lope de Vega (1562-1635) diente lange Zeit in der spanischen Flotte und wurde Zeuge des Untergangs der Armada 1588. 1613 wurde er zum Priester geweiht und trat 1627 dem Johanniterorden bei. Aus seiner Feder stammen 1500 *Comedias*, von denen 470 erhalten sind. Sein *Fuente ovejuna* (*Das brennende Dorf*) ist das einzige Stück der Epoche, in dem sich Bauern gegen adlige Tyrannen auflehnen.

Tirso de Molina (ca. 1584-1648) griff, obwohl Mönch, Klerus, Hof und Adel satirisch an. Die meisten seiner wohl 300-400 *Comedias* fielen wegen ihrer lockeren Moralauffassung der Inquisition zum Opfer. Molina verfaßte die erste Dramatisierung des Don-Juan-Stoffs und ist berühmt für seine resoluten, intriganten Frauengestalten.

Pedro Calderón de la Barca (1600-81). Der adlige Jesuitenschüler brach 1620 sein Theologiestudium ab und nahm an Dichterwettbewerben teil. 1635 wurde er Leiter des Hoftheaters »Buen Retiro«, 1651 empfing er doch noch die Priesterweihe.

1550 – 1750

Das Goldene Zeitalter
Frankreich: Molière, ...

Frankreich: Klassische Tragödie und Charakterkomödie

Theatralischer Zenit: Der Hof Ludwigs XIV.

Die beiden großen, beinahe gegensätzlich zu nennenden Linien des europäischen Barocktheaters – das monumentale höfische Fest und das »klassizistische« Drama – wurden in Frankreich gleichermaßen gepflegt und auf die Spitze getrieben. Die Prachtentfaltung am Hof Ludwigs XIV. blendete ganz Europa. Im *Ballet du cour*, einer theatralen Sonderform des französischen Hofs, trat neben den Damen und Herren des Hofs sogar der König selbst auf. Berühmt wurde das *Ballet royal de la nuit*, in dem Ludwig XIV. die Königin der Sterne verkörperte. Es ist bezeichnend für die Epoche, daß er diesem Auftritt seinen Beinamen »Sonnenkönig« verdankt.

Ludwig XIV. trat mit Vorliebe im Ballett auf. Die Abbildung rechts zeigt ihn im Kostüm des Gottes Apoll.

Das »Hôtel de Bourgogne« ist eine der ältesten ständigen Spielstätten des neuzeitlichen Europa. 1548 richte eine Passionsbruderschaft hier einen Theatersaal für die Aufführungen von Possen und Mysterienspielen ein. Da die Bruderschaft das ausschließliche Privileg besaß, in Paris dramatische Vorstellungen anzubieten, wurde das »Hôtel de Bourgogne« zur wichtigsten Gastspielstätte für die zahlreichen Wandertruppen des 17. Jh. Bis zur Gründung der »Comédie française« war es die bevorzugte Spielstätte der *Comédiens du roi* und der *Troupe royale*. Danach diente sie v. a. der französischen *Commedia dell'arte*, der *Comédie italienne*, als Spielstätte.

1550 – 1750

82

... Corneille, ...   **Das Goldene Zeitalter**

Die französische *Tragédie classique* markiert unterdessen einen der literarischen Höhepunkte der Epoche. Unter dem wachsamen Auge des Kanzlers, Kardinal Richelieu, höchstselbst und der von ihm gegründeten *Académie Française* durfte sich diese jedoch nur unter strengster Einhaltung eines klassizistischen Regelwerks nach Aristoteles entfalten.

Corneille

Ausgerechnet der *Cid* des Advokaten Pierre Corneille, bei der Uraufführung 1637 vom Pariser Publikum bejubelt, sah sich schärfster Kritik der *Académie* ausgesetzt. Die Tragödie um einen tödlichen Konflikt zwischen Liebe und Ehre verstoße auf unverzeihliche Weise gegen Wahrscheinlichkeit und Moral. So rügten die Regelwächter, während ein überwiegend jugendliches Publikum den *Cid* zum französischen Nationalhelden stilisierte.

Der Tadel der *Académie* traf Corneille schwer, gehörte er doch zu einem von Richelieu auserwählten fünfköpfigen Dramatikergremium, das die klassischen Dichtungsregeln in der Praxis erproben sollte. Er akzeptierte die Kritik an der Tragödie, die seinen Ruhm begründet hatte, und verfaßte in der Folge nur noch stilreine Dramen.

Pierre Corneille (1606-84). Der erste große Tragiker Frankreichs machte aus den klassischen Regeln noch kein Dogma. Mit dem *Cid* schuf er eine Tragikomödie, mißachtete das Gesetz der *drei Einheiten* und hob in *Le menteur* (*Der Lügner*) den sozialen Stand der Komödienfiguren an. Seine Stücke gehörten zum festen Repertoire der führenden Truppen des französischen Barock, doch als sein Stern in den 70er Jahren neben dem des jüngeren Racine verblaßte, kehrte er dem Theater enttäuscht den Rücken.

1550 – 1750

Sertorius von Pierre Corneille an der *Comédie Française*, Aquarell, 18. Jh.

Das Goldene Zeitalter

... Racine

Dabei schuf er den Prototyp des über menschliche Schwächen erhabenen tragischen Helden, der sich an den wichtigsten Idealen des französischen Barock, *Honnêteté* (Ehrbarkeit) und *Bienséance* (Schicklichkeit), orientierte. Frei von individuellen Zügen, sollten Corneilles tugendhafte Helden v. a. die Bewunderung des Publikums hervorrufen und gerieten daher eher schablonenhaft als charaktervoll.

Jean Baptiste Racine

Doch der Zeitgeschmack wandelte sich schon bald. Der ehemalige Theologiestudent Racine gewann die Gunst des Publikums mit charakterlich ausgefeilten Protagonisten. Seine Helden sind Opfer ihrer menschlichen Leidenschaften, die der Autor einer tiefenpsychologischen Analyse unterzog. Die strenge dramaturgische Form des klassizistischen Dramas kam seinem Streben nach psychologischer Intensität entgegen. Der sozialen Wirklichkeit gewährte Racine keinen Raum. Die Handlung konzentrierte sich im abstrakten Dialog und wurde allein durch die seelischen Schwankungen der Helden vorangetrieben.

Jean Baptiste Racine (1639-99). Zwischen 1666 und 1677 verfaßte er seine großen Dramen – *Andromaque, Britannicus, Bayazet, Bérénice, Iphigénie, Phèdre* und *Mithridate* – , aber nur eine Komödie, *Les plaideurs*. Nach seinem Abschied vom Theater verbrachte er seine letzten Jahre als Hofhistoriker und Vorleser des Königs, den er oft auf Feldzügen und Reisen begleitete.

Racines bedeutenste Tragödie, *Phädra*, eine Studie über die zerstörerische Macht der erotischen Leidenschaft, beeindruckte v. a. die Nachwelt. Bei ihrer Uraufführung im Jahr 1677 fiel sie im Vergleich mit der gefälligeren Version eines Rivalen durch, woraufhin Racine sich verbittert vom Theater zurückzog. Die außerordentlich eleganten und musikalischen Verse Racines gelten als schwer übersetzbar. Eine lebendige Aufführungstradition war seinem Werk – wie dem Corneilles – daher nur in Frankreich beschieden.

Mlle. Dumesnile, hier in der Rolle der Phädra, galt als Meisterin des großen pathetischen Darstellungsstils. Sie konnte in einem Moment rührend sein und im nächsten die Zuschauer in den ersten Bänken durch einen Zornesausbruch erschrecken. Sie veränderte die Sprechtechnik, indem sie leidenschaftlich pathetischen Partien durch kunstloses Sprechen der unbedeutenderen Textstellen unterbrach.

Molière

Das Goldene Zeitalter

Die Schelmenstreiche des Scapin von Molière in einer Aufführung der *Comédie Française*, 18. Jh.

Molière

Bis heute strahlt der Stern von Racines größtem Rivalen auf den Bühnen der Welt. Der Meister der Charakterkomödie selbst hielt freilich die tragische Gattung für die Krone der Dichtkunst. Auch nachdem er als Schauspieler und Dramatiker seine ureigene Begabung für das Komische entdeckt hatte, versuchte er immer wieder, mit Tragödien zu reüssieren.

Dem jungen Racine verhalf er zu seinem Pariser Theaterdebüt. Doch schon die nächste Zusammenarbeit, die Uraufführung von Racines *Alexander der Große*, führte zu ernsten Auseinandersetzungen. Molières Bestreben, Racines tragische Helden glaubwürdig und lebendig zu gestalten, mißfiel dem Autor. Auch das höfische Publikum, das im überhöhten Stil der Tragödie seine eigene Erhabenheit gefeiert sehen wollte, mokierte sich über Molières profane Interpretation.

Der verärgerte Racine brachte kurz darauf eine zweite Premiere am »Hôtel de Bourgogne«, dem Konkurrenzunternehmen, heraus. Mit dieser Aufführung bereitete er den Boden für den »hohen Ton«, den großen pathetischen Deklamationsstil, der fortan für die *Tragédie classique* verbindlich sein sollte. Es ist kaum verwunderlich,

Curt Bois als Argan in Molières *Der eingebildete Kranke*

1550 – 1750

Das Goldene Zeitalter
Im Schutze des Königs, ...

Jean Baptiste Poquelin, genannt **Molière**, brach sein Jurastudium ab und gründete 1643 im Alter von 21 Jahren mit seiner Geliebten, der Schauspielerin Madeleine Béjart, das »Illustre Théâtre«. Das Unternehmen entpuppte sich schon bald als fianzielles Fiasko. Sein Vater, ein reicher Teppichwirker, löste ihn aus dem Schuldturm aus, und Molière zog mit seiner Truppe auf einer dreijährigen Wanderschaft durch Frankreich. Der Erfolg im Louvre ebnete ihm 1658 den Weg in die Pariser Spielstätten. Zunächst bespielte er alternierend mit der *Comédie italienne* das »Petit-Bourbon«, später bezog er im Palais Royal ein eigenes Theater, und sein Ensemble wurde zur *Troupe du roi* erhoben. Molière genoß bis zu seinem Tod die Gunst des Königs, das christliche Begräbnis wurde dem Komödiendichter hingegen verweigert. Molière starb 1673 auf der Bühne: in der Rolle seines unsterblichen *Eingebildeten Kranken*.

1550 – 1750

daß Racine sich Molières Feindschaft zuzog, denn er entführte seinem ehemaligen Mentor nicht nur die Zuschauer, sondern auch den weiblichen Zugstar der Truppe, die viel gerühmte Mlle. du Parc. Der unglaublichen Popularität Molières konnte jedoch auch dieser tragische Flop kaum schaden.

Schon 1658, bei seinem ersten Auftritt vor dem König, hatte er mit dem rasanten Spielwitz seiner Komödie *Der verliebte Doktor* den Mißerfolg der vorher gespielten Tragödie wettmachen können. Bis zu seinem Tod stand Molière im Dienst und Schutz des Sonnenkönigs.

Er verfaßte eine lange Reihe von Farcen, Sitten- und Typenkomödien. Nach dem Motto »Je prends mon bien où je le trouve« – »Ich nehm's, wo ich's kriegen kann« – bediente er sich dabei ungeniert aus dem Repertoire

Titelblatt zur Erstausgabe der Werke Molières

... in Streit mit Adel und Amtskirche

Das Goldene Zeitalter

der italienischen Commedia dell'arte. In Zusammenarbeit mit Ludwigs Hofkomponisten Jean Baptiste Lully entwickelte er das Genre des Comédie-ballet, eines Lustspiels, in dem Tanzszenen nicht nur schmückendes Beiwerk, sondern wichtiger Bestandteil der Handlung sind.

Molière in der Rolle seines Sganarelle

Den literarischen Höhepunkt seines Werks bilden die großen Charakterkomödien. Die komische Wirkung dieses Genres verdankt sich weder einer verwickelten Intrige – wie etwa in der Situationskomödie – noch dem Witz feststehender Typen. In Lustspielen wie Der Geizige, Der eingebildete Kranke und Der Misanthrop personifiziert und überspitzt Molière einen einzigen Charakterzug in einer Figur und gibt diese der Lächerlichkeit preis.

Der kühle Beobachter seiner Zeitgenossen hielt die Bühne für eine Art theatralischen Pranger, an dem Verstöße gegen Vernunft und Sitte durch die Komödie zu entlarven und öffentlich zu verspotten waren. Seine satirischen Spitzen zielten ebenso auf allgemeine menschliche Schwächen wie auf modische Unsitten und Narreteien seiner Zeit. Molière nahm Bürger und Adlige aufs Korn, und wie oft er ins Schwarze traf, zeigen die Reaktionen der verlachten Außenseiter. Die lächerlichen Preziösen machten Skandal, während ein paar beleidigte Marquis handgreiflich zurückschlugen. Obwohl der Tartuffe eindeutig die Scheinheiligkeit und nicht die Religiosität angreift, durfte er fünf Jahre nicht öffentlich gespielt werden, und der Don Juan wurde direkt nach der Premiere abgesetzt und blieb zu Molières Lebzeiten verboten.

Der eingebildete Kranke (Branko Samarovski) in Bochum 1983, Regie: Claus Peymann

1550 – 1750

87

Die Schauspielerin

Sarah Bernhardt als Phädra

Ein Engländer schilderte 1611 in seinem Bericht über eine Italienreise seinen vermutlich höchst erstaunten Landsleuten ein Kuriosum, »was ich nie zuvor gesehen hatte. Ich habe nämlich Frauen auf der Bühne spielen sehen ..., und die sind, was die Gestik, die Anmut und alles übrige betrifft, so ausgezeichnet, wie mir noch kein Mann je vorkam.« Die Verblüffung des Manns ist verständlich, waren doch seit der Entstehung des klassischen griechischen Theaters Frauenrollen (die im Gegensatz zur leiblichen Frau auf der Bühne keineswegs fehlten) fast durchweg von Männern und Knaben gespielt worden.

In der attischen Demokratie war das Theater, wie alle Staatsangelegenheiten, Männersache, und die Tragödien-Protagonisten genossen höchstes gesellschaftliches Ansehen. Die rechtlich unmündigen Frauen blieben in ihrem Aktionsradius auf den häuslichen Bereich beschränkt. Ihr niedriger gesellschaftlicher Rang war auch im Zuschauerraum nicht zu übersehen; die Athenerinnen nahmen auf den unbeliebten oberen Rängen zwischen Fremden und Sklaven Platz.

Das auf Entertainment ausgerichtete römische Theater konnte es sich hingegen nicht leisten, auf die Beteiligung weiblicher Darsteller zu verzichten. Zwar spielten Frauen auch im Alten Rom bei den Aufführungen klassischer Dramen keine Rolle, erfreuten jedoch das Publikum des zotigen *Mimus* um so mehr durch ihr leibliches Erscheinen, wenn sie sich am Ende einer Vorstellung nackt präsentierten. Es wäre freilich falsch zu behaupten, daß Frauen im römischen Theater auftreten ›durften‹. In Rom galt die Schauspielerei mitnichten als ehrenvolle Aufgabe, sondern wurde ausnahmslos von Sklaven praktiziert. Die ersten Schauspielerinnen des Abendlands betraten die Bühne also keineswegs freiwillig. Die schönsten unter ihnen waren durch eine »Unlösbarkeitsklausel« sogar lebenslang an das Theater gefesselt und häufig genug gezwungen, nicht nur ihre intimsten Reize zur Schau zu stellen, sondern auch den Akt des Beischlafs auf der Bühne vorzuführen.

Die Schauspielerin

Der byzantinischen Kaiserin Theodora, selbst ehemalige Schauspielerin, verdankten die Miminnen der Spätantike schließlich die Freiheit, ihre Verträge unter Berufung auf die christliche Religion zu lösen. Doch die Kirche, die hier zunächst als Beschützerin der rechtlosen Schauspielerin in Erscheinung trat, entpuppte sich in der Folgezeit als erbitterte Feindin des weltlichen Theaters und v. a. der weiblichen Bühnenkunst. Die mit der Erbsünde belastete Frau verführe den Mann durch ihre bloße Erscheinung zur Unzucht, wetterten bereits die Kirchenväter, und sei daher möglichst von jeder öffentlichen Artikulation abzuhalten. Das sakrale Theater des Mittelalters wurde ausschließlich von männlichen Laienspielern dargeboten – von den ersten liturgischen Spielen bis zu den ausschweifenden, blutrünstigen und sensationsheischenden Mysterienspielen auf den Marktplätzen neuzeitlicher Städte.

Erst die Renaissance mit ihrer Orientierung auf das diesseitige Leben brachte die Wende. Die lebenslustigen Adligen an den europäischen Höfen, allen voran italienische Fürsten, wollten sich nicht länger von der Kirche vorschreiben lassen, wie sie sich amüsieren durften. Die Macht der Kirche war durch die Anfechtungen neuzeitlicher Naturwissenschaft, Philosophie und Ökonomie heftig angeschlagen. Die Geistlichkeit polemisierte zwar weiterhin gegen das sittenlose Schauspielergewerbe, konnte aber die Verweltlichung des Theaters ebenso wenig vereiteln wie das erste Auftreten von professionellen Komödiantinnen.

Es waren Töchter und Ehefrauen der wandernden *Commedia dell'arte*-Spieler, die als erste das Publikum mit ihrer Kunst überraschten. Die italienischen Stegreifspieler verdankten ihren europaweiten Erfolg der spektakulären Bühnenwirksamkeit ihrer Schauspieler. Ihr natürliches und lebendiges Improvisationsspiel strotzte vor Sinnlichkeit und hob sich erfrischend vom papierenen Theater der Humanisten ab. Frauen präsentierten sich in der *Commedia dell'arte*, dem Inbegriff des neuzeitlichen Maskenspiels, von Anfang an unmaskiert. Ihr

Eleonora Duse in *Rosmersholm*

Die Schauspielerin

Debüt auf den Brettern, die die Welt bedeuten, trug dem neuen Realitätsverständnis der Renaissance Rechnung, erwies sich jedoch zugleich als geniale Verkaufsstrategie der kommerziell arbeitenden Truppen. Die *Commedia dell'arte* war das erste Berufstheater der Neuzeit und steigerte seine Attraktivität ganz bewußt durch das sensationelle Auftreten von Schauspielerinnen.

Auf ihrem Siegeszug durch ganz Europa ebnete die *Commedia dell'arte* der Schauspielerin den Weg zunächst auf die Bühnen Frankreichs und Spaniens. Im puritanischen England dominierte der männliche Frauendarsteller bis in die Mitte des 17. Jh. Besonders schwer setzten sich Schauspielerinnen in Deutschland durch, wo sie erst im 18. Jh. regelmäßig auftraten. Dennoch war das Schauspielergewerbe auch hier der erste Beruf, der sich Frauen öffnete.

Die Schauspielerin war zu einer Zeit eine alleinstehende berufstätige Frau, in der Frauen außerhalb des Schutzes von Haus, Familie oder

Die ins Elend geratene Schauspielerin, Genrebild des 19. Jh.

Kloster überhaupt nur als Prostituierte existieren konnten. V. a. bürgerliche Töchter sahen im Theater die Chance, der Enge ihres Lebens zu entfliehen und die Fesseln der Haushaltung abzulegen.

In Deutschland mögen zahllose Mädchen dem Beispiel der Friederike Caroline Weissenborn, der gebildeten Tochter eines Juristen, gefolgt sein; 1717 entzog sie sich dem Zugriff ihres tyrannischen Vaters durch einen Sprung aus dem Fenster des elterlichen Hauses und schloß sich gemeinsam mit ihrem Geliebten Johann Neuber einem Wandertheater an. 1727 übernahm die inzwischen brav verheiratete Neuberin sogar die Leitung einer eigenen Truppe und setzte sich gemeinsam mit dem Gelehrten Johann Christoph Gottsched für eine Läuterung des Schauspiels ein. Der Stand der Schauspieler bot der Frau mithin Ebenbürtigkeit und Aufstiegschancen, wie sie sie bis dahin auf keinem anderen Sektor erreichen konnte.

> Das Ansehen der Schauspielerinnen wuchs mit der Bedeutung der Rollen, die die Dramatiker für sie schrieben. Die Schauspielerinnen der französischen Klassik errangen auf diesem Weg höchste Anerkennung. Marie Desmare Champmeslé zählte zu den am meisten verehrten Darstellerinnen des 17. Jh. Ihr triumphales Debüt feierte sie 1670 in der Rolle der Hermione aus Racines *Andromaque*.

Die Schauspielerin

Frauen waren, wie die Neuberin, künstlerische Leiterinnen oder übernahmen, gleich Madeleine Béjart in Molières Truppe, das finanzielle Management. Sie konnten sich, wie die großen Tragödinnen der »Comédie Française«, ein Vermögen erarbeiten, ihre Geldgeschäfte eigenständig abwickeln und vor Gericht Vertragsbrüche einklagen. Die in den meisten Fällen verheirateten wandernden Schauspielerinnen teilten sich im öffentlichen wie im privaten Leben Aufgaben mit ihren Männern, die nach geistlicher und bürgerlicher Weltanschauung eigentlich strengster geschlechtsspezifischer Trennung unterlagen.

Frauen durften sich das Berufsfeld Theater freilich nur deshalb so früh erschließen, weil das Theater in der Wertschätzung der Gewerbe und Künste ganz unten rangierte. Der Schauspielerstand mußte wie kein anderer Beruf bis ins 20. Jh. um seine soziale Anerkennung kämpfen. Mit ihrem Engagement für eine künstlerische Veredelung des Theaters trat die Neuberin – die übrigens höchsten Wert auf das sittliche Betragen ihrer weiblichen Ensemblemitglieder legte – schließlich auch für eine Aufwertung ihres Berufsstands ein. Zwar hatte es schon unter den ersten Schauspielerinnen der *Commedia dell'arte*-Truppen Persönlichkeiten gegeben, die – wie die legendäre Isabella Andreini – nicht nur wegen ihrer Schönheit, sondern als Künstlerinnen gepriesen wurden. In Rom ließ man der hochgebildeten Andreini, der »ersten Liebhaberin« der »Compagnia dei Gelosi«, gar die höchste literarische Ehrung der damaligen Zeit zuteil werden: Man krönte sie zum *Poeta laureatus*.

Isabella Andreini
(1562-1604)

Doch während die Spitzenstars überschwenglich verherrlicht wurden, blieb die unbekannte Bühnenkünstlerin immer suspekt und moralisch verachtet. Sie gastierte nicht an Fürstenhöfen, sondern zog über die Dörfer. Sie galt als vogelfrei, und wo sie auftrat, hängte man vorsorglich die Wäsche weg. Man war überzeugt, daß eine Frau, die ihren Körper öffentlich zur Schau stellte, nicht in Anstand leben könne. So haftete der Schauspielerin – im Gegensatz zu ihrem männlichen Kollegen – stets der Ruf der Promiskuität an. Vergewaltigung gehörte über Jahrhunderte zum ständigen Berufsrisiko

»Wem gehört dieses hübsche kleine Mädchen?« – »Mir, mein Fräulein.« – »Aber es scheint mir, daß Sie dennoch nicht verheiratet sind?« – »Nein ... aber ich bin vom Theater.«

Die Schauspielerin

der Bühnenkünstlerin. Schloßherren hielten es in der Renaissance für ihr gutes Recht, die weiblichen Stars der gastierenden Ensembles nachts gewaltsam von der Truppe wegzuschleppen, um sie am nächsten Morgen ihren Gatten mit spöttischen Kommentaren zurückzubringen.

Die sexuelle Ausbeutung der Schauspielerin verschärfte sich im 19. Jh., der Epoche der großen Virtuosen, in der die Schauspielerei zum Modeberuf wurde. Ein Heer arbeitsloser Schauspieler führte einen harten Konkurrenzkampf um wenige Engagements. Die Schauspielerin mußte, neben Schönheit und Talent, auch eine umfangreiche Bühnengarderobe mitbringen, da diese nicht vom Theater gestellt wurde. In einer Zeit, in der historische Kostüme noch als Kuriosität belächelt wurden, diente die Theaterbühne als Laufsteg der neuesten hauptstädtischen

Fleischbeschau beim Theateragenten.
Französische Karikatur von 1899

Modetrends. Da die lächerlich geringe Gage der Schauspielerin kaum zum Leben reichte, war sie gezwungen, sich in ihrer knapp bemessenen Freizeit stets neue Kostüme zu schneidern. Zur Finanzierung der teuren Stoffe blieb ihr meist nur die Wahl zwischen den zwei »Hu«: Hungern oder Huren.

Die Theaterleitung, die auf eine Schwangerschaft unerbittlich mit Entlassung reagierte, war an einem pikanten Privatleben der Künstlerinnen durchaus interessiert. Vom Sexualleben einer Schauspielerin machten

Bis ins 20. Jh. war es üblich, daß Schauspielerinnen ihre Kostüme auf eigene Kosten anfertigen ließen. Das machte sie zu Trendsettern in der Mode, brachte sie jedoch nicht selten in fatale finanzielle Not. Adele Sandrock hoffte nicht zuletzt durch ihre aufsehenerregenden Kostüme eventuelle Konkurrentinnen um ihren Status als Burgtheaterheroine auszuschalten.

Die Schauspielerin

sich die Männer des puritanischen 19. Jh. die wildesten Vorstellungen. Eine Schauspielerin mit wechselnden Affären fungierte als Projektionsobjekt für allerlei ungehörige Sehnsüchte und sorgte in der Regel für ausgebuchte Vorstellungen.

Im 20. Jh. verbesserte sich die Situation der Schauspielerin durch die kulturelle Aufwertung des Theaters. Schon das naturalistische Drama hatte die Schauspielerin vom »Toilettenzwang« befreit und damit der Kostümprostitution die Grundlage entzogen. Die Bühnenkünstlerin konnte sich nun in Rollen profilieren, die sie nicht auf ihre Körperlichkeit reduzierten. Die wenige Jahrzehnte später boomende junge Filmindustrie bot dem weiblichen Bühnenproletariat zusätzliche Einkommen und erheblich günstigere Vertrags- und Arbeitsbedingungen. Die Einrichtung von staatlichen Schauspielschulen mit einem universitären Fächerkanon

Im klassischen japanischen Theater stellen bis heute Männer alle Frauenrollen dar.

förderte zugleich die öffentliche Anerkennung und damit die Verbürgerlichung des Schauspielerberufs.

Doch bis heute leben Schauspielerinnen in großer existentieller Unsicherheit. Der »Normalvertrag Solo« ist in der Regel auf die Dauer einer Spielzeit befristet, das Einkommen bescheiden. Die monatliche Gage einer Berufsanfängerin beläuft sich 1995 auch an reichen Stadt- und Staatstheatern in der BRD auf wenig mehr als 2500 DM brutto und übersteigt nach erfolgreicher Karriere selten die 5000-Mark-Grenze. Von der großen Arbeitslosigkeit unter Schauspielern sind Frauen ungleich stärker betroffen als ihre männlichen Kollegen; die populäre Dramatik bietet nach wie vor fast doppelt so viele Rollen für Männer wie für Frauen.

Inbegriff der zum Mythos verklärten Leinwandgöttin ist Marlene Dietrich.

Das bürgerliche Theater

Das Zeitalter der Aufklärung ...

1726	Jonathan Swift: *Gullivers Reisen*
1739	David Hume: *Traktat über die menschliche Natur*
1744	Anders Celsius entwickelt seine Thermometerskala.
1762	Thronbesteigung der Zarin Katharina II.
1762	Jean-Jacques Rousseau: *Le Contract social*
1765	James Watt erfindet die Dampfmaschine.
1756	Beginn des Siebenjährigen Kriegs
1776	Unabhängigkeitserklärung der USA
1781	Immanuel Kant: *Kritik der reinen Vernunft*
1784	Aufstieg des ersten Heißluftballons in Paris
14. 7. 1789	Sturm auf die Bastille und Beginn der Französischen Revolution
1791	Wolfgang Amadeus Mozart: *Die Zauberflöte* und *Requiem*
1797	Ludwig Tieck: *Volksmärchen*
1798	Joseph Haydn: *Die Schöpfung*
1799	George Washington, erster Präsident der USA, stirbt.
1804	Napoleon Bonaparte krönt sich zum Kaiser von Frankreich.
1808	Ludwig van Beethoven: *Schicksalssymphonie* (Fünfte)
1813	Francisco de Goya: 85 Radierungen über die Schrecken des Kriegs, *Desastres de la Guerra*
1815	Wiener Kongreß
1830	Honoré de Balzac: *Die menschliche Komödie*

1730 – 1830

George Washington, Oberbefehlshaber der amerikanischen Streitkräfte im Unabhängigkeitskrieg und erster Präsident der Vereinigten Staaten von Amerika

Das Zeitalter der Aufklärung

Warum? Diese gefährliche Frage beherrschte im 18. Jh. die Köpfe Europas und brachte alle traditionellen Überzeugungen ins Wanken: Die rapiden Fortschritte in den Naturwissenschaften revolutionierten das Weltbild, und das Geistesleben emanzipierte sich endgültig von den kirchlichen Lehren. Im Jahrhundert der Philosophie huldigte man nur noch einer einzigen Göttin: der Vernunft. René Descartes und Baruch de Spinoza in den Freien Niederlanden, Thomas Hobbes, John Locke und David Hume in England, Voltaire und Charles de Montesquieu in Frankreich und Immanuel Kant, Johann Christoph Gottsched und Gotthold Ephraim Lessing in Deutschland waren die geistigen Väter einer »Aufklärung« genannten europaweiten Bewegung.

V. a. der dritte Stand, das wirtschaftlich erstarkte, aber politisch weiterhin machtlose Bürgertum, machte sich die Argumente der Aufkläre zu eigen. Der dekadenten höfischen Lebensweise und Weltanschauung setzte man eigene bürgerliche Werte und Normen entgegen und forderte eine vernünftigere, humanere und gerechtere Gesellschaftsordnung.

... und der Großen Revolution

Das bürgerliche Theater

Hungrige Pariserinnen erstürmen 1789 das Schloß von Versailles.

David Hume (1711-76) vertrat einen extremen Empirismus, d. h., er führte alle Vorstellungen auf sinnliche Wahrnehmungen zurück.

Immanuel Kant (1724-1804), der Begründer der kritischen Philosophie, repräsentierte die entgegengesetzte Position und suchte nach einem metaphysischen Begründungsprinzip für Handlungen und Normen.

Die meisten Europäer waren allerdings zu sehr mit ihrem täglichen Überlebenskampf beschäftigt, als daß sie den umwälzenden Erkenntnissen viel Beachtung hätten schenken können. In Frankreich, das durch die verschwenderische Haushaltung seiner absolutistischen Herrscher in den wirtschaftlichen Ruin getrieben worden war, politisierte sich die Aufklärung und gipfelte schließlich 1789 in der Französischen Revolution. Nur wenige Jahre nach den amerikanischen Freiheitskämpfern gaben sich die Franzosen eine demokratische Verfassung und formulierten allgemeine Menschenrechte.

Im übrigen Europa distanzierten sich die Aufklärer freilich bald vom nachfolgenden jakobinischen Terror. Sie stellten sich in den Dienst aufgeschlossener Fürsten und führten in ihrem Sinn Reformen zu einem »aufgeklärten Absolutismus« durch. Statt Revolution predigten sie die Erziehbarkeit des Menschen – des Volks wie der Herrscher – durch die Vernunft. Ausgerechnet das Theater, im 17. Jh. die beliebteste Unterhaltungsform bei Volk und Adel, sollte zum Medium dieser Erziehung werden.

Friedrich II. von Preußen verstand sich als moderner Herrscher und lud den Aufklärer Voltaire zu einem längeren Studienaufenthalt nach Potsdam ein.

1730 – 1830

Das bürgerliche Theater

Das bürgerliche Trauerspiel

Szene aus *Jeppe vom Berge* von Ludvig Holberg (1684-1754), dem Exponenten des bürgerlichen Theaters in Dänemark und ersten Leiter der 1748 gegründeten dänischen Nationalschaubühne, dem Grønnegadeteater.

1730 – 1830

Bürgerliches Theater in der Amsterdamer »Shouwburg« um 1765

Das bürgerliche Trauerspiel

Im 18. Jh. etablierte sich in Europa eine neue bürgerliche Öffentlichkeit, die sich als bewußte Alternative zur repräsentativen höfischen Öffentlichkeit verstand. In Wochenzeitschriften, Kaffeehäusern und Clubs diskutierte die intellektuelle Elite politische, moralische und ästhetische Fragen.

Eine Erweiterung dieser elitären Diskussionszirkel auf eine egalitäre Öffentlichkeit, an der jeder Bürger teilnehmen konnte, erhofften sich die Aufklärer vom Theater. Als nationale Einrichtung und moralische Anstalt sollte es Fürsten und Volk gleichermaßen belehren, bilden und bessern. Das vorhandene Dramenrepertoire schien dazu freilich wenig geeignet, schloß es doch bürgerliche Alltagswelt und bürgerliche Helden qua Ständeklausel aus dem ernsten Genre aus. Die zu Übermenschen verklärten Helden der klassischen Tragödie taugten ebenso wenig zum Vorbild für eine tugendhafte bürgerliche Ordnung wie deren lächerliche Herabsetzung in der Komödie.

So galt es, mit der neuen Gattung des bürgerlichen Trauerspiels auch einen neuen Heldentypus

Pioniere in England und Frankreich — Das bürgerliche Theater

zu schaffen, mit dem sich ein bürgerlicher Zuschauer identifizieren konnte. Nicht die Orientierung am idealen Vorbild sollte das Publikum fortan zu höherer Sittlichkeit motivieren, sondern die mitleidende Einfühlung in seinesgleichen. »Der mitleidigste Mensch ist der beste Mensch, zu allen gesellschaftlichen Tugenden, zu allen Arten der Großmut der aufgelegteste«, argumentierte Lessing, einer der Begründer des bürgerlichen Theaters in Deutschland. »Wer uns also mitleidig macht, macht uns besser und tugendhafter, und das Trauerspiel, das jenes tut, tut auch dieses, oder es tut jenes, um dieses tun zu können.«

Pioniere in England und Frankreich

Die bürgerliche Aneignung des Theaters gelang zunächst in England, wo ein in öffentlichen Spielstätten etabliertes Berufstheaterwesen die Entwicklung begünstigte. Die Trauerspiele George Lillos gelten als erste Beispiele für den Bruch mit der Ständeklausel und die für das bürgerliche Theater so typische Verschmelzung des komischen mit dem tragischen Genre. Seinem *Kaufmann von London* war 1731 Erfolg in ganz Europa beschieden.

In Frankreich hatte sich eine neue bürgerliche Erfahrungswelt bereits in den subtil psychologischen und sozialkritischen Komödien Pierre Carlet de Chamblain de Marivaux' abgezeichnet.

Die parodistische *Bettleroper* (*The Beggar's Opera*) von John Gay und Johann Christoph Pepusch, Vorbote des bürgerlichen Schauspiels in England, erlebte bei ihrer Uraufführung 1728 einen sensationellen Publikumserfolg. Die Satire nahm neben dem übertriebenen Pathos der italienischen Oper v. a. die unhaltbaren Zustände in Gesellschaft und Politik aufs Korn. Im 20. Jh. aktualisierte Bertolt Brecht den Stoff zu seiner *Dreigroschenoper*.

Das Londoner Publikum genoß das empfindsame bürgerliche Trauerspiel. Satirische Radierung von Thomas Rowlandson, um 1810

1730 – 1830

Der Triumph der Liebe von Pierre Carlet de Marivaux an der »Berliner Schaubühne« 1985, Regie: Luc Bondy

Das bürgerliche Theater

Denis Diderot

Denis Diderot (1713-84) war Autor und Herausgeber der ersten *Enzyklopädie*, einer Zusammenfassung des im 18. Jh. bekannten Wissens und eines programmatischen Standardwerks der französischen Aufklärung. Wie viele Aufklärer setzte er große Erwartungen in das emanzipatorische Potential des Theaters und war einer der wichtigsten Theoretiker des bürgerlichen Schauspiels.

Den entscheidenden Schritt zum bürgerlichen Schauspiel vollzog jedoch Denis Diderot. Der Schriftsteller und Philosoph lehnte die klassische Tragödie wegen ihres mangelnden Bezugs zur Wirklichkeit ab. Statt dessen propagierte er ein »ernstes Genre«, in dem die bürgerlichen Helden nicht durch ihre individuellen Eigenschaften, sondern durch ihren sozialen Standort charakterisiert sein sollten.

Zur praktischen Demonstration seiner dramatischen Theorie verfaßte Diderot die bürgerlichen Schauspiele *Der natürliche Sohn* (1757) und *Der Familienvater* (1760) in lebensnaher Prosa.

Szenenbild aus Denis Diderots *Familienvater*

Regeln für Schauspieler
Über die Körpersprache des Bediensteten
»Er liest gerne Federn vom Hut und hascht Fliegen wie ein Sterbender, dreht den Hut vor dem Nabel wie eine Windmühle. Dies muß sparsam gebraucht werden. Poliert Knöpfe mit dem Rockärmel ... Schlägt, wenn er seidene Strümpfe anhat, Stechfliegen mit großem Anstand auf den Waden tot. Faßt seinen Kameraden in der Erzählung bei den Rockknöpfen.« (Georg Christoph Lichtenberg)

Über den Ausdruck von Zorn
»Der Zorn rüstet alle äußeren Glieder mit Kraft ... Wenn überhaupt die mit Blut und Säften überfüllten äußeren Teile strotzen und zittern und die geröteten rollenden Augen Blicke wie Feuerstrahlen schießen, so äußert sich besonders in Händen und Zähnen eine Art von Empörung, von Unruh: jene ziehen sich krampfhaft zusammen, diese werden gefletscht und knirschen.« (Johann Jacob Engel)

Über die rechte Haltung des Körpers und der Finger
»Die Haltung des Körpers muß angebracht sein: Arme bis zum Ellbogen am Körper anliegend, Haupt dem Partner leicht zugeneigt, aber nicht mehr als nötig, damit dreiviertel dem Publikum zugewendet bleibt«, während die Finger »theils halb gebogen, theils gerade, aber nur nicht gezwungen gehalten werden. Die zwei mittleren Finger sollen immer zusammen bleiben, der Daumen, Zeige- und kleine Finger etwas gebogen hängen.« (Johann Wolfgang von Goethe)

1730 – 1830

Die Paradoxie der Schauspielkunst / Das bürgerliche Theater

Die Paradoxie der Schauspielkunst

Der Forderung nach »Einfühlung« – schon bald eines der wichtigsten Schlagwörter des bürgerlichen Theaters – folgte die nach einer reformierten Schauspielkunst. An die Stelle von rhetorischer Deklamation und pathetisch lärmendem Heldengestus sollte die Orientierung an der Natur und an psychologischer Wahrhaftigkeit treten.

Das frühe bürgerliche Lustspiel *Der tolle Tag oder Die Hochzeit des Figaro* (UA 1784) von Pierre Caron de Beaumarchais wurde wegen seiner antifeudalen Tendenz sechs Jahre lang von der Zensur verboten. Szene aus der Inszenierung von Johannes Schaaf am »Düsseldorfer Schauspielhaus« 1983

1741 feierte der Schauspieler David Garrik in London einen sensationellen Erfolg als Richard III. Bejubelt wurde seine bei aller Verwandlungsfähigkeit atemberaubend natürliche Darstellungsweise, die man europaweit zum Vorbild einer neuen, zum Miterleben und Mitleiden bewegenden Schauspielkunst erhob.

Richtungweisend für die Entwicklung der Schauspieltheorie wurden wiederum Abhandlungen

David Garrik als Richard III.

Die 1783 unter dem Titel *Versuch einer zahlreichen Folge leidenschaftlicher Entwürfe für empfindsame Kunst- und Schauspielfreunde* veröffentlichten Kupferstiche von Joseph Franz von Goetz dokumentieren das Interesse an einer neuen Gebärdensprache im bürgerlichen Theater.

1730 – 1830

99

Das bürgerliche Theater

Die »Vierte Wand«

August Wilhelm Iffland war einer der bedeutendsten deutschen Schauspieler des 18. Jh. Er begann seine Karriere als umjubelter Franz Moor in der Uraufführung von Schillers *Die Räuber* und brillierte später am »Weimarer Hoftheater«. Goethe lobte seine »lebhafte Einbildungskraft«, seine »Nachahmungsgabe« und »seinen Humor«. 1796 wurde er zum Direktor des »Königlichen Nationaltheaters« nach Berlin berufen, das unter seiner Leitung zum führenden deutschsprachigen Theater aufstieg. Bleistiftzeichnungen von **Wilhelm Henschel** zeigen Iffland während einer Aufführung von *Emilia Galotti* in der Rolle des Marinelli.

Ludwig Devrient als Franz Moor in Schillers *Die Räuber*. Berlin, um 1815

Der berühmte **Ludwig Devrient** (hier als König Lear) war ein Meister des Bizarren wie des Entsetzlichen. »Das große feurige Auge, schwarz wie das reiche, weiche Haupthaar, in frappantestem Rapport mit dem unaussprechlich ausdrucksvollen Munde, konnte wahrhaft erschreckende Blitze der wildesten Leidenschaft, des grimmigen Hohnes schleudern«, schrieb sein Neffe, der Theaterhistoriker Eduard Devrient.

Diderots. In seinem Aufsatz *Paradox über den Schauspieler* formulierte er eine These, die bis ins 20. Jh. heftig umstritten blieb und besonders auf die Schauspieltheorie Brechts wirkte. Der Darsteller, so verlangte er, solle seine Kunstmittel bewußt und kontrolliert einsetzen, sich gewissermaßen in die eigene und die Bühnenfigur aufspalten. Denn nicht die Identifikation des Schauspielers mit seiner Rolle, sondern die Einfühlung des Zuschauers in die Emotionen der Figur sei das Ziel des bürgerlichen Theaters. Der Schauspieler habe danach zu streben, die unvollkommene Natur nicht nur nachzuahmen sondern zur wirkungsvollen Kunst zu vollenden.

Die glaubhafte Illusion von Wirklichkeit, Wahrhaftigkeit und Natürlichkeit ist also, so das Diderotsche Paradoxon, ein Ergebnis höchster Kunstleistung. Um diese Illusion zu unterstützen, empfahl Diderot seinen Schauspielern die Annahme der sogenannten »Vierten Wand«, die für das bürgerliche Theater fortan konstitutiv wurde: »Man stelle sich an dem äußersten Rand der Bühne eine große Mauer vor, durch die das Parterre abgesondert wird. Man spiele, als ob der Vorhang nicht aufgezogen würde.« (*Discours sur la poésie dramatique*).

Das Theater als moralische Anstalt — Das bürgerliche Theater

Vorhang auf für das deutsche Theater

Seine endgültige theoretische Definition und Realisierung fand das bürgerliche Trauerspiel in Deutschland. Die Idee vom Theater als Sittenschule für Bürger und Fürsten und als moralische Anstalt der Nation prägt das deutsche Theater auch heute noch.

Mit erheblicher Verspätung gegenüber anderen europäischen Ländern entstand es freilich erst mit dem Ende des Stegreifspiels und dem Seßhaftwerden der Wanderbühnen. Das deutsche Theaterleben, dem eine Großstadt wie London oder Paris als Zentrum fehlte, wurde bis weit ins 18. Jh. von reisenden Truppen v. a. aus England dominiert, die bearbeitete Fassungen der elisabethanischen Tragödien zum besten gaben. In den Händen der ersten deutschen Berufsspielertruppen mutierten diese zu unerhört blutrünstigen und schwülstigen Historien, die das Repertoire wohl nicht ausschließlich, aber doch wesentlich bestimmten. Liebesbrunst und Märtyrerleiden, Tyrannenwillkür und Possenspiele, Grausiges, Rührendes, Wunderbares, Derbes und v. a. bombastische Kostüme und Szenerien waren die bewährten Zutaten dieser von ihren Kritikern polemisch als »Haupt- und Staatsaktionen« bezeichneten Abenteuergeschichten.

Unfehlbar trat auch eine komische Kontrastfigur, der Publikumsliebling Hanswurst, in Erscheinung und verulkte in improvisierten Einlagen den pathetischen Gestus der höfischen Helden. An dieser nicht selten zum pöbelhaften Zotenreißer herkommenen Figur machte sich die Hauptkritik der Verfechter eines vereinigten, moralischen Zwecken verpflichteten Schauspiels fest.

Franz Schuch in der Rolle des Hanswursts, der zentralen derb-komischen Figur des deutschen Volkstheaters im 17. und 18. Jh.

1730 – 1830

Eine deutsche Wandertruppe bereitet sich in Nürnberg für die Vorstellung einer »Haupt- und Staatsaktion« vor.

Das bürgerliche Theater

Friederike Caroline Neuber

Friederike Caroline Neuber (1697-1760) war ihrem bürgerlichen Elternhaus entflohen, um sich einer Wandertruppe anzuschließen. 1727 übernahm sie die Leitung einer eigenen Truppe und setzte sich für eine gereinigte Theaterkunst ein. Sie starb im Elend.

Johann Christoph Gottsched (1700-66). Der Gelehrte und Schriftsteller über das Theater seiner Zeit: »Lauter schwülstige und mit Harlekins Lustbarkeiten untermengte Haupt- und Staatsaktionen, lauter unnatürliche ... Liebeswirrungen, lauter pöbelhafte Fratzen und Zoten ...«

Theaterzettel der Neuberschen Truppe aus Leipzig 1747

Szene zwischen Hanswurst und Held, den beiden zentralen Gestalten der »Haupt- und Staatsaktion«

Der Professor und die Komödiantin

Mit der wissenschaftlichen Unterstützung des Literaturpapstes Gottsched verbannte Friederike Caroline Neuber, streitbare Prinzipalin einer Wandertruppe, 1737 den Hanswurst in einer spektakulären symbolischen Aktion von der deutschen Bühne. Ob sie dabei tatsächlich eine Puppe im buntscheckigen Harlekingewand auf einem Scheiterhaufen verbrannte, wie die Anekdote besagt, oder den Spaßmacher in einem selbstverfaßten Vorspiel nur aus dem ernsten Theaterstück davonjagte, läßt sich heute nicht mehr klären.

Der Professor Johann Christoph Gottsched hatte dem deutschen Theater in zahlreichen Schriften eine strenge Literarisierung verordnet und es in die Schule des französischen Klassizismus geschickt. Allein die strikte Einhaltung der drei Einheiten, der Ständeklausel und der Versform, so Gottsched, garantiere die für ein bürgerliches Drama notwendige Natürlichkeit und Wahrscheinlichkeit von Handlung und Darstellung.

In der gebildeten Vollblut-Komödiantin Neuber fand er die ideale Partnerin, mit deren Hilfe er seine Theaterreformpläne in die Praxis umsetzen und die Kluft zwischen der Volksbelustigung Theater und der moralisch gehobenen dramatischen Literatur endlich schließen wollte. Gottsched lieferte der Neuberin deutsche Übersetzungen französischer Klassizisten und steuerte 173 sogar eine eigene Mustertragödie, *Der sterbende Cato*, zum Spielplanrepertoire bei.

1730 – 1830

Gotthold Ephraim Lessing

Das bürgerliche Theater

Es war jedoch nicht leicht, die »regelmäßigen« Stücke bei einem Publikum durchzusetzen, das vom Theater v. a. Spektakuläres und Zotiges, Lustiges und allerlei Bühnenzauber erwartete. Die Neuberin war zu sehr geschäftstüchtige Theaterpraktikerin, um sich nicht immer wieder durch Kompromisse der Gunst ihres Publikums zu versichern. Das führte zwangsläufig zum Bruch mit dem pedantischen Theatertheoretiker, dessen Theaterreform erst durch die Arbeit eines Jüngeren vollendet werden sollte.

Titelblatt von Gottscheds programmatischer Schrift zur Reform der deutschen Schaubühne von 1730

Gotthold Ephraim Lessing

1748 brachte Caroline Neuber mit Erfolg das Lustspiel eines jungen Studenten heraus, der zu einem der meistgespielten deutschen Dramatiker werden sollte. *Der junge Gelehrte* stand freilich noch ganz in der Tradition der französischen Komödie.

Die Auseinandersetzung mit Lillo und Diderot ließ Lessing jedoch wenige Jahre später einen wichtigen Schritt über Gottscheds Theaterreformen hinausgehen. Mit *Miß Sara Sampson* verfaßte er 1755 das erste deutsche Trauerspiel, das die Ständeklausel überwand. Der Erfolg der Uraufführung, die wahre Tränenfluten im Publikum auslöste, bestärkte Lessing in seiner Kritik an Gottscheds Vorliebe für den französischen Klassizismus. In Anlehnung an sein Vorbild Shakespeare vertrat er statt dessen einen wirkungsästhetischen Ansatz, demzufolge sich die Mittel des Dramatikers aus den Zweck des Schauspiels und nicht

Gotthold Ephraim Lessing (1729-81) arbeitete nach seinem Studium der Philosophie, Medizin und Theologie 1767 als Dramaturg am »Hamburger Nationaltheater« und ab 1770 als Bibliothekar in Wolfenbüttel. Er war einer der bedeutendsten deutschen Aufklärer, und seine Stücke gehören bis heute ununterbrochen zum Repertoire der deutschen Bühnen.

Szenenfoto aus Lessings *Nathan der Weise* (Hamburg 1981, Regie: Benjamin Korn) mit Susanne Lothar und Günter Amberger

1730 – 1830

103

Das bürgerliche Theater

Anwalt der Wahrheit

Lessings *Minna von Barnhelm* (UA 1767) führt bis heute im Kanon der bürgerlichen deutschen Nationalliteratur das Lustspiel-Genre an.

1730 – 1830

»Eine Rose gebrochen, ehe der Sturm sie entblättert« – Lessings *Emilia Galotti* zeigt den absolutistischen Hof als sittenverdorbene Gesellschaft, deren krimineller Energie die bürgerlichen Figuren ohnmächtig ausgeliefert sind. Szenenfoto, »Berliner Volksbühne« 1942

aus feststehenden Dichtungsregeln abzuleiten hätten.

Der Aufklärer Lessing engagierte sich in Stücken wie *Die Juden* oder *Emilia Galotti* immer wieder für eine humane, liberale und tolerante Gesellschaft. Aufklärung verstand er als einen unendlichen Erziehungs-, Erkenntnis- und Vervollkommnungsprozeß des Menschen und der gesamten Menschheit. Es gehörte zu seinen höchsten Prinzipien, jede Sache von möglichst vielen Seiten anzugehen, stets als ein »ungläubiger Anwalt« der Wahrheit aufzutreten und den Zuschauer seiner Stücke an einer möglichst vorurteilslosen Untersuchung teilnehmen zu lassen. So konnte sein letztes »dramatisches Gedicht«, *Nathan der Weise* (1779), zum wichtigsten Emanzipationsstück für die jüdische Bevölkerung und schließlich zum Schlüsseldrama des nachfaschistischen Deutschland auf der Suche nach dessen kultureller Identität werden.

Der Traum vom Nationaltheater

Das Scheitern der Zusammenarbeit Gottscheds mit der Neuberschen Truppe hatte deutlich gezeigt, daß das ästhetisch fortschrittliche literarische Theater mit den Bedürfnissen des Publikums kaum zu vereinbaren war. Das zur »Sittenschule der Nation« hochgejubelte Theater mußte folglich aus der Abhängigkeit vom Publikumsgeschmack und von den Einnahmen befreit werden.

Der Traum vom Nationaltheater

Das bürgerliche Theater

In der Mitte des 18. Jh. erhoben intellektuelle Kreise verstärkt die Forderung nach der Einrichtung stehender subventionierter Bühnen. Die Idee von einem »Nationaltheater« faßte alle aktuellen Forderungen der Theaterreformer zusammen und schürte große Erwartungen. Von der Entwicklung einer eigenständigen deutschen Theaterkultur bürgerlichen Zuschnitts erhoffte man sich gar die Bildung einer deutschen Nation als Gesinnungs- und Gefühlsgemeinschaft.

Das Nationaltheater-Konzept stellte also nicht nur eine Alternative zur dekadenten höfischen Theaterkultur dar, sondern war Teil eines bürgerlich-emanzipatorischen Reformprogramms, das letztlich auf die Überwindung der Vielstaaterei absolutistischer Fürstentümer und damit auf die Einheit einer aufgeklärten Nation zielte. Eine solche Institution konnte natürlich nur vom Bürgertum getragen werden. Doch bereits das erste und einzige »Nationaltheater«, das 1767 in Hamburg ausschließlich von Bürgern ins Leben gerufen wurde, scheiterte kläglich. Das Publikum begeisterte sich nur mäßig für das neue bürgerliche Schauspiel und weigerte sich, die ihm zugedachte Rolle als gelehriger Sittenschüler zu übernehmen.

In der *Hamburgischen Dramaturgie* dokumentierte und kommentierte Lessing seine Mitarbeit am »Hamburger Nationaltheater« und entwickelte seine auf »Einfühlung« basierende Dramen- und Schauspieltheorie.

Das erste deutsche Nationaltheater logierte von 1767-69 im »Theater am Gänsemarkt« in Hamburg.

1730 – 1830

Die »Comédie Française«, das erste und bedeutendste Beispiel eines europäischen Nationaltheaters, wurde bereits 1680 von Ludwig XIV. gegründet und widmet sich bis heute der Pflege des klassischen französischen Theaters. Spielstätte ist das »Théâtre Français«, das 1400 Zuschauern Platz bietet.

Das bürgerliche Theater — Fürstliche Nationaltheater

Das Wiener »Burgtheater« wurde 1741 zunächst als Hoftheater gegründet, 1776 ernannte Kaiser Franz Josef II. es zum »Teutschen Nationaltheater«.

Der eigens an das Nationaltheater berufene Dramaturg Lessing sah sich daher schon bald nach der Uraufführung seiner theatergeschichtlich so bedeutsamen *Minna von Barnhelm* gezwungen, Kunststücke von Luftspringern in die Vorstellung einzubauen, um überhaupt Zuschauer in das Theater zu locken. Als die Unternehmer, ein Konsortium aus zwölf Hamburger Kaufleuten, sich schließlich weigerten, die Verluste auszugleichen, war das Ende der »Hamburger Entreprise« nach kaum zwei Jahren besiegelt.

Nur zu gern nahmen sich inzwischen die deutschen Fürsten der Idee eines Nationaltheaters an. Die Einrichtung stehender Bühnen mit festen Ensembles kostete damals noch erheblich weniger als das Engagement aufwendig reisender italienischer Operntruppen. In staatseigenen Theatern war das bürgerliche Streben nach eigener Kultur und Öffentlichkeit besser unter Kontrolle zu halten, und die Theaterzensur hatte von nun an leichtes Spiel. Es lag im ureigensten Interesse des Souveräns, die »Sittenschule des Bürgers« in den Dienst der eigenen Politik zu stellen.

Das Theater als Medium bürgerlicher Emanzipation blieb der Traum einer kleinen intellektuellen Elite. Die in schneller Folge gegründeten Nationaltheater in Gotha, München, Wien, Berlin und Mannheim dienten dem Bürger vielmehr als

1787 gründete Friedrich III. das »Königliche Nationaltheater« in Berlin, dem 1801 auf dem Gendarmenmarkt ein repräsentatives Schauspielhaus erbaut wurde.

Sturm und Drang

Das bürgerliche Theater

willkommene Stätten privater Erbauung und Unterhaltung, an denen er seine Innerlichkeit pflegen und sich von den Strapazen des Arbeitslebens erholen konnte.

Vom Sturm und Drang zur Weimarer Klassik
Im letzten Drittel des 18. Jh. brachte die Aufklärung mit dem Sturm und Drang eine literarische Bewegung hervor, deren Mentor, Johann Gottfried Herder, die erste radikale Kritik an der bürgerlichen Aufklärung formulierte. Die einseitige Verklärung der Ratio übersehe, daß auch die Vernunft zum Guten wie zum Bösen genutzt werden könne. Die abgeklärte »Papierkultur« vernachlässige die notwendige Auseinandersetzung mit menschlichen Trieben und Gefühlen. Die Ideale der Aufklärung seien erst durch eine Kultur zu verwirklichen, in der Kopf und Herz, also das Rationale und das Wunderbare ineinander wirkten.

In ihrer Sozial- und Gesellschaftskritik gingen die jungen Autoren des Sturm und Drang deutlich über die Aufklärung hinaus. In Kabale und Liebe prangert Friedrich Schiller nicht nur die repressiven Verhältnisse der feudalen, sondern auch die inneren Repressionen der bürgerlichen Gesellschaft wie Askese, Affektkontrolle und Triebunterdrückung an. Jakob Michael Reinhold Lenz und Heinrich Leopold Wagner etwa brachten in Der

Eine typische Sturm-und-Drang-Gebärde zeigt diese Szene aus Friedrich M. Klingers Drama Die Zwillinge (UA 1776). Die Epoche des Sturm und Drang verdankt ihre Bezeichnung einem gleichnamigen Schauspiel Klingers, das alle Motive des Sturm und Drang enthält.

1730 – 1830

Die Uraufführung von Schillers Die Räuber gehörte zu den erfolgreichsten in der Geschichte des Sturm und Drang: »Das Theater glich einem Irrenhaus, rollende Augen, geballte Fäuste, stampfende Füße, heisere Schreie im Zuschauerraum. Fremde Menschen fielen einander schluchzend in die Arme, Frauen wankten, einer Ohnmacht nahe, zur Tür. Es war eine allgemeine Auflösung wie im Chaos, aus dessen Nebeln eine neue Schöpfung hervorbricht.«

Das bürgerliche Theater

Friedrich Schiller ...

Schillers dreiteiliger *Wallenstein* wird von der Literaturgeschichte als sein größtes Werk geschätzt. Die hochpolitische Bearbeitung des Stoffs entstand unter dem Eindruck der noch frischen Erfahrung der Französischen Revolution. Schiller hatte sich, wie viele deutsche Intellektuelle, nach anfänglicher Begeisterung für den Aufstand der Bürger vom bluttriefenden Jakobinismus mit Grausen abgewandt.

Im versöhnlichen Schluß seines *Wilhelm Tell* (UA 1804, Regie: Goethe) gestaltet Schiller die Utopie einer Klassenharmonie zwischen aufgeklärten Fürsten und Bürgern.

Szene aus Schillers *Braut von Messina* in Goethes Weimarer Inszenierung von 1808

Hofmeister und *Die Kindsmörderin* die bedrückende Realität des niederen Volks, aber auch die Lage der abhängigen Intelligenz in Diensten des deutschen Spätfeudalismus auf die Bühne. In vorsichtigen Andeutungen ließen sie hinter der Misere die Utopie eines alternativen Lebens in einer Gesellschaft von Gleichen und Freien aufscheinen.

Lenz nahm in seinen poetologischen *Anmerkungen über das Theater* den vom Sturm und Drang als Genie gefeierten ›unverfälschten‹ Shakespeare zum Vorbild für eine offene, von allen Regeln befreite, allein durch die Originalität des autonomen Dichters begründete Dramenform. Bevorzugte Gattung wurde die Tragikomödie, typischer Protagonist der »Selbsthelfer«, der, wie Goethes Götz von Berlichingen oder Schillers ›Räuber‹ Karl Moor, das Ideal menschlicher Ganzheit, die Totalität von Kopf und Herz verkörpert.

Das breite zeitgenössische Publikum versagte jedoch auch dieser erst in späteren Epochen gewürdigten Bewegung die Gefolgschaft. Goethe und Schiller, die beiden prominentesten Vertreter des Sturm und Drang, wandten sich enttäuscht von der Idee ab, das Theater könne als moralische Anstalt zum Medium bürgerlicher Emanzipation werden und unmittelbar politisch wirken. Statt dessen widmeten sie sich am »Weimarer Hoftheater« der Produktion klassischer Musterstücke, die statt der moralischen die ästhetische Bildung und Erziehung des Publikums bezweckten.

Der Schock des auf die französische Revolution folgenden jakobinischen Terrors bestärkte Goethe und Schiller

1730 – 1830

... und Johann Wolfgang von Goethe — Das bürgerliche Theater

in der Auffassung, daß eine freie Gesellschaft freie Individuen nicht hervorbringe, sondern voraussetze. Als Anhänger des Sturm und Drangs wollten sie die unzulängliche Natur abbilden und die gesellschaftliche Misere anklagen. Als Klassiker strebten sie danach, das Ideal menschlicher Totalität in ästhetischer Vollendung vorzuführen.

Goethe, einer der ersten modernen Regisseure, sah das Theater als Gesamtkunstwerk, in dem sich Text, Rezitation, Dekoration, Bewegung, Kostüm und Musik zu einem harmonischen Ganzen fügen müssen. Er entwickelte eine eigene Theaterästhetik und trainierte mit seinen Schauspielern eine Spielweise, die als *Weimarer Stil* in die Theatergeschichte einging. Im Gegensatz zu Lessing, der Natürlichkeit in der Nachahmung und Einfühlung in die Rolle gefordert hatte, verlangte Goethe kunstvolle Rezitation, klassische Strenge und eine ruhige, fast statische Haltung der Schauspieler, die er zu effektvollen Tableaus arrangierte.

In der Weimarer Zeit entstanden literarische Meisterwerke, die wie Goethes zweiteilige Tragödie *Faust* bis heute eine große Herausforderung für jeden Regisseur darstellen, der sich auf den großen Bühnen der Welt profilieren möchte. Goethe selbst jedoch verzweifelte schier an der Provinzialität des »Weimarer Hoftheaters«: »Ich hatte wirklich einmal den Wahn, als sei es möglich, ein deutsches Theater zu bilden ... Allein es regte sich nicht ..., es fehlten die Schauspieler, um dergleichen mit Geist und Leben darzustellen, und es fehlte das Publikum, dergleichen mit Empfindung zu hören und aufzunehmen.« 1817 legte er die Leitung des Theaters nieder, als die Geliebte des Fürsten Carl August gegen seinen Protest ein Gastspiel durchsetzte, in dem ein dressierter Pudel als Held auftrat und so den Weimarer Olymp entweihte.

Bei der Uraufführung seiner *Iphigenie* 1779 in Weimar gab Goethe selbst den Orest.

Die Kerker-Szene aus Goethes *Faust I*.

Johann Heinrich Wilhelm Tischbein, *Goethe in der Campagna*, 1786/87, Gemälde (Ausschnitt)

Gustav Gründgens und Elisabeth Flickenschild in der legendären Hamburger *Faust*-Inszenierung von 1957

1730 – 1830

Theater und Wirklichkeit

Rückzug ins Private ...

1812	Rußlandfeldzug Napoleons
1838	Patentierung von Samuel Morses Schreibtelegraphen
1847	Karl Marx: *Kommunistisches Manifest*
1848	Deutsche Märzrevolution; Einberufung einer deutschen Nationalversammlung in der Frankfurter Paulskirche
1849	Vollendung des Kölner Doms
1854	Richard Wagner stellt den *Ring des Nibelungen* fertig.
1859	Charles Darwins *Die Entstehung der Arten durch natürliche Zuchtwahl* begründet die moderne Evolutionstheorie.
1860	Abraham Lincoln wird Präsident der Vereinigten Staaten.
1861	Ausbruch des Sezessionskriegs und
1863	Abschaffung der Sklaverei
1871	Giuseppe Verdi: *Aida*; Gründung des Zweiten Deutschen Reichs
1872	Claude Monets Bild *Impression soleil levant* wird namengebend für den Impressionismus.
1882	Robert Koch entdeckt den Tuberkulosebazillus.
1889	Bau de Pariser Eiffelturms
1892	Rudolf Diesel erfindet den Dieselmotor.
1895	Wilhelm Röntgen entdeckt die X-Strahlen; Lumière und Méliès entwickeln den ersten Cinematographen.

Die romantische Reaktion

Die politischen und sozialen Revolutionen besiegelten in der ersten Hälfte des 19. Jh. das Schicksal des Feudalismus und erhoben das Bürgertum zur führenden politischen Kraft in Europa. Der dritte Stand verfügte dank der kapitalistischen Wirtschaft über das Geld, an dem es den Feudalherren nun mangelte.

Die Besitzenden waren jedoch nur bedingt bereit, die besitzlosen Volksmassen an den neuerworbenen politischen Rechten zu beteiligen. Das Wahlrecht wurde an das Steueraufkommen geknüpft und das demokratische Prinzip der Mehrheitsherrschaft durch institutionelle Korrektive wie z. B. die Gewaltenteilung eingeschränkt. Zu groß war die Angst vor einer Herrschaft des Pöbels, wie man sie im jakobinischen Frankreich mit Grauen beobachtet hatte, zu gering die Bereitschaft, den durch Ausbeutung von Arbeitskraft erworbenen Wohlstand mit den Arbeitern zu teilen.

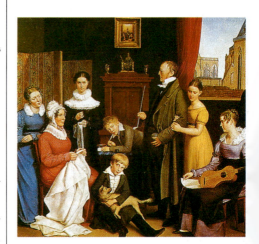

In der Kunst des deutschen Biedermeier drückt sich der Rückzug des wohlsituierten Bürgers ins Private und sein Bedürfnis nach Sicherheit und häuslicher Geselligkeit aus. Bürgerfamilie um 1820

... und ins Triviale

Theater und Wirklichkeit

Das Bürgertum wechselte die soziale Front und lähmte damit die Emanzipationsbewegung und die Durchsetzung der demokratischen Verfassung. Kulturell ging diese Entwicklung mit einer radikalen Kritik an der bürgerlichen Aufklärung einher, wie sie bereits im deutschen Sturm und Drang laut geworden war.

Mit der Industrialisierung setzte sich der Kapitalismus als Wirtschaftsform in Europa durch. Die »Bank of England« 1894

Die Romantik enstand aus Rebellion gegen die aufklärerische Indienstnahme der Kultur für pädagogisch-moralische Zwecke und gegen die Unterwerfung der Kunst unter jedweden Regelkanon. In ihr drückte sich die Sehnsucht nach dem Eindringen in die menschliche Psyche, die sich in Märchen, Sagen oder Träumen spiegelt, und nach der Erfahrung einer Wahrheit jenseits der Ratio aus.

Deutsche Karikatur zum Verlust der Errungenschaften der bürgerlichen Revolution von 1848

Der bürgerliche Rückzug ins Triviale

Die Künstler der Romantik nahmen keinen direkten Einfluß auf das Theater. Die wenigen Werke romantischer Dramatiker wurden kaum gespielt und bestenfalls als Lesedramen rezipiert. Die Behandlung aktueller Zeitthemen wie Frauenfrage, Darwinismus, Vererbungslehre, Atheismus und Sozialismus wurden von der staatlichen Zensur allerorten unterdrückt. Das Bürgertum zeigte ohnehin nur wenig Neigung, sich im Theater mit sozialen oder politischen Themen auseinanderzusetzen.

In Deutschland errichteten Bürger und Kommunen als Ausdruck ihrer wirtschaftlichen Macht und ihres Reichtums eine Reihe repräsentativer

Der Sozialismus kritisierte die hemmungslose Ausbeutung der lohnabhängigen Masse und wurde zur ideologischen Basis der sich formierenden Arbeiterbewegung. Streik englischer Hafenarbeiter 1889

1800 – 1910

111

Theater und Wirklichkeit
Geschäftstheater und Operette

Das moderne Boulevardtheater verdankt seinen Gattungsnamen den zahlreichen Unterhaltungs-Theatern, die im 19. Jh. auf den Pariser Boulevards eröffneten. Gespielt wurden für den schnellen Gebrauch produzierte Stücke, die keinen literarischen Anspruch erhoben und ganz auf den Theatereffekt ausgerichtet waren. Bevorzugte Themen der Boulevardstücke waren damals wie heute Ehebruch und Seitensprung, Doppelmoral und Verwechslungsintrigen. Beliebter Schauplatz war der bürgerliche Salon.

Nur wenige romantische Dramen nahmen Einfluß auf die Theatergeschichte. Die Uraufführung von Victor Hugos *Hernani*, einem romantisch-abenteuerlichen Historienspiel, provozierte jedoch eine spektakuläre Theaterschlacht. Hugo war angetreten gegen das »literarische Ancien régime«, er verwarf die klassizistische Regeldoktrin, die bis dahin das französische Theater allmächtig beherrscht hatte. Dem antiken Schönheitsideal setzte Hugo das Nebeneinander von Groteskem und Erhabenem entgegen. Mit Hilfe von 300 Claqueuren gelang es ihm, die Prinzipien der Romantik öffentlich durchzusetzen.

1800 – 1910

Theaterbauten. Diese Geschäftstheater wurden an Direktoren verpachtet, die auf eigenes Risiko wirtschafteten und die Häuser nach streng kapitalistischen Prinzipien führten. Der Publikumsgeschmack diktierte den Spielplan, und das Theater entfremdete sich vom literarisch anspruchsvollen Schauspiel.

Gefragt waren handwerklich gut gemachte Stücke, die der Nachfrage nach Rührung, Spannung und Unterhaltung gerecht wurden. Solche *Well-made Plays* oder *Pièces bien faites* importierte man vorzugsweise aus den Theatern des Londoner Westends oder der Pariser Boulevards, wo die Trivialgattungen besonders üppig blühten. Zum Publikumsrenner der neuen Vergnügungsindustrie wurde indessen die Operette, das von Jacques Offenbach in Paris entscheidend geprägte heitere Singspiel mit Balletteinlagen.

Die Verklärung der Vergangenheit

Theater und Wirklichkeit

Der Bürger ging ins Theater, um sich zu erbauen und zu entspannen. Seine uneingeschränkte Bewunderung galt dem virtuosen Schauspieler. Im 19. Jh. entwickelte sich erstmals ein Starkult um den großen Wandermimen, der die Zuschauer durch seine effektvolle Kunst vollkommen in seinen Bann zu schlagen und von der Mühsal des Alltagslebens abzulenken vermochte. Dabei störte man sich kaum daran, daß sich das Gesamtkunstwerk Theater dem Spiel der Virtuosen vollkommen unterzuordnen hatte. Aus eitler Sucht nach Effekten verstümmelte so mancher Star die dramatische Vorlage und spielte den Rest des Ensembles gnadenlos an die Wand.

Szene aus einer Operette von Jacques Offenbach (1819-80)

Eleonora Duse (1858-1924) gilt als eine der größten Tragödinnen der Theatergeschichte. Ihre zahlreichen Tourneen führten sie durch ganz Europa, in die USA und nach Argentinien. Die Duse war berühmt für ihr »nervöses«, seelenvolles und mimisch ausdrucksstarkes Spiel.

Die Verklärung der Vergangenheit

Die Sehnsucht der romantischen Epoche wandte sich in die Ferne. Die sich so irritierend verändernde Gegenwart geriet aus dem Blick. Man fahndete nach den Werten einer vermeintlich glanzvollen Vergangenheit, die man, begeistert von den empirischen Methoden der Naturwissenschaft, akribisch erforschte und musealisierte. Das Theater erschien als das geeignete Medium, die Vergangenheit in konkret greifbaren Formen zu rekonstruieren und im wahrsten Sinn des Worts wiederaufleben zu lassen.

Angeregt von der Historienmalerei, begannen erste Ensembles ihre Rollen in historischen Kostümen zu interpretieren. In der Renaissance und im Barock hatte sich das Kostümbild an der Kleidung des zeitgenössischen Hofs orientiert. Noch im 18. Jh. stieß die Forderung der Aufklärer nach historisch getreuen Kostümen weder beim

Zu den größten Stars des europäischen Theaters gehörte zweifellos auch **Sarah Bernhardt** (1844-1923). Sie beeindruckte im Gegensatz zur Duse durch die hohe Stilisierung ihres künstlerischen Ausdrucks. Rollenfoto von 1884

1800 – 1910

Theater und Wirklichkeit — Historismus

Der schöne **Josef Kainz** (1858-1910) wurde von seinen Zeitgenossen als größter deutscher Schauspieler gefeiert. Seine Verehrer lobten die Poesie und Sensibilität seines Spiels und seine wunderbare Stimme: »Er sprach, als ob der Wind durch eine Harfe blies, schneidend, jammernd, funkelnd, hinreißend hingerissen.«

Aufführung von Victor Hugos *Lucrèce Borgia* in historisch genau rekonstruierten Renaissance-Kostümen (»Comédie Française«, 1883)

Karikatur eines eitlen Mimen, um 1840

Publikum und noch bei den Schauspielern, die ihre Theatergarderobe selbst beschaffen mußten, auf Gegenliebe.

Erst unter dem Einfluß des romantischen Historismus begann man, das geschichtliche Umfeld der Theaterfabel detailgetreu und peinlich genau zu rekonstruieren, selbst wenn man dafür den Text ändern mußte. Charles Kean, Pionier der historischen Bühnenmode in England, verlegte etwa den in Shakespeares *Wintermärchen* geschilderten phantastischen Schauplatz »Böhmen am Meer« kurzerhand in ein realistisches Land Bythinien. 1856 beeindruckte Kean sein Publikum mit einer Inszenierung des *Sommernachtstraums*, die nicht einfach in der Werkstatt des Handwerkers Squenz spielte, sondern im ex-

akt kopierten Arbeitsraum eines athenischen Handwerkers, und garantierte auf dem Theaterzettel, daß »Möbel und Werkzeuge ... nach Ausgrabungen in Herkulaneum angefertigt sind«.

Der bedeutende Architekt und Bühnenbildner Karl Friedrich Schinkel, der u. a. zahlreiche Dekorationen für das »Königliche Nationaltheater« Berlins unter der Leitung Ifflands schuf, wies stolz auf die Wissenschaftlichkeit seiner Entwürfe hin. Dekorationen müßten so gestaltet sein, daß »Maler, Archäologen, Bildhauer und Architekten, ja selbst Natur-Historiker und Pflanzenkenner in demselben Befriedigung finden«.

Der Streit um die Meininger

Theater und Wirklichkeit

Karl Friedrich Schinkel (1781-1841), Bühnenbildentwurf für die Schlußdekoration der *Zauberflöte*, Berlin 1816

Der Streit um die Meininger

Wie so oft ging die umfassendste und folgenreichste Theaterreform des 19. Jh. von einer kleinen Provinzbühne, dem »Hoftheater Meiningen«, aus. Der kunstbeflissene Herzog Georg II. nahm mit seiner Thronbesteigung 1866 auch die Theaterleitung in seine eigenen Hände. Er wagte es als einer der ersten, das Publikum mit den ungekürzten und ›ungereinigten‹ Original-Texten der Klassiker zu konfrontieren. Shakespeares obszöner Witz und blutrünstige Lust am Grauen, Molières Derbheit, Kleists Schilderungen grotesker Häßlichkeit schockierten das bislang fürsorglich beschützte Publikum jedoch keineswegs – es trug das Meininger Ensemble von Erfolg zu Erfolg.

Die historisch korrekte und höchst kunstvolle Ausstattung der Inszenierungen Georgs II. löste auf den europaweiten Tourneen des Ensembles

Herzog Georg II. von Meiningen (1826-1914). Der politisch entmachtete Fürst wurde zum Theaterdespoten, der sich das letzte Wort in allen Inszenierungsfragen vorbehielt. Er entwarf selbst die Dekorationen für sein Theater und bereiste dazu die historischen Schauplätze der Stücke. Seine Liebe zum Theater bestimmte auch sein Privatleben. 1873 ehelichte er die Schauspielerin Ellen Franz.

Szenen aus Charles Keans Inszenierung von Shakespeares Dramen *Heinrich V.*, London, 1859 (links) und *Der Kaufmann von Venedig*, London 1858 (rechts)

1800 – 1910

Theater und Wirklichkeit
Pulverdampf umd Fanfarenbläser

Diese Figurinen zu Schillers *Wallenstein* zeigen, daß es schon vor den Meiningern Bemühungen um zeitgerechte Kostüme gab. Einer der Vorreiter dieser neuen Mode war Karl Graf von Brühl während seiner Intendanz an den »Königlichen Schauspielen« Berlin (1814–28).

wahre Begeisterungsstürme aus. Der Schüler des Historienmalers Wilhelm von Kaulbach entwarf seine Bühnenbilder und Figurinen streng nach den Erkenntnissen der neusten Geschichtsforschung und ließ diese im jeweiligen Originalmaterial herstellen. Spezialeffekte in der Beleuchtung und der wirkungsvolle Einsatz von Gerüchen (Pulverdampf, Weihrauch) und Geräuschen (Knirschen, Schreien, Kirchenglocken, Fanfarenbläser) verstärkten die Illusion einer wiederbelebten Vergangenheit.

Herzog Georg II. war einer der Wegbereiter des modernen Regietheaters. Konsequenter als vor ihm noch Goethe oder Kean betrachtete er die Inszenierung als Gesamtkunstwerk, in dem sich alle Elemente, einschließlich der Darsteller, dem konzeptionellen Ganzen unterordnen müssen.

Szene aus der legendären Meininger Inszenierung des *Julius Cäsar* von Shakespeare nach einer Skizze des Herzogs. Einer Anekdote zufolge soll der Darsteller des Julius Cäsar wegen seiner physiognomischen Ähnlichkeit mit dem historischen Original einem schauspielerisch versierteren Kollegen vorgezogen worden sein.

Das Ensemble-Prinzip

Theater und Wirklichkeit

Eigenwillige Virtuosen konnten in Meiningen nicht reüssieren. Der wegen seines ästhetischen Despotismus gefürchtete Herzog schränkte die individuelle Gestaltungsfreiheit des Schauspielers stark ein. Er legte alle künstlerischen Entscheidungen in die Hand seines Regisseurs Ludwig Chronegk und setzte das Ensemble-Prinzip durch: Wer eine Hauptrolle ergatterte, mußte sich zugleich dazu verpflichten, auch Neben- und Statistenrollen zu übernehmen.

Schauspieler des Meininger Ensembles, schon in den Kostümen zu Schillers *Jungfrau von Orleans*, bereiten sich in der Kulisse auf ihren Auftritt vor.

Furore machten die Meininger mit ihrer neuartigen Choreographie von Massenszenen. Die Statisterie stand nicht länger als Teil der Dekoration in der Kulisse herum, sondern bewegte sich, erregte sich, tönte und lebte ein Eigenleben, wie es nicht im Textbuch stand. Daß Ludwig Seidel, ein scharfer Kritiker der Meininger, diese Inszenierung von Volksszenen als »lächerliche Emanzipation der Massen« strikt ablehnte, zeigt, wie revolutionär die Meininger Reform in den Augen der Zeitgenossen wirken mußte. Die Massenregie stellte das Volk als Gruppe handelnder Figuren gleichberechtigt neben die großen Individuen der Tragödie und

Dem Theater-Herzog von Meiningen kommt das unbestrittene Verdienst zu, Heinrich von Kleist (1777-1811) für die Bühne entdeckt zu haben. Die *Hermannsschlacht*, in diesem Bühnenbildentwurf des Herzogs skizziert, brachte es gar auf 101 Aufführungen.

1800 – 1910

Szenenfoto von Christian Dietrich Grabbes (1801-36) *Don Juan und Faust* in einer Inszenierung der Meininger, 1897

117

Theater und Wirklichkeit

Vom Meininger Realismus ...

Eleonora Duse in Henrik Ibsens *Rosmersholm*. Der Naturalismus sezierte den kränkelnden Zustand der bürgerlichen Gesellschaft.

Karikatur auf die Zensur naturalistischer Dramatik, 1894

rückte damit ein soziales und politisches Aufbegehren der Massen an den Horizont des Möglichen.

Während sich das breite Publikum an der Inszenierungskunst der Meininger geradezu berauschte, teilte sich die Fachpresse in zwei Lager. Während die eine Seite den Aufbruch in eine neue theatralische Ära bejubelte, störten sich die Skeptiker an der mäßigen schauspielerischen Leistung und der Ausstattungswut. Bei den Meiningern, so der häufige Vorwurf, träte das eigentlich Theatralische, das Drama, hinter das Dekor zurück. Der Historismus, der das Interesse auf den echt venezianischen Stuhl statt auf Othellos Eifersucht lenke, degradiere das Theater zum Museum.

Solche Kritik mag die grotesken Auswüchse der historistischen Bühnenmode, wie sie v. a. die Epigonen der Meininger zelebrierten, zu Recht verurteilen. Sie schmälert jedoch nicht die Gesamtleistung der Bühnenreform, die mit der Einführung der Massenregie und der radikal realistischen Ausstattung entscheidende Voraussetzungen für den Naturalismus schuf.

Die vollendete Illusion: Naturalismus

Der Naturalismus war die erste Kunstbewegung, die das Elend der Massen und gesellschaftlichen Außenseiter veröffentlichte. Im Gegensatz zu den Auffassungen der Zeitgenossen enstand der Naturalismus jedoch nicht aus vorrangig politischen Motiven oder sozialem Engagement. Ähnlich den Vertretern des historischen Realismus ging es den Naturalisten zunächst um eine wissenschaftlich exakte Darstellung der Wirklichkeit.

Der naturalistische Künstler verstand sich als empirischer Wissenschaftler, der die Gesetze des menschlichen Verhaltens erforscht. Er strebte

... zum Naturalismus — Theater und Wirklichkeit

Der Naturalismus rückte die unterdrückten Massen ins Blickfeld der Kunst. *Weberzug* (1897), Radierung von **Käthe Kollwitz**, angeregt durch die Uraufführung von Gerhard Hauptmanns Schauspiel *Die Weber* (1893)

eine objektive, naturgetreue, nicht idealisierte Abbildung der Wirklichkeit im Kunstwerk an. Im naturalistischen Drama verlagerte sich der Schwerpunkt von der Handlung auf die detailgetreue Zustandsbeschreibung. Wirklichkeit, so merkte man bald, ließ sich freilich am eindrucksvollsten im äußerlichen und moralischen Elend der Großstadtquartiere, unter Kranken, Geistesgestörten, Alkoholikern und Dirnen gestalten. Diese Außenseiterfiguren erregten zwar Mitleid, inspirierten das überwiegend bürgerliche Publikum entgegen den Befürchtungen der Zensurbehörden aber zu keinerlei revolutionären Umtrieben.

Die ersten naturalistischen Aufführungen waren überall in Europa von Skandalen begleitet. Die Zuschauer erwarteten von ihrem Theater regelmäßige, dem Ideal der klassischen Schönheit verpflichtete Schauspiele oder vergnüglichen Zeitvertreib. Sie reagierten schockiert auf das Eindringen der häßlichen Wirklichkeit in ihren Musentempel. Doch schon bald wußte man die naturalistische Vollendung des Illusionstheaters zu genießen. Bei konsequenter Behauptung der »Vierten Wand« erlaubte die naturalistische Inszenierung eine hohe Einfühlung in das Bühnengeschehen. Hier durfte der Zuschauer Gefühle ausleben, die sich der leistungsorientierte Bürger im alltäglichen kapitalistischen Überlebenskampf verbieten mußte.

Karikatur auf die vom Verein »Freie Bühne« in Berlin geförderte »Häßlichkeitsdichtung« der Naturalisten

1800 – 1910

Theater und Wirklichkeit — Theatervereine

Szene aus einer der ersten Aufführungen des »Théâtre Libre«: *En famille* von Méténier

André Antoine (1858-1943) eröffnete nach der Gründung des »Théâtre libre« 1896 eine eigene Bühne, das »Théâtre Antoine«. 1914 zog er sich vom Theater zurück und widmete sich dem wahrhaft naturalistischen Medium, dem Film.

Die 1891 in London gegründete »Independent Theatre Society« versuchte der brachliegenden englischen Dramatik Impulse durch Aufführungen von Ibsen zu geben. 1892 spielte sie die Uraufführung eines »first original didactic-realistic play«, dem ersten Bühnenstück von George Bernard Shaw (1856-1950), *Die Häuser des Herrn Sartorius*. Shaw verstand es, traditionelle britische Unterhaltsamkeit mit neuer sozialkritischer Inhaltlichkeit zu verbinden und den langen Zeitraum, in dem das englische Theater nur von Melodramen und Lustspielen beherrscht war, zu beenden. Szene aus *Frau Warrens Gewerbe*, Hamburg 1945.

Theatervereine

Doch bevor das Publikum überhaupt in den Genuß naturalistischer Dramatik kommen konnte, mußte erst einmal die staatliche Zensur umgangen werden. Wo immer sich in Europa ein Dramatiker auf die brennenden sozialen Probleme der Zeit einließ, wurde sein Stück – wenn es überhaupt zur Aufführung angenommen wurde – von den zuständigen Behörden bis zur Unkenntlichkeit verstümmelt. Das kommerzialisierte Vergnügungstheater des 19. Jh. war zudem alles andere als ein öffentliches Forum für die Erörterung aktueller gesellschaftlicher Fragen.

In dieser Situation erwies sich die Idee eines Pariser Gaswerksangestellten und Theaterliebhabers als rettender Ausweg. 1887 gründete André Antoine mit dem »Théâtre Libre« den ersten europäischen Theaterverein, der u. a. zum Vorbild für die »Freie Bühne« in Berlin, die »Independent Theatre Society« in London und das »Moskauer Künstlertheater« wurde. Die strittigen Stücke konnten auf diese Weise an der Zensur vorbei in geschlossenen Mitgliederversammlungen zur Aufführung gebracht werden.

Antoine ebnete dem modernen Drama sowie der naturalistischen Aufführungspraxis den Weg auf die europäischen Bühnen. »Das Milieu bestimmt die Bewegungen der Rollengestalten«, erklärte er, »und nicht umgekehrt.«

Beeinflußt von den Meiningern, erweiterte er da meist nur auf Kulissen gemalte Bühnenbild um dreidimensionale Objekte. Er benutzte möglichs

1800 – 1910

Henrik Ibsen

Theater und Wirklichkeit

Im Werk August Strindbergs (1849-1912) setzt sich das gesellschaftskritische, analytische Drama Ibsens fort. Der Schwede zeigte die bürgerliche Ehe als höllischen, in die Selbstvernichtung steuernden Krieg und demonstrierte so den kapitalistischen Kampf »aller gegen alle« am intimsten Bereich menschlichen Zusammenlebens. Szene aus Strindbergs *Totentanz*, Frankfurt, 1984

echte Requisiten und arbeitete mit Amateurschauspielern, da ihm die traditionelle Schauspielkunst zu künstlich erschien. Binnen weniger Jahre gelang es Antoine, den Naturalismus in Frankreich mit Erstaufführungen von Leo Tolstoi, August Strindberg, Gerhard Hauptmann und v. a. Henrik Ibsen durchzusetzen.

Henrik Ibsen

Der Siegeszug des norwegischen Dramatikers über die Bühnen Europas startete in Berlin. 1889

eröffnet Otto Brahm seine vom »Théâtre Libre« inspirierte »Freie Bühne« programmatisch mit den lange Zeit verbotenen *Gespenstern*. Bereits 1875 war der in der Heimat nur mäßig erfolgreiche Autor ins künstlerische Exil nach

Henrik Ibsen (1828-1906). Nach einer Apothekerlehre wurde der begabte junge Autor 1851 als künstlerischer Leiter an das erste norwegische Nationaltheater in Bergen berufen. 1857 wechselte er an das »Norske Teatret« in Oslo. Seinen Ruhm erwarb Ibsen, der Begründer des gesellschaftskritischen Theaters, jedoch im und durch das Ausland. Während seiner wichtigsten Schaffensphase, der Entstehungszeit der großen Gesellschaftsdramen, lebte er in Deutschland.

1800 – 1910

Das Theaterplakat von 1898 kündigt gleich mehrere Dramen des großen Norwegers an.

121

Theater und Wirklichkeit

Lebenslügen und Katastrophen

Edvard Munchs Entwurf für ein Bühnenbild zu Ibsens Gespenstern, Berlin, »Deutsches Theater«, 1906, Regie: Max Reinhardt

Dresden gezogen. Hier schuf er seine zwölf großen Gesellschaftsdramen – darunter *Die Stützen der Gesellschaft*, *Nora oder Ein Puppenheim*, *Die Wildente* und *Ein Volksfeind* –, die zu Musterstücken für das realistische Drama des 20. Jh. werden sollten.

Ibsen verlegte die Tragödie in die bedrängte Enge bürgerlicher Heimeligkeit. In diesem Ambiente führen nicht große Greueltaten, sondern die kleinen Frevel des Alltags zur Katastrophe. Zentrales Motiv vieler Stücke ist die Lebenslüge des frustrierten Durchschnittbürgers. Ibsen zeigte Figuren, die sich – wie der erfolglose Erfinder Hjalmar Ekdal aus dem Schauspiel *Die Wildente* – nur durch hartnäckigen Selbstbetrug mit ihrem gescheiterten Leben arrangieren können.

Die analytische Struktur seines Dramas *Die Wildente* ist spezifisch für das gesamte Werk Ibsens. Ein vermeintlicher Freund des Hauses Ekdal deckt nach und nach die Vorgeschichte der eigentlichen Bühnenhandlung auf, bringt Verfehlungen der Vergangenheit, Lügen und Betrug ans Licht. Doch ausgerechnet die Wahrheit beschwört die Katastrophe herauf. Ekdals Tochter Hedwig, die die Frucht einer außerehelichen Liebschaft seiner Gattin ist, nimmt sich verzweifelt das Leben, nachdem der aufgeklärte Ekdal ihr die väterliche Liebe ent-

Mit *Nora oder Ein Puppenheim* wurde Ibsen zum Vorkämpfer für das Selbstbestimmungsrecht der Frau. Das Drama zählt heute zu seinen meistgespielten Werken. Szene einer Pariser Inszenierung von 1952

Gerhard Hauptmann

Theater und Wirklichkeit

zogen hat. »Nehmen Sie einem Durchschnittsmenschen die Lebenslüge, und Sie nehmen ihm zur gleichen Zeit das Glück«, kommentiert der lebenskluge Skeptiker Dr. Relling – wohl auch die Stimme des Autors – Ekdals Schicksal.

Szene aus der Uraufführung von Ibsens *Gespenstern* 1881 durch eine norwegische Wandertruppe in Chicago

Gerhard Hauptmann

Die Uraufführung von Gerhard Hauptmanns *Vor Sonnenaufgang* bescherte der rührigen »Freien Bühne« den ersten handfesten Theaterskandal. »In dem Stück ward nach einer Hebamme gerufen, und dabei erhob sich ein durch seine Bissigkeit bekannter Arzt und Journalist ... und schwang ein chirurgisches Instrument diskretester Art, das er auf die Bühne werfen zu wollen schien. Rasender Tulmult erhob sich«, berichtete ein Augenzeuge. Auch die Presse eiferte sich geschlossen gegen das »wüste, formlose und rohe Schnapsdrama« und seine »Obscönitäten«.

Mit Hauptmanns frühen Dramen verließ der Naturalismus den bürgerlichen Salon und widmete sich den Lebensumständen emporgekom-

Gerhard Hauptmann (1862-1946) studierte Geschichte, Bildhauerei und Schauspiel. Er arbeitete seit 1885 als freier Schriftsteller und erhielt 1912 den Nobelpreis für Literatur. Mit seinen naturalistischen Dramen gehörte er schon zu Lebzeiten zu den meistgespielten deutschen Dramatikern im Ausland. Sein vielgestaltiges Werk von neuromantischen, balladesken und antikisierenden Stücken wird jedoch auch in Deutschland kaum gespielt.

1800 – 1910

Szene aus einer Aufführung von Hauptmanns *Die Weber*, veranstaltet von der »Volksbühne« Berlin, 1931

Theater und Wirklichkeit

Häßlichkeitsdichtung

Stanislawskis erster Inszenierung für das »Moskauer Künstlertheater« sieht man den Einfluß der Meininger deutlich an. Szene aus *Zar Fedor* von Leo Tolstoi 1889

Konstantin Sergejewitsch Stanislawski (1863-1938) arbeitete als Theaterleiter, Regisseur, Schauspieler und v. a. als Schauspiellehrer. 1898 gründete er das »Moskauer Künstlertheater«, wo er bis 1904 mit einer schnellen Folge von großartigen Inszenierungen dem Naturalismus und dem Autor Anton Tschechow zum Durchbruch verhalf. 1905 wandte er sich dem Symbolismus zu. Zwischen 1912 und 1920 gründete er vier Studios zur Ausbildung und zur Erprobung eines neuen Schauspielsystems, das er 1924 in seinem Buch *Die Arbeit des Schauspielers* vorstellte.

1800 – 1910

mener Kleinbauern und hungernder Proletarier. Sein bedeutendstes Werk, *Die Weber*, schildert die historischen Ereignisse des schlesischen Weberaufstands von 1844 und konnte nur vier Jahre nach dem Skandal einen überwältigenden Erfolg verbuchen.

Die »Häßlichkeitsdichtung« war in den Musentempel aufgenommen, und Hauptmanns Dramen gingen um die Welt. Unmittelbar nach der Uraufführung der *Weber* lagen Übersetzungen ins Russische, Italienische und Polnische vor, *Hanneles Himmelfahrt* wurde gar in New York nachgespielt.

Die Russen kommen

Mit dem Schauspieler, Theaterleiter und Theoretiker Konstantin Stanislawski trat erstmals ein Russe auf die Bühne des Welttheaters. Tief beeindruckt von den Moskauer Gastspielen der Meininger, gründete er 1898 das »Moskauer Künstlertheater«. Sein Programm entsprach weitgehend dem des deutschen und französischen Naturalismus und protestierte gegen Deklamiererei, alberne Konventionen in Inszenierung und Bühnenbild, Starsystem und den Spielplan der damaligen Bühnen.

Stanislawski versuchte, die naturalistische Ästhetik mit einer wissenschaftlichen Gründlichkeit zu verwirklichen, wie sie bis dahin für die darstellende Kunst unbekannt war. Anläßlich der Inszenierung von Maxim Gorkis *Nachtasyl* unternahm er mit seiner Truppe eine Expedition in die öffentlichen Schlafsäle und verruchten Stadtviertel Moskaus, damit seine Schauspieler die Lebensgewohnheiten der ärmsten Schichten studieren konnten.

Stanislawski und das russische Theater

Theater und Wirklichkeit

Stanislawski war ein Fanatiker der Wirklichkeitstreue. Bei ihm war alles echt auf der Bühne, sogar die gebratene Gans kam frisch aus dem Ofen. Doch die vollkommene Illusion war seiner Meinung nach nicht allein durch eine milieu-echte Szenerie zu erreichen. Stanislawski forderte die vollkommene Wahrhaftigkeit des Schauspielers, die Identifikation mit der Rolle. Wahrhaftige physische Handlungen stellen sich, so Stanislawskis Überzeugung, von selbst ein, wenn der Schauspieler sich in den Proben eine konkrete Vorstellung von seiner Rollengestalt und deren Verhaltensweise über die Stückfiktion hinaus erarbeitet.

Um die Vorstellungs- und Handlungskraft der einzelnen Schauspieler zu aktivieren, entwickelte Stanislawski eine Reihe von psychotechnischen Methoden, v. a. Improvisations- und Konzentrationsübungen. Er achtete streng darauf, daß seine Darsteller keine fremden Leidenschaften aus dem Blauen heraus erzeugten. Das routinemäßige Einstudieren genormter menschlicher Ausdrucksformen – wie z. B. das verbreitete Augenrollen bei Zorn – verleite zum Schmieren-

Stanislawski als Baron in *Der geizige Ritter* von Aleksandr Sergejewitsch Puschkin, 1888

Szene aus Anton Tschechows *Kirschgarten* in einer Inszenierung des »Moskauer Künstlertheaters«

1800 – 1910

theaterspiel. Der Schauspieler solle vielmehr persönliche Erfahrungen zur Einfühlung in die Rolle heranziehen. Dabei sei jede einzelne Vorstellung so zu spielen, als wenn alles, was den Darsteller auf der Bühne umgibt, Wahrheit wäre.

Theater und Wirklichkeit

Anton Tschechow ...

Anton Tschechow (1860-1904) verdiente sich sein Arztstudium durch Schriftstellerei. Seine schon früh ausbrechende Lungenkrankheit, der er 44jährig erlag, ließ ihn in seinen Werken immer wieder nach dem Sinn des Lebens fragen.

Stanislawskis System wurde von seinen Schülern zusammengefaßt und weiterentwickelt. Durch die Vermittlung des Amerikaners Lee Strasberg, in dessen New Yorker »Actor's Studio« Schauspieler wie Marlon Brando, Marilyn Monroe und Paul Newman ihre Ausbildung erhielten, wurde Stanislawskis Methode auch im Westen populär.

Anton Tschechow und Maxim Gorki

Stanislawskis Rolle als Vermittler des modernen russischen Dramas ist nicht zu unterschätzen. Er bewies mit seiner Inszenierung der *Möwe*, daß Tschechow aufführbar war, und öffnete dem Autor mit den Uraufführungen von *Drei Schwestern* und *Der Kirschgarten* den Weg zum Weltruhm.

Stanislawskis Realismus, der sich aus dem Inneren der Rolle heraus entfaltete, kam der feinen Psychologie von Tschechows Figuren zugute. Der praktizierende Arzt sezierte mit nüchternem Understatement den kränkelnden Zustand der höheren Gesellschaftskreise. Wie die meisten Naturalisten beabsichtigte er keine Gesellschaftskritik, und doch läßt sie sich aus seiner skeptischen Betrachtungsweise herauslesen. Tschechows Blick auf die Gesellschaft ist kühl und zugleich mit-

Tschechow liest den Schauspielern des »Moskauer Künstlertheaters« seine Komödie *Die Möwe* vor.

1800 – 1910

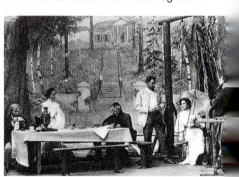

Onkel Vanja von Tschechow, Uraufführung am »Moskauer Künstlertheater«, 1899

126

... und Maxim Gorki

Theater und Wirklichkeit

leidsvoll, er diagnostiziert und weiß doch keinen Rat gegen das unabwendbare Ende.

Nach Tschechow verhalf Stanislawski auch Maxim Gorki, dem Vertreter eines politisch engagierten, sozialkritischen Naturalismus, zu ersten Bühnenerfolgen. Gorki war als junger Mann durch Rußland gereist, um das Schicksal der Ärmsten, der Lumpenproletarier und Vagabunden, kennenzulernen. Seine Empörung über die Zustände ließen ihn heftige Kritik an der russischen Literatur üben, die dem Volk das Erdulden seines Schicksals predige. Gorki wandte sich dem radikalen Flügel des russischen Marxismus zu und unterstützte 1905 die Revolution. Gorkis Dramen sind eine Anklage gegen Willkür und Ausbeutung, geißeln die schwankende Haltung der Intellektuellen und sind voller selbstbewußter Proletarier. In seinem berühmtesten Werk, dem *Nachtasyl*, zeigt er Milieu- und Charakterstudien aus der Lebenssphäre des Asozialen, geleitet von der Frage, ob man erdulden oder sich widersetzen soll. Das Stück enthält jedoch auch die Ahnung kommender Umwälzungen.

Die Folgen der Oktoberrevolution entsetzten Gorki so sehr, daß er ins italienische Exil ging. Von Stalin umworben, kehrte er 1928 zurück und verkündete 1934 den sogenannten »Sozialistischen Realismus«, zu dessen Musterstück das Klassenkampf-Drama *Die Feinde* wurde. Die positiven Helden wollten dem kritischen Geist jedoch nicht gelingen. 1936, zu Beginn der großen Schauprozesse und Säuberungen und kurz vor seinem Tod, bemühte sich Gorki wieder um ein Ausreisevisum, das ihm jedoch verweigert wurde.

Alexej Maximowitsch Peschkow (1868-1936) wuchs fast ohne Schulbildung auf und nannte sich als Schriftsteller **Maxim Gorki**, »der Bittere«. Zu seinen einflußreichsten Stücken zählen *Nachtasyl* (1902), *Sommergäste* (1904) und *Wassa Schelesnowa* (1936). Sein Roman *Mutter* (1907) gilt als der erste proletarische Roman des nachrevolutionären Rußland und wurde von Brecht als *Die Mutter* (1932) dramatisiert.

Maxim Gorkis *Nachtasyl* in der Inszenierung Stanislawkis am »Moskauer Künstlertheater«, 1902

1800 – 1910

Das Kino – Die große Konkurrenz

Im Jahr 1895 stellten die Fotofabrikanten Lumière im Pariser »Grand Café« eine technische Neuheit vor, von der noch niemand ahnte, wie radikal sie das Kulturleben und Freizeitverhalten auf der ganzen Welt verändern sollte. Den ersten »Cinematographen« hielten sogar seine Erfinder für nichts weiter als eine Erweiterung der Fotografie und im besten Fall für einen Verkaufsschlager.

Georges Méliès war der erste Trickfilmer der Filmgeschichte und entwickelte Verfahren wie die Doppelbelichtung und den Stoptrick.

Die begeisterten Zuschauer der ersten Filme erlebten noch kein Kino im heutigen Sinn, sondern bestaunten bewegte Abbilder des Alltags: *Das Frühstück eines Babys*, *Feierabend in einer Fabrik* und die *Ankunft eines Zuges*, dessen schräg auf die Kamera zurasende Lokomotive das Publikum in helle Panik versetzte.

Fast gleichzeitig mit den Fotografen erkannten die Schausteller die faszinierenden Möglichkeiten des technischen Wunderwerks. Es konnte die Realität nicht nur präziser abbilden als jedes andere Medium, sondern eröffnete ungeahnte Möglichkeiten zur Manipulation der dargestellten Realität. Der Zauberkünstler Georges Méliès ließ Personen und Gegenstände geheimnisvoll im Bild auftauchen und verschwinden und in *Der Gummikopf* einen Mann einen menschlichen Kopf bis zum Zerplatzen aufblasen. Solche technischen Sensationen waren von künstlerischen Ambitionen so weit entfernt wie alle Jahrmarktsattraktionen und wurden nicht selten im Rahmen des Varietés vorgeführt.

Für den Film gilt, was Brecht 1932 über die technisch reproduzierbaren Medien sagte: »Sie sind Erfindungen, die nicht bestellt sind.« Die Menschheit hatte nicht auf das Kino gewartet. Es entsprang keinem kommunikativen Bedürfnis und keinem Kultus, wie das Theater, die Musik oder die Malerei. Der Cinematograph war Zufallsprodukt des technischen Fortschritts und wäre wohl ohne das Profitstreben der sich gleichzeitig entwickelnden Filmindustrie nur eine technisch-wissenschaftliche Spielerei geblieben.

Das filmische Kunstwerk mußte sich seine spezifische Öffentlichkeit und seine eigenständige künstleri-

Eine der ersten »bewegten Fotografien« der Geschichte: Louis und Auguste Lumières *Feierabend in einer Fabrik* von 1895

Das Kino – Die große Konkurrenz

sche Sprache erst schaffen. So ist es kaum verwunderlich, daß die Theaterwelt – wie übrigens die gesamte Kulturszene – dem neuen Medium zunächst keinerlei Aufmerksamkeit schenkte. Als technisches Kuriosum hatte es seinen Platz auf Rummelplätzen und in Kneipen und zog ein fast ausschließlich plebejisches Publikum an.

Doch die aus dem Boden sprießenden Filmgesellschaften erkannten die Zeichen der Zeit und versuchten schon bald, dem neuen Produkt ein besseres Image und einen erweiterten Kundenkreis zu verschaffen. Der Bau repräsentativer Filmtheater sollte ab etwa 1910 dem bürgerlichen Publikum den Weg ins Kino erleichtern. Die Programme wurden abendfüllend, und das kurzlebige Kneipenkino wich der Filmtheater-Veranstaltung. Gezielt warb man bekannte Schriftsteller und beliebte Theaterschauspieler an, die den Film durch die Anpassung an die kulturellen Traditionen des Theaters künstlerisch veredeln sollten.

In Frankreich gründeten die Brüder Lafitte 1907 eine Gesellschaft zur Produktion sogenannter Kunstfilme, die »Compagnie des Films d'Art«, um das neue Medium vom Ruch eines vulgären Volksvergnügens zu befreien. War es das Ziel der ersten Filmemacher, die Wirklichkeit fotografisch abzubilden, so scheint es der »Film d'Art-Bewegung um eine möglichst getreue Reproduktion des Theaters gegangen zu sein. Die Darsteller deklamierten mit überzogener Gestik vor einer unbeweglichen Kamera, und theatralische Konventionen bestimmten Regie, Spannungsdramaturgie und das Dekor.

1908 erzielte der Prototyp dieses Genres, *Die Ermordung des Herzogs von Guise*, einen sensationellen Erfolg bei Publikum und zeitgenössischer Kritik. Der französische »Film d'Art« beeinflußte die Filmkunst anderer Länder. Die Filmwirtschaft war ohnehin von Anfang an international ausgerichtet: Der Stummfilm kannte keine sprachlichen Barrieren, und der Export von Filmen war wesentlich einfacher als der ganzer Theaterinszenierungen. Besonders Verfilmungen der Dramen Shakespeares, der bis heute der meistverfilmte Autor überhaupt ist, kamen in Mode. Von seinen Stücken gibt es mittlerweile 319 mehr oder weniger originalgetreue Filmversionen.

Die Übergriffe auf das ureigene kulturelle Besitztum des Theaters brachte die

Siegfried Kracauer nannte die prächtigen Lichtspiel-Theater der frühen Jahre »Paläste der Zerstreuung« und »Kultstätten des Vergnügens«. Sie waren wie die Theater im Jahrhunderts prunkvoll eingerichtet und boten Platz für viele hundert Zuschauer. Zuschauersaal 1913

129

Das Kino – Die große Konkurrenz

Die Ermordung des Herzogs von Guise

Theaterunternehmer auf den Plan. Eine erhitzte Debatte über den Wert und Unwert des Kinos begann. Besorgt über die vom Film ausgehenden Gefahren für die Sittlichkeit der Zuschauer, hatten sich bereits Juristen, Pädagogen und Theologen kritisch mit dem Cinematographen auseinandergesetzt.

Die sogenannte Kinoreformbewegung formierte sich aus vorwiegend konservativen Vertretern der bürgerlichen Intelligenz und rief »zu einem volkspädagogischen Kampf gegen Schmutz und Schund« des Kintopp auf. Man befürchtete, daß das Kino »der Trivialität Siege feiern hilft und den Geschmack des Volkes verwüstet«. Film galt gemeinhin als »see-

Asta Nielsen als Hamlet (1920)

lenlose, phantasieabtötende Kost«. Die Theaterunternehmer, spätestens alarmiert, als die Besucher auf den billigen Plätzen ausblieben, bedienten sich dieser moralisierenden Argumente, um die Öffentlichkeit von der schädlichen Wirkung des neuen Mediums zu überzeugen. In Deutschland forderte der Bühnenverein 1912 in einer Denkschrift sogar den Staat auf, die Ausbreitung des Kinos durch erhöhte Besteuerung, Konzessionszwang, verschärfte feuerpolizeiliche Verordnungen und Zensurbestimmungen einzuschränken.

Auch der Verband der deutschen Bühnenschriftsteller hielt das Kino für eine Bedrohung der deutschen Bühnen, »dem stolzen Kulturbesitz unseres Volkes«, und äußerte die Befürchtung, daß das Kino das Volk vergifte. Es ist den wirtschaftlichen Kräften, die im Kino schon früh ein gewinnbringendes Unternehmen der Zukunft erkannten, zu verdanken, daß diesen Behinderungsversuchen kein Erfolg beschieden war.

Schon im zweiten Jahrzehnt dieses Jahrhunderts gelang es, viele Schauspieler und Autoren aus der Front der Gegner des Kinos herauszubrechen. Die Filmindustrie bot den Schauspielern auf einem hart umkämpften Arbeitsmarkt neue Einnahmequellen und erheblich bessere Arbeitsbedingungen als am Theater. Viele naturalistische Autoren begeisterten sich für die Möglichkeiten des neuen Mediums, das – entdeckt zur einer Zeit, als der

Das Kino – Die große Konkurrenz

Zu den frühen Beispielen eigenständiger filmischer Ästhetik gehört Fritz Langs *Metropolis* von 1926.

Bühnenillusionismus gerade seinen Höhepunkt erreichte – den theatralen Naturalismus in den Schatten stellte.

Neben dem Film konnte das Theater nicht mehr als geeignetes Medium zur Abbildung der Wirklichkeit bestehen und mußte sich auf neue ästhetische Wege begeben. Die Theaterunternehmer erkannten allerdings viel zu spät, daß das Monopol auf die darstellende Kunst bereits verloren war, und fügten dem Prestige des neuen Mediums durch ihre moralistischen Angriffe erheblichen Schaden zu. Bis in die Mitte des 20. Jh. wurden Filme v. a. im Theaterland Deutschland nur in Ausnahmefällen in den Kanon der vom Bürgertum anerkannten »wertvollen« Kulturgüter aufgenommen.

Der Streit um das Kino förderte freilich auch die Reflexion auf mögliche Qualitäten des neuen Mediums und beschleunigte die Trennung des Films von seiner unfruchtbaren Anlehnung an das Theater. Auf der Suche nach einer eigenständigen künstlerischen Sprache entdeckte man die Möglichkeiten von Schnitt, Montage, Kameraführung und Großaufnahme und – als ureigenstes filmisches Gestaltungsmittel, das ein für allemal die Enge der theatralen Guckkastenbühnen sprengte – die Verfolgungsjagd.

Kommerzieller Erfolg war den das Theater nachahmenden Kunstfilmen ohnehin nicht beschieden, so daß die Filmproduktionsgesellschaften sich bald neuen Genres zuwandten. Vorausschauende Kritiker enttarnten die Anlehnung an Theaterkonventionen schon früh als Fehlentwicklung. Als Kopie des Theaters, schrieb ein französischer Journalist, wecke die *Ermordung des Herzogs von Guise* erst recht die Sehnsucht nach dem wahren Theater.

Den Filmen des deutschen Expressionismus ist die Nähe zum Theater v. a. wegen der anti-illusionistischen Kulisse sogar im Standbild anzusehen. Szene aus *Das Cabinett des Dr. Caligari* (1929)

Politik und Kunst — Theater im Zeitalter ...

1903	Erster Motorflug der Gebrüder Wright
1911	Chinesische Revolution
1913	Erfindung des Röhrensenders
1914	Charlie Chaplin dreht ersten Film.
1914-18	Erster Weltkrieg
1917	Oktoberrevolution in Rußland
1920	Arnold Schönbergs Zwölftonmusik; Alkoholverbot in den USA (Prohibition)
1921	Nobelpreis für die Relativitätstheorie an Albert Einstein
1922	Benito Mussolinis »Marsch auf Rom«
1924	Tod Wladimir Iljitsch Lenins
1927	Erfindung des Tonfilms
1929	Regelmäßige Fernsehübertragung der BBC
1928	Entdeckung des Penicillins
25.10. 1929	›Schwarzer Freitag‹, Crash der New Yorker Börse löst Weltwirtschaftskrise aus.
1929	Beginn der Stalin-Diktatur in der UdSSR
1931	Walt Disney produziert den ersten Farbtrickfilm.
1933	Hitler wird deutscher Reichskanzler.
1936-39	Spanischer Bürgerkrieg
1937	Pablo Picasso malt *Guernica*.
1938	Otto Hahn gelingt die erste künstliche Atomkernspaltung.
1939-45	Zweiter Weltkrieg
1945	Atombombe auf Hiroshima fordert 60 000 Tote.
1945	Gründung der UNO

1900 – 1945

Eisenbahnen, Automobile, Flugzeuge, Telefon und elektronische Datenübermittlung verwandelten die Welt im 20. Jh. in ein globales Dorf, in dem der Kommunikation aller mit allen kaum noch Grenzen gesetzt sind. Nationale, ethnische und kulturelle Unterschiede verblassen zunehmend.

Wir leben im Zeitalter der neuen Medien. Film, Fernsehen und Computer haben das Freizeitverhalten der Menschen auf der ganzen Welt entscheidend verändert und die alten Medien – Literatur, Malerei und Theater –, wenn auch nicht verdrängt, so doch in ihrer Eigenschaft als Vermittler zwischen Mensch und Umwelt zu einem kostspieligen (aber zum Glück auch oft genug noch köstlichen) Luxus gemacht.

Jahrhundertelang hatten in Europa Schauspieler, Theaterunternehmer und Dramatiker gegen kirchliche und staatliche Zensur für ihre Kunst und die gesellschaftliche Anerkennung ihres Berufstands gekämpft. Zu Beginn des 20. Jh. erfuhr das Theaterwesen tatsächlich die lang ersehnte Würdigung sowohl als autonome Kunstform wie auch als Medium, mit dem man verändernd in die gesellschaftliche Wirklichkeit einzugreifen können glaubte.

Die künstlerische und politische Theater-Avantgarde des frühen 20. Jh. setzte große Erwartungen in die Fähigkeit des Theaters, bei der Schaffung einer neuen, dem gesellschaftlichen Wandel entsprechenden Kultur maßgeblich mitzuwirken. Doch in der Konkurrenz mit den Massenmedien Film und Fernsehen geriet das Theater, vormals beliebteste Unterhal-

Die Technik revolutionierte die Ausdrucksmöglichkeiten der Kunst im 20. Jh. und veränderte auch die Ästhetik der »alten Medien«: einer der ersten Radioapparate.

... der Massenmedien Politik und Kunst

tungsform aller sozialen Schichten, Hoffnungsträger der emanzipatorischen Bewegung und Statussymbol der bürgerlichen Gesellschaft, scheinbar ins Abseits.

In Deutschland, inzwischen zur Nation mit der dichtesten und wohl auch spannendsten Theaterlandschaft der Welt aufgestiegen, folgte seit Mitte des Jahrhunderts eine Theaterkrise auf die andere: nach einer Besuchskrise in den 60er Jahren erschütterte eine ideologische in den 70ern das hochsubventionierte Kulturtheater, die Finanz- und Legitimationskrise dauert an. Neue Impulse kamen und kommen aus der Freien Theaterszene, die seit den 60er Jahren außerhalb der Institutionen prosperierte und sich auf die ureigensten Qualitäten des Mediums besann.

Unterdessen hat die moderne Psychologie und Pädagogik das darstellende Spiel als hervorragende therapeutische und didaktische Methodik entdeckt. Ein wahrer Boom an Theaterworkshops, die Gründung von Schüler- und Seniorenspielgruppen weist zugleich auf eine erweiterte Funktion des alten Mediums in der modernen Freizeitgesellschaft hin.

Zu Beginn des Jahrhunderts noch ein großes Ereignis: Die Familie versammelt sich um ihr erstes Grammophon.

Theaterutopien der Moderne

Wirtschaftliche und soziale Umwälzungen rückten zu Beginn des 20. Jh. den Traum von der Verwirklichung demokratischer und sozialistischer Gesellschaftsformen in greifbare Nähe. Die Theater-Avantgarde reagierte in ganz Europa mit dem Entwurf richtungweisender Konzepte, die die Stellung des Theaters in der Gesellschaft, seine politischen Wirkungsmöglichkeiten und seine ästhetische Besonderheit neu definieren sollten.

Mit der »Kunsttheater«-Bewegung und dem Politischen Theater kristallisierten sich zwei Grundpositionen heraus, auf die sich im wesentlichen alle Entwicklungen des Gegenwartstheaters zurückführen lassen.

Film war zunächst eine Jahrmarktsattraktion, deren gewaltige Auswirkungen auf die Gesellschaft und Kultur man kaum erahnte: einer der Pioniere der Filmkunst, George Méliès, in seinem Film *Der Gummikopf*.

1900 – 1945

Politik und Kunst — Politische Agitation

1985 verbrachte der durchschnittliche Bundesbürger etwa 3,5 Stunden seiner Freizeit vor dem Fernseher.

Bei aller Verschiedenheit der angestrebten künstlerischen und ideologischen Ziele beider Richtungen gibt es doch eine Reihe von Übereinstimmungen. Gemeinsamer Ausgangspunkt ist die entschiedene Kritik am Naturalismus und der illusionistischen Bühnenfiktion des bürgerlichen Theaters. Man warf den Naturalisten vor, mit ihren Kopien der Wirklichkeit vordergründige Folien zu produzieren, die den tieferen Einblick in die immer kompliziertere gesellschaftliche Totalität verstellten. Das illusionistische Bühnenkonzept mit seiner strikten Trennung von geschlossener Theaterwirklichkeit und Zuschauerraum reduziere die Interaktion zwischen Künstlern und Publikum auf eine Ein-Weg-Kommunikation.

Entsprechend den neuen demokratischen und sozialistischen Gesellschaftsentwürfen schwebte den Avantgardisten dagegen eine Kunst vor, die die Kommunikation zwischen Spielenden und Zuschauenden wieder herstellte und einen Diskussionszusammenhang zwischen allen gesellschaftlichen Gruppen ermöglichte. Die konkrete Form der aktiven Teilhabe des Publikums am künstlerischen Prozeß wurde freilich unterschiedlich definiert. Die *Gerichtsspiele* des russischen Revolutionstheaters waren z. B. Rollenspiele, in denen Laien politisches und soziales Handeln im aktiven

Die Bühnenbildentwürfe der Theater-Avantgarde des frühen 20. Jh. spiegeln die deutliche Absage an den Naturalismus wider. **Giacomo Ballas** futuristischer Entwurf für Strawinskis Ballett *Fuoco d'artificio*, Rom 1917

Die Kunst des Theaters Politik und Kunst

Spiel trainieren sollten. War hier an eine Politisierung des Theaters gedacht, so träumten einige Vertreter der »Kunsttheater«-Bewegung von einer durchgehenden Ästhetisierung des Lebens. Sie verlangten, wie Antonin Artaud oder Georg Fuchs, daß sich das Theater auf seine Ursprünge zurückbesinnen und als gemeinsames Ritual zwischen Spielenden und Zuschauern vollziehen sollte.

> »Die dramatische Kunst ist ihrem Wesen nach rhythmische Bewegung des menschlichen Körpers im Raume, ausgeübt in der Absicht, andere Menschen in dieselbe Bewegung zu versetzen, hinzureißen, zu berauschen ... Und ferner kommt es uns darauf an, niemals zu vergessen, daß das Drama seinem Wesen nach eins ist mit der festlichen Menge. Denn es ›ist‹ ja erst, wenn es von dieser erlebt wird. Spieler und Zuschauer, Bühne und Zuschauerraum sind ihrem Ursprung nach nicht entgegengesetzt, sondern eine Einheit.«
>
> *Georg Fuchs, Die Schaubühne der Zukunft, 1904*

Die Kunst des Theaters

Noch bevor die naturalistische Theaterbewegung ihren Höhepunkt überschritten hatte, stellte eine neue Generation von Künstlern und Intellektuellen die Grundfesten des Naturalismus bereits radikal in Frage. Der Engländer Edward Gordon Craig und der Schweizer Adolphe Appia forderten in ihren theoretischen Schriften als erste eine Retheatralisierung des Theaters. Die Kunst des Theaters solle sich eigenständig entfalten, weder »Magd der Literatur« noch platter Spiegel der Wirklichkeit sein.

Für Appia war der Schauspieler die Seele des Gesamtkunstwerks Theater. Er fungiere als Vermittler zwischen den Künsten der Zeit (Musik und Dichtung) und des Raums, den er durch seine Bewegung strukturiere.

Craig hingegen betrachtete den Regisseur als zentrale schöpferische Figur, dem sich der Schauspieler als

Oskar Schlemmer (1888-1943), Maler, Tänzer, Bühnenausstatter und Theatertheoretiker strebte in seinen Choreographien eine Verbindung von Tanz und bildender Kunst an. Sein Bühnenbild zu Oskar Kokoschkas und Paul Hindemiths Oper *Mörder, Hoffnung der Frauen*, Stuttgart 1921, gehört zu den fast schon konventionellen Arbeiten des Künstlers.

1900 – 1945

Politik und Kunst — Appia und Craig

Der Dadaismus protestierte durch vorsätzlichen Unsinn gegen den Widersinn des Kriegs. Typische Mittel dieser Kunstrichtung waren Geräuschmusik, die Rezitation von Lautgedichten und Maskentänze mit grotesken, häufig marionettenartigen Kostümen. **George Grosz** (1893-1959) entwarf die Figurine *Kokotte Veronika* für Ivan Golls *Methusalem*.

Teil des szenischen Materials bedingungslos unterzuordnen habe. Er definierte den Darsteller der Zukunft als absolut manipulierte »Über-Marionette«, die ihre Rollengestaltung nicht mehr aus der lebendigen Natur ableite und auch keine klassischen Charaktere mehr gestalte. Unter Schauspielkunst verstand Craig eine hochartifizielle und disziplinierte Körperbewegung, die symbolisch »ewige Wesenheiten« wie Kraft, Ruhe und Harmonie ausdrückt. Vorbilder für diese neue Theaterästhetik fand Craig in der Auseinandersetzung mit den stilisierten ostasiatischen Spieltraditionen.

Im rechten Licht: Die Stilbühne

Appia und Craig wurden zu wichtigen Wegbereitern des modernen Bühnenbilds. V. a. das japanische und chinesische Theater inspirierte die Entwicklung der Stilbühne, die die illusionistische Bühnenästhetik ablösen sollte. Die Bühne ist kein Bild, sondern ein Raum, lautete die Leitthese der Reformer. Sie entwarfen den Spielraum dreidimensional, entrümpelten das detailgetreue naturalistische Inventar und ersetzten es durch großlinige symbolische Versatzstücke auf einer neutralen Einortbühne. Appia und Craig entwarfen abstrakte Ausdrucksräume, die durch verschiedene Spielebe-

1900 – 1945

Edward Gordon Craig (1872-1966) war Schauspieler, Regisseur und Bühnenbildner. Er inszenierte in London, Berlin, Florenz, Moskau, Kopenhagen und New York. Das Rollenfoto zeigt ihn als Cromwell in Shakespeares *Heinrich VIII.*

Die Stilbühne — Politik und Kunst

Zwei Bühnenbildentwürfe von Edward Gordon Craig, 1904 und 1928

nen und geometrische Bauformen aufgebrochen, geschichtet und rhythmisch gegliedert wurden.

Zentrale Bedeutung kam dem kunstvollen Einsatz von Bühnenlicht zu, der freilich ohne die großen Fortschritte der Beleuchtungstechnik im 19. Jh. nicht denkbar gewesen wäre. Bis ins 18. Jh. hatte man die Bühne mit Kerzen und Öllichtern eher schlecht als recht beleuchtet. Um die Lichtstimmung zu verändern, mußte man Hunderte von Lichtquellen manuell regulieren. Heller und bequemer wurde es, als man 1817 die lichtstarke und zentral steuerbare Gasbeleuchtung einführte. Das Kalklicht (seit 1837) und das elektrische Bogenlicht (seit 1849) erlaubten schließlich die punktuel-

> Der Aufbruch des Theaters in die Moderne begann mit einem Skandal. Die Pariser Aufführung des *König Ubu* (1896) von Alfred Jarry entfesselte einen Tulmult, wie ihn Frankreich seit der legendären Theaterschlacht um *Hernani* nicht mehr erlebt hatte. Die freche Parodie auf das Geschichtsdrama zeigt in Vater Ubu einen menschenverachtenden Spießbürger, der seinen Lüsten und bösen Trieben ungehemmt frönt. Das erste Wort, das Ubu auf der Bühne spricht, »Scheitze« (*merdre*), durchzieht das Stück leitmotivisch. Jarry dichtete das »absurde« Vorspiel für die Experimente der Theater-Avantgarde des 20. Jh. *König Ubu* war nicht nur provozierend antinaturalistisch, sondern stand in seiner spektakelhaften Kunstrealität für eine vollkommen neue ästhetische Auffassung. Programmillustration von Jarry zur Uraufführung

Adolphe Appias (1862-1928) »rhythmisierte Räume« stellen eine Pionierleistung für den funktionellen Einsatz von Bühnenlicht dar.

Politik und Kunst   Max Reinhardt

Max Reinhardt (1873-1943) inszenierte sein Theater als sinnbetörendes Fest, das mit dem grauen Alltag nichts zu tun haben sollte. Er liebte es als »Schlupfwinkel für diejenigen, die ihre Kindheit heimlich in die Tasche gesteckt und sich damit auf und davon gemacht haben, um bis an ihr Lebensende weiterzuspielen«.

1901 gründet Max Reinhardt sein erstes eigenes Theater, die Kleinkunstbühne »Schall und Rauch«. Plakatentwurf von **Emil Orlik**.

Für einen seiner spektakulärsten Erfolge, das Mysterienspiel *Mirakel*, verwandelte Max Reinhardt die Londoner »Olympia Hall« in eine Kathedrale. Das vieltausendköpfige Publikum saß innerhalb der Dekoration.

le Beleuchtung durch die Bündelung von Strahlen. Die Erfindung der Glühlampe und die Elektrifizierung der Theater (seit 1881) revolutionierte das Beleuchtungswesen. Das Licht-Design aus Breit-, Tiefstrahl- und Punktlicht-Scheinwerfern avancierte im 20. Jh. zu einem wesentlichen Element der Inszenierungskunst.

Craig und Appia waren dankbare Nutzer der neuen bühnentechnischen Errungenschaften wie der Hydraulik zum Heben, Senken und Fahren mobiler Dekorationselemente (ab 1882) und der Drehbühne (1896).

Max Reinhardt

»Was mir vorschwebt, ist ein Theater, das den Menschen wieder Freude gibt. Das sie aus der grauen Alltagsmisere über sich selbst hinausführt, in eine heitere und reine Luft der Schönheit. Ich fühle es, wie die Menschen es satt haben, im Theater immer wieder das eigene Elend wiederzufinden und wie sie sich nach helleren Farben und einem erhöhten Leben sehnen.«

Max Reinhardt, österreichischer Schauspieler, Theaterleiter und Prototyp des modernen Regisseurs, setzte die Idee von der Theaterinszenierung als eigenständiges Kunstwerk in die Praxis um. Er begann seine Karriere an Otto Brahms »Deutschem Theater« in Berlin, löste sich jedoch schon bald von dessen naturalistischen Konzept.

Mit überschäumender Lust am Theatralischen griff Reinhardt nach allen sich bietenden Möglichkeiten. Er stattete die von ihm geleiteten Berliner Theater mit sämtlichen bühnentechnischen Neuhei-

Massenspektakel

Politik und Kunst

ten – Drehbühnen, gekrümmten Rundhorizonten und modernen Lichtanlagen – aus. In Festhallen, Gärten, Kirchen und auf öffentlichen Plätzen installierte er für einzelne Inszenierungen Großraumtheater mit Arena-Bühnen. Er faßte das Theater als großes Fest auf, an dem er alle sozialen Schichten beteiligen wollte. Den Massen, die er auf die Zuschauertribühnen seiner Spektakel lockte, korrespondierte ein Heer an Statisten auf der Szene. Für die Aufführung des Mysterienspiels *Mirakel* in der Londoner »Olympia Hall« (1912) setzte er 1800 Mitwirkende ein, darunter 150 Nonnendarstellerinnen, einige Dutzend Ritter zu Pferd und eine Jagdmeute lebender Hunde.

Reinhardt beherrschte die moderne choreographische Massenregie bis zur Perfektion, engagierte aber gleichzeitig auch die besten Schauspieler. Er brachte das antike Theater zurück auf die Bühne, belebte die Spielformen der *Commedia dell' arte* und bezog Pantomime und Ballett in seine Aufführungen ein. Für die Ausstattung gewann er bildende Künstler wie den Bildhauer Max Kruse und die Maler Lovis Corinth und Edvard Munch.

Reinhardts Unternehmen stellte eines der größten Beispiele kapitalistischen Geschäftstheaters dar. Der Erfolg seiner unpolitischen, v. a. auf ästhetischen Genuß ausgerichteten Theaterarbeit spiegelt das Bedürfnis des Publikums, die Theaterwirklichkeit als Refugium in einer immer bedrohlicher empfundenen Realität zu nutzen. Um 1930 zählten elf Berliner Bühnen mit über 10 000 Sitzplätzen zu seinem Theaterimperium. 1933 zwangen die Nationalsozialisten den jüdischen Theaterleiter, seine privatwirtschaftlich geführten Häuser »dem deutschen Volk« zu übereignen und in die USA zu emigrieren.

1905 wurde Reinhardts *Sommernachtstraum* zum Theaterereignis des Jahres. Er inszenierte Shakespeares schönstes Märchen bis 1934 noch zwölfmal und verfilmte es 1935.

Reinhardt war ein Meister der Massenchoreographie. *Mirakel* im Zirkus Busch, 1914

1924 inszenierte Reinhardt die deutsche Erstaufführung von Luigi Pirandellos *Sechs Personen suchen einen Autor*, das dem Autor Weltruhm einbrachte.

Politik und Kunst — Das politische Theater

Der Kommissar für Volksbildung Anatoli W. Lunatscharski (1875-1933), Protektor der Theaterrevolutionäre, mit Stanislawski und George Bernard Shaw

Das politische Theater

Das Theater ist ein grundsätzlich politisches Medium. Es versammelt Menschen zu öffentlichen Veranstaltungen und beschäftigt sich mit den Problemen des Zusammenlebens in der Gemeinschaft. Seit der Antike wurden die herrschenden politischen Zustände auf dem Theater immer

Sowjetische Agitprop-Aufführungen im Freien ...

wieder verherrlicht oder kritisiert. Die Theatergeschichte ist voll von Anekdoten über politisch motivierte Theaterschließungen, Aufführungsverbote und die Zensur von Dramen. Niemand jedoch hatte dem Theater je eine so große politische Wirksamkeit zugetraut wie die kulturellen Vorkämpfer der russischen Revolution und die deutschen Verfechter des »epischen Theaters« Erwin Piscator und Bertolt Brecht.

Das Theater der russischen Revolution

In Rußland waren sich die politische und theatralische Avantgarde einig, daß das Theater ein ideales Medium war, um dem oft leseunkundigen proletarischen Publikum zu kommunistischem Bewußtsein zu verhelfen. Bereits im Vorfeld der Revolution hatten sich proletarische Organisationen zur »kulturellen Front« zusammengeschlossen und zahlreiche Laientheatergruppen gegründet, die in den Fabriken und an den Fronten

... und in Wirtshaussälen: Verhöhnung der Priester durch Spottgebete in der Sowjetunion

1900 – 1945

Das Theater der russischen Revolution   Politik und Kunst

Entwurf für die Aufführung des Massenspektakels *Die Erstürmung des Winterpalais* auf dem Platz von Leningrad, 1920

des Bürgerkriegs Werbung für die Sache des Kommunismus machten.

In den 30er Jahren gehörten der sowjetischen Amateurtheater-Organisation »Die blauen Blusen« schließlich 5000 solcher Gruppen mit insgesamt 100 000 Mitgliedern an. Eine typische Spielform des sowjetischen Amateurtheaters war die »Lebende Zeitung«, die auf unterhaltsame Weise über tagespolitische Ereignisse informierte.

Das proletarische Laientheater war nicht allein als Medium zur Aufklärung und Propaganda gedacht. Die intellektuellen Verfechter einer proletarischen Kultur, des sogenannten »Proletkults«, setzten darüber hinaus große Hoffnungen in die Wirkung des Spiels auf die Akteure selbst. Im aktiven Spiel sollte kollektives Tun und revolutionäres Handeln konkret erfahren und eingeübt werden.

Ein solches Theaterverständnis läuft auf die Aufhebung der Trennung zwischen Darstellern und Zuschauern hinaus. Das Theaterspiel, so das utopische Ziel, werde langfristig zu einer alltäglichen Kommunikationsform.

Der Schauspieler und Regisseur **Wsewolod Emiljewitsch Meyerhold** (1874-1940) gilt als Lieblingsschüler Stanislawskis, von dessen Psychologismus er sich jedoch bald abwandte. 1918 wurde er Politkommissar der Roten Armee, 1920 Leiter der Theaterabteilung im Volkskommissariat für Bildung, 1923 übernahm er das »Theater der Revolution« in Moskau. 1938 warf man ihm Formalismus vor und verhaftete ihn 1939 auf Grund falscher Beschuldigungen. Meyerhold starb im Gefängnis.

Die Ästhetik des Theateroktobers war vom westlichen Symbolismus beeinflußt. Seine Protagonisten lehnten den Naturalismus ab und forderten das »theatergemäße Theater«. Kostümentwurf für *Prinzessin Turandot* von **Carlo Gozzi** (Regie: Jewgeni Wachtangow).

1900 – 1945

141

Politik und Kunst — »Theatralisierung des Lebens«

Alexander Jakowlewitsch Tairow (1885-1950) war einer der entschiedenen Verfechter der Retheatralisierung. Seine Inszenierungen faszinieren durch die artistische Virtuosität der Schauspieler und die vom Kubismus inspirierte Bildlichkeit. Unter dem Druck des Stalinismus mußte er in den 30er Jahren zu konventionelleren Theaterformen übergehen, konnte aber im Gegensatz zu Meyerhold bis zu seinem Tod weiterarbeiten.

Nikolai Gogols *Revisor* in der Inszenierung von Meyerhold, Moskau 1926

Übung zu Meyerholds »Biomechanik«

Konkrete Umsetzung fand die Idee einer »Theatralisierung des Lebens« freilich weniger im Alltag als an den Festtagen des ›roten Kalenders‹. 1920 inszenierte z. B. Nikolai Nikolajewitsch Jewreinow in Leningrad *Die Erstürmung des Winterpalais* als monumentales Massenspiel, in dem 10 000 Mitwirkende das historische Ereignis in der ganzen Stadt nachstellten. 100 000 Zuschauer erlebten Kanonenschüsse, Fanfaren, stürzende Zaristen, siegende Bolschewisten, den Sturm auf das Palais, das Hissen der roten Sowjetfahne, um schließlich gemeinsam mit den Darstellern im Schein eines Feuerwerks die Internationale abzusingen.

Gleichzeitig mit den Aktivitäten des »Proletkults« und der »Blauen Blusen« arbeitete die professionelle Theater-Avangarde unter dem Titel »Theateroktober« ein Programm zur systemati-

schen Umstrukturierung der gesamten russischen Theaterkultur aus. Unter der Führung des Stanislawski-Schülers Wsewolod Emiljewitsch Meyerhold betrieb man die Politisierung der Theaterprogramme und entwickelte eine revolutionäre Theaterästhetik, die sich in vielen Punkten mit den Konzepten der »Kunst«-Theaterbewegung deckte. Naturalismus, Psychologisierung und Illusionismus galten als zu überwindendes Übel einer dekadenten bürgerlichen Kultur.

Der Schauspieler und Regisseur Alexander Tairow vertrat in seinem Buch *Das entfesselte Theater* die Emanzipation des Theaters von der Literatur und belebte in seinen Inszenierungen die theatralische Spieltechnik der *Commedia dell'arte* wieder. Wie Tairow betrachtete Meyerhold das dramati-

Expressionismus — Politik und Kunst

sche Werk als Spielmaterial, mit dem der Regisseur nach Belieben verfahren kann. Für seine Darsteller entwickelte er ein spezielles Schauspieltraining, basierend auf der Pawlowschen These, »daß jeder psychische Zustand durch bestimmte physiologische Prozesse hervorgerufen wird«. Die sogenannte »Biomechanik« sollte den Spieler dazu befähigen, für jeden psychischen Zustand einen entsprechenden körperlich-gestischen Ausdruck zu finden, den der Regisseur schließlich nach Bedarf abrufen kann.

Der Aufbruch ins Menschheitsparadies

In Deutschland bildete sich nach dem Ersten Weltkrieg eine starke proletarische Bewegung. Die Barrikadenkämpfer fühlten sich nach der gescheiterten Revolution von 1919 noch lange nicht besiegt. Die Wirtschaftskrise schürte den sozialen Konflikt. Zur gleichen Zeit boomte das Theater. Reinhardt lockte die Massen in Festhallen und Stadien, und die Besucherorganisationen, die für ihre Mitglieder Theaterveranstaltungen zu deutlich reduzierten Preisen organisierten, konnten der wachsenden Nachfrage kaum noch gerecht werden.

Junge expressionistische Dramatiker erkannten die Zeichen der Zeit und verbanden, beeindruckt von den noch frischen Kriegserlebnissen, politische Themen mit avantgardistischer Ästhetik. Arnolt Bronnen, Ernst Toller, Walter Hasenclever, Georg Kaiser und Ernst Barlach protestierten gegen Krieg und falsche Autoritäten, setzten sich kritisch mit der Generation ihrer Väter auseinander und kämpften gegen die Unterdrückung der menschlichen Persönlichkeit durch den Kapitalismus. Der verrotteten bürgerlichen Kultur stellten sie ursprüngliche Werte wie Menschlichkeit und Brüderlichkeit entgegen und konzipierten das Theater als Kultstätte, von der

Walter Hasenclever (1890-1940) brachte mit seinem Stück *Der Sohn* den expressionistischen Bühnenstil und die damit verbundenen Themenkreise Menschheitsverbrüderung und Generationenkonflikt ins Theater. Bühnenbildentwurf von einem unbekannten Künstler, der fälschlicherweise Otto Reigbert zugeschrieben wird, Kiel 1919

1919 machte das Stück *Die Wandlung* des Expressionisten Ernst Toller (1893-1939) Furore. Es schildert die Bekehrung eines Dichters von der Vaterlandsliebe zur Menschheitsliebe.

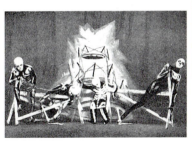

Politik und Kunst — Erwin Piscator

Über Erwin Piscator (1893-1966) sagte Bertolt Brecht: »Ich habe die Literatur, Piscator das Theater dieses Jahrhunderts revolutioniert.«

Titelseite der Programmzeitschrift des »Proletarischen Theaters«

aus ein »Menschheitsparadies« verkündet und zur »weltverändernden Tat« aufgereizt werden sollte.

Die expressionistische Gestaltung einer solchen höheren Kunstwirklichkeit brachte dem Theater eine wesentliche Erweiterung der Ausdrucksmittel. Durch verzerrte Perspektiven im Bühnenbild und magische Lichteffekte schufen die Szenenkünstler neuartige Symbolräume. Entsprechend der eruptiv pathetischen Sprache expressionistischer Dramen agierten die Darsteller in rhythmischer Mechanik und steigerten ihre Bewegungen zu ekstatischem Körperausdruck.

Erwin Piscator

Die konsequenteste Form des politischen Theaters der Weimarer Republik vertrat der Regisseur und Theaterleiter Erwin Piscator. Das Wort »Kunst« kam in seinem Programm nicht vor. Auf der Bühne des »Proletarischen Theaters«, das Piscator 1919 gründete, sollte Politik gemacht werden. Für ihn hieß das, »den Klassenkampf bewußt aufwerten und verbreiten« und den Zuschauer direkt zur politischen Aktion motivieren. Seine Anfang der 20er Jahre im Auftrag der KPD inszenierten politischen Revuen *Roter Rummel* und *Trotz alledem* schienen diesem Ziel schon sehr nahe zu kommen. Augenzeugen berichteten von einem Massenandrang an proletarischem Publikum, das begeistert mit-

Bühnenbildentwurf von **Traugott Müller** zu Schillers *Räubern* in der Regie von Erwin Piscator

Das epische Theater — Politik und Kunst

ging, die Darsteller anfeuerte und nach der Vorstellungen spontan die Internationale anstimmte.

Mit ihrer plakativen Ästhetik und agitatorischen Grundaussage wurden Piscators Revuen Modell für Hunderte von Agitprop-Gruppen, die in kabaretthafter Form Agitation betrieben. Zugleich arbeitete Piscator als Oberregisseur für die »Volksbühne« in Berlin, eine mitgliederstarke Besucherorganisation, die es sich zum Ziel gesetzt hatte, der Arbeiterschaft Zugang zum bürgerlichen Bildungsgut zu verschaffen.

Piscator ließ den Spiegelberg aus Schillers *Die Räuber* in der Maske Trotzkis auftreten.

Doch Piscators Inszenierung von Schillers *Räubern*, die Spiegelberg in der Maske Trotzkis zum eigentlichen Revolutionär des Stücks machte, agitierte so eindeutig für den Kommunismus, daß es schon bald zum Zerwürfnis mit der Volksbühnenleitung kam. Bei der Gründung seiner eigenen »Piscator-Bühne« erkannte der überzeugte Marxist, daß das überwiegend bürgerliche Theaterpublikum durch das schlichte Agitprop-Theater unterfordert war. Für diese Zielgruppe entwickelte Piscator das Konzept eines »epischen Theaters«, das komplexe historische, politische und wirtschaftliche Zusammenhänge analysieren und erklären sollte.

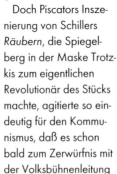

Montage aus Film- und Projektionsbildern für die Revue *Trotz alledem*, Berlin 1925

Episierung des Dramas bedeutete zunächst nicht mehr, als die dramatische Handlung durch die Einführung von epischen Vermittlungsformen zu erweitern. Das am häufigsten benutzte »epische« Mittel war die Projektion. Auf am Bühnenrand stehende Tafeln und vom Schnürboden heruntergelassene Leinwände warf man z. B. dokumentarische Texte und Filmaufnahmen, statistisches Zahlenmaterial, agitative Aufrufe, Fotografien und Karikaturen historischer Persönlichkeiten.

Erwin Piscator, Carola Neher, Herbert Jhering und Bertolt Brecht während ihrer Zusammenarbeit an der ersten »Piscator-Bühne« am Nollendorfplatz, 1927/28

1900 – 1945

Politik und Kunst — Bertolt Brecht

Bertolt Brecht (1898-1956) übte eine faszinierende Wirkung auf Frauen aus. Seine ihn bedingungslos liebenden Freundinnen Elisabeth Hauptmann, Margarete Steffin und Ruth Berlau verzichteten weitgehend auf eine eigene literarische Karriere, um in Brechts Schreibwerkstatt (dessen Gelassenheit in Fragen des geistigen Eigentums bekannt ist) mitzuarbeiten. Marieluise Fleißer (1901-74) zeichnete ihren Geliebten und Mentor Brecht in ihrem Schlüsseldrama *Der Tiefseefisch* gar als Pascha, der ein ganzes Frauenkollektiv für seinen Erfolg ausbeutet.

Die kühle Sachlichkeit des dokumentarischen Materials bestimmte die Gestaltung des gesamten Bühnenraums – auf rein dekorative Elemente wurde verzichtet. Piscator wußte statt dessen eine aufwendige technische Maschinerie zu nutzen und überraschte sein Publikum mit einer Bühne in Globusform, die viele verschiedene Spielebenen und Projektionsflächen bot.

Piscator arbeitete während dieser Jahre eng mit dem jungen Bertolt Brecht zusammen, der die Theorie des »epischen Theaters« ausformulierte und weiterentwickelte. Während des Nazi-Regimes lebte Piscator im sowjetischen und amerikanischen Exil, kehrte in den 50er Jahren in die BRD zurück und gab dem entstehenden politisch-dokumentarischen Theater wichtige Impulse.

Bertolt Brecht

Das »epische Theater« erblickte das Licht der Bühne als Regieleistung eines großen Inszenators. Piscator war sich jedoch bewußt, daß die »aktivierende« Inszenierung nur ein halber Schritt in Richtung des politischen Theaters war, und beklagte immer wieder das Fehlen einer adäquaten literarischen Produktion. In Brecht fand sich der Autor des neuen »epischen Dramas«. Dieses sollte im Unterschied zum naturalistischen die Wirklichkeit nicht nur passiv widerspiegeln, sondern als veränderungsbedürftig und veränderbar zei-

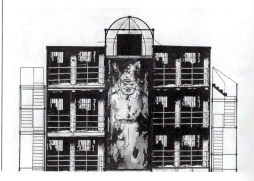

Entwurf eines Bühnengerüsts mit mehreren Spielebenen für Piscators Inszenierung von Ernst Tollers *Hoppla, wir leben!*, Berlin 1927

Der Verfremdungseffekt   Politik und Kunst

Otto Reigberts Bühnenbildentwurf zu Brechts *Trommeln in der Nacht*, München 1922

gen und den Zuschauer dazu bewegen, sich an dieser Veränderung zu beteiligen.

Brecht war überzeugt, daß die Welt nur umgestalten kann, wer ihre Gesetzmäßigkeiten durchschaut hat. Er verglich das Theater mit einem wissenschaftlichen Labor, in dem der Zuschauer an einem Forschungsexperiment teilnimmt. Wichtig war ihm die Freiheit des Rezipienten, der, ohne von oben herab belehrt zu werden, zur besseren Einsicht gelangen sollte.

Szene aus *Trommeln in der Nacht*, München 1922

Solch selbständige Erkenntnis setzt die Distanz des Betrachters voraus. Um das vermeintlich Altbekannte als veränderbar zu sehen, muß es in einem neuen Licht gezeigt und fragwürdig gemacht werden. Die Gesetze des Vertrauten sind besser zu erfassen, wenn sie aus historischer oder geographischer Entfernung betrachtet werden. Brecht »verfremdete« seine Fabeln, indem er sie in exotische Milieus oder in die Vergangenheit legte. *Der gute Mensch von Sezuan*, die traurige Fabel über die Unmöglichkeit, in einer bösen Welt gut zu bleiben, spielt z. B. in China, das Antikriegsstück *Mutter Courage* während des 30jährigen Kriegs.

»Verfremdung« wurde zur zentralen Kategorie der Theorie des »epischen Theaters«. Brecht

Helene Weigel als Mutter Courage in Brechts eigener Inszenierung von 1949

1900 – 1945

147

Politik und Kunst — »Glotzt nicht so romantisch«

Bühnenbild von **Theo Otto** für *Mutter Courage und ihre Kinder*, Haifa 1963

Brecht zeichnet die Karriere Hitlers in seinem antifaschistischen Parabelstück *Der aufhaltsame Aufstieg des Arturo Ui* am Beispiel eines Chicagoer Gangsters nach. Diese Szene zeigt Ui beim Schauspielunterricht, durch den er seine öffentliche Wirksamkeit verbessern will. Inszenierung am »Berliner Ensemble« 1959

entwickelte ein ganzes Arsenal von »Verfremdungseffekten«, die die Einfühlung des Zuschauers in den Helden und das Geschehen auf der Bühne verhindern sollten. »Nicht miterleben soll der Zuschauer, sondern sich auseinandersetzen«, schrieb er.

Der wichtigste Verfremdungseffekt oblag dem Schauspieler. Statt sich vollkommen in die Bühnenfigur zu verwandeln, sollte er sie vorführen und sich gleichzeitig von ihrem Handeln distanzieren. Brechts Dialoge sind unterbrochen durch Songs, Conférencen und Adressen an die Zuschauer, in denen die Spieler aus ihren Rollen treten und das Geschehen kommentieren.

Unterstützung erfuhr der Schauspieler durch die verfremdete Gestaltung des Bühnenbilds, der Kostüme, Masken und Beleuchtung. Projizierte Szenentitel und Filmeinspielungen verwiesen, wie in Piscators Inszenierungen, auf die universellen Zusammenhänge des Geschehens. Bei der Uraufführung von *Trommeln in der Nacht* dekorierte Brecht – um sicherzustellen, daß jegliche Illusionierung vermieden wurde – sogar den Zuschauerraum mit Sprüchen wie »Es ist ganz gewöhnliches Theater« und »Glotzt nicht so romantisch«.

Brecht schrieb seine wichtigsten und meistgespielten Stücke im Exil zwischen 1938 und 1945: *Das Leben des Galilei, Der gute Mensch von Sezuan, Mutter Courage und ihre Kinder* und *Der kaukasische Kreidekreis*. In Ost-Berlin stellte man ihm nach dem Zweiten Weltkrieg ein eigenes Theater, das »Berliner Ensemble«, zur Verfügung, an dem er seine Theorie in der Praxis erproben konnte. Es entstanden Modellinszenierungen, die als Vorbild für weitere Aufführungen dienen sollten und bis ins Detail dokumentiert sind.

Brecht hat die Geschichte des Theaters stärker durch seine theoretischen Überlegungen zum

Der Zuschauer als »Ko-Fabulierer«   Politik und Kunst

»Erst kommt das Fressen, dann die Moral« – die *Dreigroschenoper* mit ihren mitreißenden Songs machten Brecht und Weill über Nacht berühmt. Szenenfoto, Wuppertal 1979

Dramenbau und zur Interaktion zwischen Akteuren und Zuschauern als durch seine Stücke beeinflußt. Neu an seinem Begriff des politischen Theaters war, daß er den Zuschauer zum »Ko-Fabulierer« erhebt, dem die Freiheit eingeräumt wird, sich eine eigene Meinung zum dargestellten Geschehen zu bilden. Im »epischen Theater« Brechtscher Prägung wird der Zuschauer nie in Trance versetzt oder überrumpelt, aber auch nicht indoktriniert oder bevormundet. Brecht wollte den Zuschauer in Erstaunen versetzen und zum Fragen herausfordern. Statt das Publikum mit fertigen Antworten zu belehren, versuchte er es zum eigenen Denken zu provozieren.

Brecht mußte in Kauf nehmen, daß seine solcherart emanzipierten Zuschauer die Stücke anders rezipierten, als es ihm lieb war. Es muß bitter für ihn gewesen sein mitzuerleben, daß sich das Publikum auch im »epischen Theater« eher von großen Individuen mitreißen ließ, als sie kritisch und distanziert zu beobachten. So sympathisierte das Publikum der Züricher Uraufführung zu Brechts Verärgerung ganz entschieden mit Mutter Courage, der skrupellosen Kriegsgewinnlerin, die alles verliert und doch nichts lernt. Ihr tapferer Überlebensmut erweckte das Mitgefühl der Zuschauer, sie wurde geliebt anstatt verurteilt.

Shen-Te, *Der gute Mensch von Sezuan*, in Giorgio Strehlers Inszenierung, Hamburg 1977

Die unterhaltsame Gangster-Oper *Happy End* (Musik: Kurt Weill), mit der Brecht den Erfolg der *Dreigroschenoper* wiederholen wollte, fiel 1929 bei der Berliner Premiere durch. 1977 wurde sie ein Hit auf dem Broadway. Szenenfoto aus der Frankfurter Inszenierung von 1983 (Regie: Frank Moritz)

»Schrecklich ist die Verführung zur Güte« – Brechts *kaukasischer Kreidekreis*, »Berliner Ensemble«, 1954

1900 – 1945

149

Kindertheater

»Wollt ihr Kunst machen oder was für Kinder?« Mit dieser Frage, die er im gleichen Atemzug eine große Dummheit nannte, brachte der Karikaturist und Kindertheater-Autor Friedrich K. Waechter einst den scheinbaren Antagonismus der Kinder- und Jugendtheaterkunst auf den Punkt. Kunst gilt – v. a. in Deutschland – als Erwachsenensache. Aus diesem Blickwinkel stellt man sich Theater für Kinder gemeinhin als Kinderbelustigung vor, die natürlich auch einen wie auch immer meßbaren erzieherischen Wert haben muß.

Dabei ist die Idee des Kindertheaters und der damit verbundene Ausschluß der Kinder aus dem kulturellen Leben der Erwachsenen eine – gemessen an der Geschichte des Theaters – noch recht junge Erscheinung. Bis ins 19. Jh. nahmen Kinder in Europa wie in allen Kulturen der Welt selbstverständlich am Theaterleben der Erwachsenen teil – als Mitspieler wie als Zuschauer. Aufführungen mit reinem Kinderensemble gab es zwar seit dem 18. Jh., doch richteten sich diese putzigen Verniedlichungen klassischer Werke und choreographischen Ausstattungsstücke keineswegs an ein kindliches Publikum.

Die Zurschaustellung der »kleinen Affen«, wie Lessing diese Kinderpantomimen abschätzig nannte, ergötzte v. a. die Erwachsenenwelt und erwies sich als höchst einträgliches Zubrot für geschäftstüchtige Prinzipale. Einer ähnlich gewitzten Marketing-Strategie verdankt sich die Erfindung des Weihnachtsmärchens. Das Angebot von Märchenaufführungen für ein speziell kindliches Publikum sollte ab Mitte des 19. Jh. die zur Adventszeit übliche Zuschauerflaute überbrücken helfen und mauserte sich nicht selten sogar zum Kassenschlager der Saison. Bis heute verteidigt das kitschige, meist lieblos inszenierte (und von Schauspielern gehaßte) Weihnachtsmärchen zäh seine Position in den Spielplänen auch der künstlerisch renommierten Stadttheaterbetriebe und dient dort keinem anderen Zweck, als die alljährliche Platzausnutzungs-Statistik zu schönigen.

Das bürgerliche Zeitalter brachte neben dem kommerziellen Weihnachtsmärchen auch das pädagogisch motivierte Kindertheater hervor. »Kindheit« ist eine Erfindung der bürgerlichen Emanzipationsbewegung, die diese zum schützenswerten Lebensabschnitt erklärte und

Natalia Saz' Inszenierung von *Meister Röckle* von Günther Deicke mit dem Ensemble des »Moskowski Gosudarstvenny Detski Musykalny Teatr«

150

Kindertheater

neben Erziehungskonzepten auch eine Kultur für die eigenen Kinder forderte. Erste didaktische Kinderschauspiele, die – im Zeitalter des »Theaters als moralische Anstalt« – zu Tugenden wie Fleiß und Demut, Schicklichkeit, Artigkeit und Gehorsam erziehen sollten, fanden in Deutschland bereits im 18. Jh. Verbreitung.

Um die Wende zum 20. Jh. wollte man, beeinflußt von den Ideen der Reformpädagogik, Kinder so lange wie möglich von der bösen Wirklichkeit fernhalten und gaukelte ihnen in realitätsfernen Phantasieabenteuern eine heile Welt vor. Die langlebigsten Beispiele dieser kindertümelnden Dramatik, *Peter Pan* von Sir James Matthew Barrie (1904, DE 1952) und *Peterchens Mondfahrt* von Gerdt von Bassewitz (UA Leipzig 1912), behaupten sich bis heute hartnäckig auf den vorweihnachtlichen Spielplänen.

Die Einsicht, daß die Kinder von heute die Erwachsenen von morgen sind, veranlaßte schließlich auch die Kulturschaffenden der Sowjetunion in den Jahren nach der russischen Revolution zu einem besonderen Engagement für das Kindertheater. Natalia Saz gründete 1918 in Moskau das erste Kindertheater mit eigenem Haus und erprobte dort neue Spielweisen und Kinderstücke. Diese sollten gemäß der Doktrin des sozialistischen Realismus im Dienst kommunistischer Propaganda stehen und nicht nur Welt erklären, sondern

Erst in den 80er Jahren wird Kindertheater auch einmal von den »Großen« ernstgenommen. Das Musical *Linie 1* brachte seinem Autor den Mühlheimer Dramatikerpreis ein und führte mehrere Spielzeiten lang die Liste der meistgespielten Stücke in Westdeutschland an.

auch Welt verändern helfen. Mittels einer eigens entwickelten Rezeptionsforschung suchte man die Wirkung der neuen Kinderschauspiele auf die Zielgruppe zu überprüfen.

Saz' Arbeit wurde zum Modell für das Kindertheater der sozialistischen Länder, die der neuen Gattung fortan einen Stellenwert in der Kulturlandschaft einräumten, von dem westliche Kindertheatermacher bis heute nur träumen können. Hierzulande blieb es den Freien Gruppen überlassen, das Kinderpublikum als Hoffnungsträger für die Gestaltung einer besseren Zukunft zu entdecken. Das emanzipatorische Kindertheater des 1966 (zunächst unter anderem Namen) gegründeten »Grips Theaters« sagte der eskapistischen Zuckerbäckerei und der Dumm- und Kleinhaltung der Zielgruppe entschieden den Kampf an. Statt geigender Maikäfer brachte sein Autor Volker Ludwig in kollektiver Zusammenarbeit mit dem

Kindertheater

»Rote Grütze«, *Darüber spricht man nicht*

Ensemble Schulprobleme, Drogenkonsum, Umweltverschmutzung, unausstehliche Hausmeister und vom Klassenkampf gebeutelte Eltern auf die Bühne. Die kindlichen Helden dieses politisch begründeten und vergnüglich gestalteten Aufklärungstheaters stellten die von Erwachsenen verantwortete Realität aufmüpfig in Frage und ließen durch ihr solidarisches Handeln die Utopie einer gerechteren Gesellschaft aufscheinen. Ludwig, dessen Stücke in etwa 40 Sprachen übersetzt und auf der ganzen Welt nachgespielt wurden, sieht sich in der Tradition Brechts, wenn er sein Kindertheater als »Gebrauchsartikel« ohne jeden Kunstanspruch definiert.

Die fast gleichzeitig boomende Mitspieltheaterbewegung, allen voran das Ensemble »Rote Grütze«, ging in der Ablehnung der traditionellen Spielformen für Kinder noch weiter und suchte die Grenzen zwischen Zuschauerraum und Bühne aufzulösen. Mit dem frechen Sexual-Aufklärungsstück *Darüber spricht man nicht*, das noch 20 Jahre nach seiner Uraufführung zu den meistgespielten deutschen Kinderstücken zählt, bescherte die »Rote Grütze« dem Kindertheater seinen ersten handfesten Skandal; zahlreiche Aufführungsverbote folgten.

Dem emanzipatorischen Kindertheater kommt das unbestrittene Verdienst zu, die Gattung auch in Westeuropa aufgewertet und ins Bewußtsein der Kulturpolitiker gehoben zu haben. Kindertheater wurde nicht länger auf die Funktion des unterhaltsamen Kassenfüllers reduziert, sondern man begann, seine Qualität an differenzierteren Kriterien als den »roten Bäckchen« und »leuchtenden Augen« seiner Zuschauer zu messen.

Friedrich K. Waechter versteht Kindertheater als »Schule des Sehens«. Seine Märchen und Clownstücke zählen zu den schönsten, die das deutsche Kindertheater zu bieten hat. *Der Teufel mit den drei goldenen Haaren* in einer Inszenierung des Freiburger »Theater im Marienbad«.

Kindertheater

Das »Västanå Teater« aus Schweden entführt sein Publikum mit dem Stück *Den blinda drottningen* in die magische Welt nordischer Sagen.

Schwedische Theatermacher hatten die Nase vorn, als es darum ging, dem Kindertheater mehr als einen rein didaktisch-aufklärerischen Wert zuzugestehen und die Entwicklung einer Theater-Kunst für Kinder zu fordern.

Das Buch des amerikanischen Kinderpsychologen Bruno Bettelheim, *Kinder brauchen Märchen*, hatte phantastische und mythische Stoffe für das Kindertheater rehabilitiert. Die Theatermacher verlagerten nun ihr politisches Interesse am Kind als potentiellem Gestalter einer besseren Zukunft auf das psychologische am verletzbaren Kind, das sich der Welt der Erwachsenen ohnmächtig ausgeliefert fühlt. Das neue Kindertheater verlangte nicht mehr, daß ausgerechnet Kinder sich mutig gegen die herrschenden Verhältnisse stark machen sollten, sondern verstand sich als Anwalt und Orientierungshilfe des unterlegenen Kinds.

Auf hohem künstlerischen Niveau erprobte man neue Schreib- und Spielweisen und suchte nach kindgerechten Spielräumen und Dramaturgien. Schwedische Autoren beeinflußten neben dem deutschen besonders das holländische Kindertheater, von dem zur Zeit die vielleicht spannendsten Impulse ausgehen. Das Theater »Wederzijds« und sein überall nachgespielter Autor Ad de Bont inspirierten die Szene durch Grenzüberschreitungen zum Musik- und Tanztheater für Kinder und Experimente mit der bildenden Kunst.

Von der breiten Öffentlichkeit nur in Ausnahmefällen wahrgenommen und von staatlichen Subventionen spärlich bedacht, hat sich das Kindertheater längst von der kommerziellen Kinderbelustigung zur echten Kunstgattung gemausert. Im Schatten der repräsentativen Großkultur bewahrte es sich dabei ein politisches und gesellschaftliches Engagement, das das Theater für Erwachsene oft missen läßt. 1990 gelang es Ludwigs »Grips Theater« als erster deutscher Bühne, innerhalb weniger Monate mit einem Stück auf den Fall der Berliner Mauer zu reagieren. 1995 gab de Bonts Klassenzimmertheater *Mirad – ein Junge aus Bosnien* ein eindrucksvolles Beispiel dafür, wie ausgerechnet das totgesagte Medium Theater kleinen und großen Menschen in einer Stunde mehr über einen Krieg vermitteln kann, als drei Jahre Informationsflut und Horrorbilder aus dem Fernsehen und den Printmedien.

Theater heute — Das absurde Theater

1963	Ermordung des US-Präsidenten John F. Kennedy
1969	Neil Armstrong setzt als erster Mensch einen Fuß auf den Mond.
1965-66	Kulturrevolution in China
1968	Prager Frühling; Martin Luther King wird ermordet.
1989	Der iranische Revolutionsführer Khomeini ruft zur Ermordung des Schriftstellers Salman Rushdi auf; das chinesische Militär beendet mit einem Blutbad die Massendemonstrationen für Demokratie und Menschenrechte auf dem Platz des Himmlischen Friedens in Peking.
1990	Deutsche Wiedervereinigung
1991	Ende der Sowjetunion
1992	Ausbruch des Bürgerkriegs auf dem Balkan
1993	Steven Spielbergs Film *Schindlers Liste* wird als bester Film des Jahres ausgezeichnet.

1945 – heute

Warten auf Godot mit Ernst Schröder und Heinz Rühmann, München 1954

Die Endspiele des absurden Theaters

Seit 1953 warten sie nun schon. Vladimir und Estragon, zwei Vagabunden, sitzen unter dem verstümmelten Fragment eines Baums und vertreiben sich die Langeweile mit unsinnigen Spielchen. Aber Godot, der ihnen den Sinn des Lebens erklären und sie vor der Langeweile retten soll, kommt nicht. Vladimir und Estragon bleiben zweisam einsam: Sie reden, weil sie nicht schweigen wollen, spielen sich Gefühle vor, die sie nicht empfinden können, stellen sich Fragen, auf die es keine Antworten mehr gibt.

Das absurde Clownsspiel *Warten auf Godot* machte seinen Autor Samuel Beckett über Nacht berühmt. In Becketts Werk drückt sich die Verlorenheit der Menschen aus, die nach dem Zweiten Weltkrieg nicht nur vor den Trümmern ihrer Heimat, sondern auch aller traditionellen religiösen und ethischen Bindungen standen. Die Verwüstung Europas, die Katastrophen von Auschwitz und Hiroshima und nicht

Jean Paul Sartre (1905-80), der Begründer des Existentialismus, schrieb philosophische Thesenstücke, in denen es um die Untersuchung der Freiheit des Menschen geht: *Die Fliegen* (1943), *Geschlossene Gesellschaft* (1944), *Die schmutzigen Hände* (1948) u. v. a.

154

Die Suche nach dem Sinn des Lebens   Theater heute

zuletzt der Untergang der kommunistischen Utopie im stalinistischen Terror hatten Mitte des Jahrhunderts die Hoffnung auf eine »Menschheitsdämmerung« zunichte gemacht.

Die existentialistischen Philosophen und Dramatiker Jean Paul Sartre und Albert Camus beschrieben in dieser Zeit die Welt als metaphysisches Niemandsland, in dem der Mensch zu der Freiheit verdammt ist, sich den Sinn seiner Existenz selbst geben zu müssen. Die einzige Hoffnung einer Sinngebung erkannten sie im totalen Engagement und im permanenten Kampf gegen die Absurdität.

Die Suche nach dem Sinn des Lebens, die ergebnislos bleiben muß, aber dennoch nicht aufgegeben werden darf, ist die zentrale Gemeinsamkeit in den Werken stilistisch so verschiedenartiger Dramatiker wie Arthur Adamov, Harold Pinter, Jean Genet, Eugène Ionesco, Edward Albee und Samuel Beckett. Ihr absurdes Theater führt die Einsamkeit des Menschen in der sinnentleerten Wirklichkeit modellhaft vor, sie verzichten auf realistisch-psychologische Charakterzeichnung und einen herkömmlichen Handlungsablauf. Sie verwenden die Mittel der Parodie und der Groteske, verstoßen provokant gegen die Gesetze der Wahrscheinlichkeit und knüpfen an die Ästhetik der Surrealisten an. Die Verlorenheit und existentielle Angst der Menschen offenbart sich am schärfsten in der Sprache. Die Figuren kommunizieren nicht, sondern drehen sich in Tiraden aus Halbwahrheiten und Gemeinplätzen nur um sich selbst. Ihre uferlose »automa-

Der Ire **Samuel Beckett** (1906-89) lebte und arbeitete von 1937 bis zu seinem Tod in Paris. 1969 erhielt er den Nobelpreis für Literatur. Zu seinen wichtigsten Werken zählen neben *Warten auf Godot* (1952), *Endspiel* (1957) und *Glückliche Tage* (1961).

Niemand hat den *American Way of Life* schärfer attackiert als **Edward Albee** (*1928). Er debütierte mit einer Reihe von absurden Einaktern, sein größter internationaler Erfolg wurde das psychologisch-realistische Drama *Wer hat Angst vor Virginia Woolf?* (1962).

Harold Pinter (*1930) arbeitete als Schauspieler, Schriftsteller und Regisseur. In seinen Stücken entlarvt er die Absurdität des Alltags und stellt das Unheimliche im Gewöhnlichen aus. Sie handeln von Einsamkeit, Tod und menschlichem Versagen: *Die Geburtstagsparty* (1960), *Der Hausmeister* (1960), *Das Treibhaus* (1980).

Eugène Ionescos *Die Stühle* in einer Pariser Studio-Aufführung von 1956

Theater heute   Theater und Ökonomie

Der Rumäne **Eugène Ionesco** (1912-94) lebte seit 1938 in Frankreich und verfaßte seine wichtigsten Werke in französischer Sprache. Seit 1970 war er Mitglied der Académie Française. Seine absurden Theaterstücke wie *Die kahle Sängerin* (1950), *Die Unterrichtsstunde* (1951), *Die Stühle* (1952) und *Die Nashörner* (1959) brachten ihm internationalen Erfolg.

Dario Fo (*1926), fröhlich-anarchistischer Schauspieler und Possenschreiber, schuf den Inbegriff des politischen Volkstheaters in Europa. Seine klare politische Haltung erregte immer wieder Anstoß und handelte ihm Prozesse und Auftrittsverbote ein. Er zeigt seine Stücke mit wechselnden Ensembles in Italien.

Giorgio Strehler (*1921) gründete 1947 das erste *Teatro stabile*, das sich in Italien durchsetzte. Das Mailänder »Piccolo Teatro« ist mit ca. 6 Mio. DM das am höchsten subventionierte Theater Italiens. Zum Vergleich: Die Bühnen der Stadt Köln wurden 1994 mit 77 Mio. DM subventioniert.

tisierte Sprache« (Ionesco) ist Ausdruck ihrer totalen Entfremdung von der Umwelt, den Mitmenschen und sich selbst.

Theater und Ökonomie

In einer Zeit, in der das Fernsehen jedem Bürger Unterhaltung wie Kultur zu vergleichsweise geringen Gebühren frei Haus liefert, ist das personalintensive, täglich neu herzustellende Produkt Theater zu einem kostspieligen Unternehmen geworden. Das nicht-kommerzielle Kulturtheater war freilich schon immer von der Unterstützung zahlungskräftiger Mäzene abhängig. Heute kann es sich neben der boomenden Vergnügungsindustrie, zu der auch zahlreiche Theaterunternehmungen zählen, nur noch in öffentlicher Trägerschaft behaupten.

Spezifische kulturelle, soziale und politische Entwicklungen haben in Europa und in den vom europäischen Theater beeinflußten Ländern zu völlig unterschiedlichen Organisations- und Managementformen geführt. Italien etwa ist nach wie vor das Land der Wandertruppen. Einem guten Dutzend staatlicher und kommunaler Theater mit eigenem Ensemble steht eine Unzahl meist nur gering unterstützter Gruppen gegenüber, die die Nation landauf, landab bespielen.

Das Theaterleben Englands und Frankreichs konzentriert sich auf die Metropolen London und Paris. Das Londoner Westend ist berühmt für über 40 kommerziell betriebene Privattheater, deren Spielpläne ein breites Spektrum von billigen Revuen bis zu ambitionierten Aufführungen moderner Dramatiker umfassen.

156

Paradies des Kulturtheaters — Theater heute

Die »Royal Shakespeare Company« bespielt in London zwei eigens für sie gebaute Theater. Mit etwa 20 Mio. DM erhält sie neben dem »National Theatre« die höchste Subventionssumme in England. Szenenfoto aus Peter Brooks bejubelter *König-Lear*-Inszenierung von 1978.

Staatliche Zuschüsse erhalten nur wenige große Ensembles wie die »Royal Shakespeare Company« und das »National Theatre«. Ein zentraler »Arts Council« unterstützt darüber hinaus ca. 60 stehende *Repertory Theatres* in der Provinz.

Auch in Frankreich gibt es seit 1945 Bestrebungen, das Theaterwesen durch die Einrichtung von staatlich subventionierten »Centres Dramatiques« in der Provinz zu dezentralisieren. Den Löwenanteil

Sir Laurence Olivier (1907-89), einer der bedeutendsten britischen Schauspieler des 20. Jh., leitete das erste englische »National Theatre« 1963-73.

der Subventionen sichern sich jedoch nach wie vor die fünf großen Nationaltheater, von denen allein vier in Paris angesiedelt sind.

Deutschland – Paradies des Kulturtheaters

Im wiedervereinigten Deutschland wird das Publikum flächendeckend mit Theater versorgt. In der Spielzeit 1994/95 zählte der Deutsche Bühnenverein

Das von Ariane Mnouchkine 1964 gegründete Theater-Kollektiv »Théâtre du Soleil« wurde trotz äußerst bescheidener öffentlicher Förderung zum international erfolgreichsten französischen Theater. Die Truppe residiert in den Hallen der »Cartoucherie«, einer alten Pariser Munitionsfabrik. Szenenfoto aus dem zweiten Teil der Atriden-Trilogie, dem *Agamemnon* von Aischylos, 1991

1945 – heute

Theater heute — Mehrspartenbetriebe

1945 lagen viele große Theaterbauten Deutschlands in Schutt und Asche. Der Wiederaufbau und Neubau zahlreicher staatlicher Schauspielhäuser spiegelt das zähe Ringen um kulturelle Identität nach der Katastrophe wider.

788 Bühnen im Land, von denen die öffentliche Hand 404 als Staats-, Stadt- und Landestheater fast vollständig finanziert. Auch ein Teil der privaten Theater (141) wird in gemeinnütziger nicht-gewerblicher Form betrieben und aus öffentlichen Töpfen unterstützt. Im Gegensatz zu den meisten kommerziell wirtschaftenden Theatern (243) kann sich also die Mehrheit der deutschsprachigen Bühnen dem Kulturtheater widmen.

Die Strukturen des deutschen Theatersystems sind bereits während der Weimarer Republik entstanden. In den 20er Jahren nahmen die Landesherren das Theater in die Liste der Aufgaben öffentlicher Kulturpflege auf. In der Folge wurden zahlreiche Hof- und private Stadttheater in kommunale und staatliche Regie übergeben.

Bei dem Neuaufbau des Theaterwesens nach dem Zweiten Weltkrieg knüpfte man an dieses System an. Ein Großteil der öffentlichen Theater wird als gemischter oder Mehrspartenbetrieb geführt, unter dessen Dach neben dem Sprech-

Die »Berliner Schaubühne« wird seit 1970 als Kollektiv-Theater auf der Basis einer Gleichberechtigung aller Mitarbeiter geleitet. Das Mitbestimmungsmodell prägte die Inszenierungsarbeit und setzte neue Maßstäbe im bundesdeutschen Theater. Unter der künstlerischen Leitung von Peter Stein (1970-92) wurde die Schaubühne zum führenden deutschen Theater. Sie zählt inzwischen zu den am höchsten subventionierten deutschen Privattheatern. Szenenfoto aus der *Kalldewey, Farce* von Botho Strauß (Regie: Luc Bondy)

Finanzkrise? — Theater heute

theater auch Musik- und Tanztheaterabteilungen und gelegentlich sogar Kinder- und Jugendtheatersparten zu finden sind. Die Kompetenz über die Besetzung der Intendanz obliegt den staatlichen Aufsichtsgremien, die auf diesem Weg die künstlerische und politische Richtung des Theaters beeinflussen können.

1993 beschloß der Berliner Senat im Rahmen allgemeiner Sparzwänge die Schließung des »Schillertheaters« und löste damit eine bundesweite Diskussion um Kostenexplosion und Theatertod in Deutschland aus.

Seit den 60er Jahren beleben unzählige Freie Gruppen die Szene. Viele junge Theaterleute stiegen in diesen Jahren aus den unbeweglichen und konservativen öffentlichen Theaterapparaten aus und suchten statt dessen in alternativen Organisationsmodellen nach neuen ästhetischen Wegen.

Das öffentliche Theater befindet sich seit Beginn der 90er Jahre in einer schweren Finanzkrise. Mehr als ein Drittel der Kulturhaushalte der Länder und Kommunen wird mittlerweile von den kostenintensiven Theaterbetrieben verschlungen, so daß es immer fraglicher erscheint, ob das in der Welt einzigartige deutsche Theaterwesen auch in Zukunft erhalten werden kann. An mangelndem Publikumsinteresse wird das deutsche Theater in absehbarer Zukunft jedenfalls nicht zugrunde gehen. In der Millionenstadt Köln besuchten in der Spielzeit 1993/94 rund 710 000 Bürger die Vorstellungen des dreispartigen städtischen Theaters sowie der 20 privaten Bühnen. Zum Vergleich: Die Spiele des äußerst populären heimischen Fußballclubs vermochten während des gleichen Zeitraums ›nur‹ 526 000 Anhänger ins Müngersdorfer Stadion zu locken.

Das äußerst populäre »Volkstheater Millowitsch« wurde bereits 1896 in Köln gegründet und geht seitdem vom Vater auf den Sohn über. Es prosperiert ohne städtische Subventionen, ist trotz ständig ausverkauftem Haus jedoch auf Einnahmen durch Fernsehaufzeichnungen und Werbeeinblendungen vor Beginn der Aufführung angewiesen.

1945 – heute

Theater heute

»There's no business …

Das »Palace Theater« am Broadway

Tennessee Williams (1911-83) war ein Chronist des von der großen Depression, Wirtschaftkrise und Arbeitslosigkeit geprägten Lebensgefühls seiner Zeitgenossen. In seinen psychologischen Dramen *Die Glasmenagerie* (1944), *Endstation Sehnsucht* (1945) und *Die Katze auf dem heißen Blechdach* (1955) beschreibt er labile Menschen, die in einer grobschlächtigen und verständnislosen Welt zu Zerstörung und Selbstzerstörung neigen.

Arthur Miller (*1915), der große Moralist des amerikanischen Theaters, beschäftigte sich in seinen Stücken immer wieder mit der Frage, wie das individuelle Streben nach Glück mit der Verantwortung gegenüber der Gemeinschaft vereinbart werden kann. Seinen Weltruhm verdankt Miller v. a. einem seiner dem psychologischen Realismus verpflichteten Dramen. *Tod eines Handlungsreisenden* (1949) ist die Tragödie eines kleinen Mannes, der sich sein Scheitern am »amerikanischen Traum« nicht eingestehen kann.

»There's no business like showbusiness«: Der Broadway
Während die Deutschen bereit sind, in ihre öffentlichen Bühnen jährlich über 3 Mrd. DM an Steuergeldern zu investieren – das sind über 145 DM pro Besucher –, verstehen es die Amerikaner wie kein Volk der Welt, das Theater zu einem lukrativen Geschäft zu machen. Was für das Kino Hollywood, ist für das amerikanische Theater der Broadway. Auf der legendären Theatermeile im Herzen New Yorks bestimmen Stars und clevere Manager die Atmosphäre, und unglaubliche Summen werden verdient oder verspielt. Etwa 30 Theater mit durchschnittlich 1000 Plätzen liefern sich einen scharfen Konkurrenzkampf um das mehr oder weniger wohlhabende *Middle-class*-Publikum.

Die ersten Theater eröffneten hier bereits im 19. Jh. Formal und thematisch zehrten sie vom europäischen Theater. Als amerikanische Spezifika bildeten sich jedoch von Anfang an das *Long-run*-System mit einer (heute jahrelangen) Serie ensuite gegebener Vorstellungen und das Starwesen heraus. Man holte sich die großen Mimen und Sänger aus Europa, die Duse, die Bernhardt und Kean, die Sensationen und Kassenerfolge versprachen.

Die Glanzzeit des Broadway überschneidet sich mit der des amerikanischen Dramas. Zwischen 1930 und 1960 gelang es mutigen Produzenten, neben den üblichen Sensations-Shows auch literarisch und inhaltlich Anspruchsvolles durchzusetzen. Thornton Wilder, Arthur Miller und Tennesse Williams haben hier ihren Weg

... like showbusiness«   **Theater heute**

begonnen, und Anfang der 60er Jahre öffnete der Broadway Edward Albees *Wer hat Angst vor Virginia Woolf?* die Tür zum Welterfolg.

Heute kündigen die Plakate an den Theatern meist Unterhaltsames an, Komödien und v. a. Musicals, die uramerikanische Form des populären Musiktheaters. Für ein großes Musical rechnet man inzwischen mit einem Produktionsetat von mehreren Millionen Dollar. In der Regel wird für jede Produktion eine eigene Gesellschaft gegründet, an der die Finanziers, sogenannte *Backers*, Anteile erwerben. Um genügend Investoren zu finden, muß von vornherein ein attraktives Paket aus erfolgversprechenden Komponisten, Choreographen und Stars sowie einem Theater in günstiger Lage zusammengeschnürt sein. Ist die Finanzierung gesichert, läßt man in langwierigen *Auditions* Hunderte von Schauspielern für die Nebenrollen vorsprechen. Amerikanische Inszenierungen sind berühmt für ihren tänzerischen, musikalischen und schauspielerischen Perfektionismus. Nach diesen umfänglichen Vorbereitungen beträgt die Probenzeit meist nur drei bis sechs Wochen. In *Previews* und *Try-outs* werden die Aufführungen vor Publikum getestet. Nicht selten modelt man danach die Inszenierung noch einmal ganz um, denn am Broadway entscheiden die Premierenbesprechungen einflußreicher Theaterkritiker über Hit oder Flop.

Fred Astaire und Claire Luce in *Gay Divorce*, 1932

Marlon Brando mit Jessica Tandy in *Endstation Sehnsucht* von Tennessee Williams 1947. Der Erfolg am Broadway ebnete Brando den Weg nach Hollywood.

Julie Andrews in *Camelot*, 1960

Liza Minelli in *The Rink*, 1984

1945 – heute

Theater heute — Off- und Off-Off-Broadway

Moderne Dramatik läßt sich am Broadway nach wie vor nur mit einem Staraufgebot durchsetzen: Richard Dreyfus, Glen Close und Gene Hackman in *Der Tod und das Mädchen* von Ariel Dorfmann, 1992.

Als Alternative zum Kommerztheater am Broadway und zu dessen Sprungbrett, dem Off-Broadway, etablierte sich der sogenannte Off-Off-Broadway. Semi-Professionelle und Amateure bieten hier, was unter kommerziellen Gesichtspunkten keine Chance hätte: Experimentelles und Politisches. Im künstlerischen Freiraum des Off-Off-Broadway entstand das Happening, eine multimediale Präsentationsform, in der die Grenzen zwischen Akteuren und Zuschauern sowie zwischen bildender Kunst, Musik und Theater aufgelöst sind.

Das moderne Drama und die künstlerisch gewagte Inszenierung sind inzwischen ganz an den Off-Broadway und in die staatlich subventionierten »Regional Theaters« der Provinz abgewandert. Trotz ständig steigender Kartenpreise – 1995 kostet ein Ticket durchschnittlich 55 Dollar – kommen Broadway-Theater, die moderne Dramen spielen, nur selten auf ihre Kosten. Die gewerkschaftlich festgesetzten Löhne sind zu hoch, Mieten und Werbung zu teuer. Selbst Erfolgsstücke wie Tony Kushners *Angels in America* (UA 1993) können am übertreuerten Broadway zum finanziellen Flop werden. Das Stück, das im Dezember 1994 abgesetzt wurde, endete trotz voller Häuser und Pulitzerpreis mit einem Defizit von 660 000 Dollar.

Was soll das Theater?

Der Erfolg der neuen Massenmedien hat das Theater im 20. Jh. in mancherlei Hinsicht in Bedrängnis gebracht. Zunächst löste der Film das Theater als perfektes Illusionsmedium ab, dann übernahmen das Kino und später das Fernsehen seine Funktion als populärste Einrichtung der

Des Broadways liebstes Kind ist nach wie vor das Musical. Plakat zu *Cats* von Andrew Lloyd Webber (UA 1981)

Das Freie Theater — Theater heute

öffentlichen Unterhaltung. Aufklärer, Revolutionäre und andere Weltverbesserer haben längst andere Wege zur Verbreitung ihrer Konzepte und Utopien beschritten.

Wie nie zuvor sieht sich das Theater des 20. Jh. in eine andauernde Legitimationskrise verstrickt. Der Teil der Branche, der Theater als lukratives Geschäft versteht, hat sich mittlerweile von den enormen Publikumseinbrüchen nach der Verbreitung des Fernsehens erholt.

Die amerikanische Geschäftsidee, aufwendige Musicalproduktionen wie *Cats*, *Starlight Express* oder *Das Phantom der Oper* jahrelang in eigens zu diesem Zweck errichten Musicalhallen zu spielen, setzt sich inzwischen auch in Europa durch. In der Freizeitgesellschaft, in der die Nachfrage nach neuen Zerstreuungsmöglichkeiten schier unersättlich ist, konnte das Unterhaltungstheater seinen Platz verteidigen. Das reiche Kulturtheater hingegen dient nach wie vor zur Repräsentation der wirtschaftlichen und kulturellen Prosperität.

Deutsche Kulturverwaltungen weisen zur Rechtfertigung der hohen Kosten der Theaterbetriebe gern auf die Tatsache hin, daß überregional anerkannte Opern- und Schauspielhäuser ihre Städte als Wirtschaftsstandorte aufwerten. Die Bürger feiern im Kulturtheater ihren fortschrittlichen Kunstverstand oder goutieren ›ihr‹ klassisches Kulturgut wie in einem Museum.

Internationales Freies Theater

In der kulturellen und politischen Aufbruchsstimmung der 60er Jahre machten sich allerorten junge Theaterleute auf den Weg, im alten Medium Theater einen neuen Sinn jenseits von Vergnügungsindustrie oder Repräsentationskultur zu entdecken. Sie verwarfen konventionelle ästhetische Formen und kehrten den im etablierten Kommerz- und Kulturtheater herrschenden Arbeitsformen und Geschäftsprinzipien den Rücken.

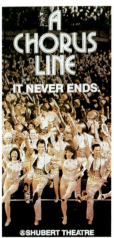

Alle großen Broadway-Erfolge wurden auch verfilmt wie z. B. *A Chorus Line* von Marvin Hamlish.

Beim »Bread and Puppet Theatre« (gegründet 1961) aus New York ist der Name Programm und soll die Integration von Leben und Kunst signalisieren. In seinen großräumigen Performances mit überlebensgroßen Puppen verzichtet das Ensemble weitgehend auf Sprache und benutzt mythische Symbole aus unterschiedlichen Kulturen.

Theater heute   Das »Theater der Grausamkeit«

Die »San Francisco Mime Troupe« (gegründet 1959) verbindet politische Agitation mit effektvoll theatralischer Unterhaltung. Um ein möglichst breites Publikum zu erreichen, tritt die Truppe in öffentlichen Parks auf.

Die Erneuerung vollzog sich als Rückbesinnung auf die Ursprünge. Die Aussteiger definierten das darstellende Spiel als originäres, vorsprachliches Mittel zwischenmenschlicher Kommunikation. Das Freie Theater der 60er Jahre experimentierte mit möglichen Rollenwechseln von Zuschauern und Akteuren. Es beteiligte das Publikum aktiv an der Handlung, erklärte das Theaterspiel zum Selbsterfahrungsmedium der Spieler und strebte die Aufhebung der Grenzen zwischen Leben und Kunst an. Auf der Suche nach neuen Räumen und einer spezifischen Theatersprache setzte man sich mit überlieferten Formen kultischen Theaters der unterschiedlichen Ethnien, mit außereuropäischen Theatertraditionen, mit der vitalen *Commedia dell'arte* und mit dem politischen Theater der 20er Jahre auseinander.

Auf eine einheitliche Stilrichtung ließ sich das Freie Theater indes nicht festlegen. Da stand das agitatorische Volkstheater der »San Francisco Mime Troupe« neben dem mythisch verschlüsselten Puppenspiel des »Bread and Puppet Theatre«, der fröhliche Anarchismus des Clowns Jango Edwards neben der ritualisierten Gebärdensprache des »Living Theater«.

»Das Theater der Grausamkeit«

Geistiger Vater des Freien Theaters ist der französische Surrealist Antonin Artaud. Zu seinen Lebzeiten kaum beachtet, wurden seine Schriften in den 60er Jahren zur Bibel junger experimenteller Theatermacher. Artaud wollte Theater nicht länger als ästhetisches Unternehmen oder Kunstwerk, sondern als echte gemeinsame Existenzerfahrung von Spielern und Zuschauern verstehen. Seine Formel vom »Theater der Grausamkeit« hat nichts mit Gewalt, Blut oder Leid zu tun. Sie

»CLOWNPOWER is love and love is only another lable for hope.« Jango Edwards wurde in den 70er Jahren zur Leitfigur der »CLOWNPOWER-Bewegung«, die mit ihren Ein-Mann-Shows zwischen Zirkuszelt und politischem Kabarett anzusiedeln ist.

Das »arme Theater« — Theater heute

manifestiert seinen Widerstand gegen jede Form von Aufklärungsdenken und Literaturtheater.

Artaud wünschte sich das Theater als wilde Entfesselung eruptiver Lebendigkeit, die anstecken und zugleich heilen sollte, indem sie Spielende und Zuschauer mit ihren innersten Trieben konfrontiert. Ähnlich wie die Theaterreformer der Jahrhundertwende Craig, Appia und Meyerhold suchte er nach einer spezifischen Theatersprache, die die unselige Trennung von Körper und Geist aufhebt und das Spiel zu einer gemeinsamen rituellen Handlung von Spielern und Zuschauern macht.

Antonin Artaud (1896-1948) war Schauspieler, Regisseur, Theaterleiter, aber v. a. einer der wichtigsten Vordenker des modernen Theaters. An seinem eigenen »Théâtre de la cruauté« realisierte er nur eine einzige Inszenierung, *Les cenci*, in der er auch selbst auftrat.

Das »arme Theater«

Die konsequenteste Umsetzung und Weiterentwicklung finden Artauds Ideen in der Arbeit des polnischen Regisseurs Jerzy Grotowski, der zweiten charismatischen Leitfigur des Freien Theaters. Grotowski interessierte sich von Anfang an nur wenig für die Inszenierungskunst als Synthese verschiedener Kunstgattungen. Er war überzeugt, daß alles, was man auf dem Theater darstellen möchte, mit den Ausdrucksmitteln des menschlichen Körpers gesagt werden kann.

Statt des reichen Theaters, das mit enormem technischen Aufwand Film und Fernsehen nachzueifern versucht, forderte Grotowski programmatisch das »arme Theater«. Er verzichtete auf jegliche Staffage, Kostüme, Dekor oder Bühnenmaschinerie. Im Zentrum seiner Arbeit stand die Entwicklung eines harten körperlichen und psychologischen Schauspieltrainings. Von seinen Spielern verlangte er Ernst, Ehrlichkeit, Hingabe und totale Selbstoffenbarung. Die Erarbeitung literarischer Rollen diente seinem Ensemble bald nur noch als Vehikel zur Auseinandersetzung mit der eigenen Identität.

Artauds Einfluß wirkte bis nach Japan, wo der junge Autor und Regisseur Shuji Terayama in den 50er Jahren eine der ersten experimentellen Theatergruppen gründete, die sich radikal gegen Tradition und Konvention im Theater und der Gesellschaft wandte und neuartige theatralische Räume konzipierte.

1945 – heute

Theater heute   »Living Theatre« ...

Jerzy Grotowski (*1933) studierte Schauspiel und Regie in Krakau und Moskau und wurde zum bedeutendsten experimentellen Theatermacher Polens. Für seine Inszenierungen schrieb Grotowski eigene Szenarien nach literarischen Vorlagen, u. a.: *Dr. Faustus* (nach Marlowe); *Studie über Hamlet* (nach Shakespeare).

Das »Odin Teatret«, die international bekannte dänische Experimental-Bühne, wurde 1964 von dem Grotowski-Schüler Eugenio Barba gegründet. Das »Odin« entwickelte sich zu einem Laboratorium für Schauspielkunst, an dem Theaterspiel, pädagogische und wissenschaftliche Arbeit aufs engste miteinander verbunden sind.

»Der Akt des Schauspielers ... ist eine Einladung an den Zuschauer. Man könnte diesen Akt mit dem zutiefst empfundenen, wahren Liebesakt zwischen zwei Menschen vergleichen.« Szenenfoto aus *Der standhafte Prinz* nach Calderón de la Barca in der Inszenierung von Grotowski

In letzter Konsequenz ist der Zuschauer bei dieser rituellen Selbstfindung der Schauspieler überflüssig. Zahlreiche Auslandsgastspiele seines Ensembles machten die Arbeit Grotowskis dennoch in der ganzen Welt bekannt.

»Living Theatre« heißt Leben

»Sie spielen Theater, da der Akt und die Tatsache des Theaterspielens einem großen gemeinsamen Bedürfnis entgegenkommen. Sie suchen nach einem Sinn in ihrem Leben, und selbst wenn es keine Zuschauer gäbe, müßten sie gewissermaßen weiterspielen, weil das Theaterereignis der Höhe- und Mittelpunkt ihrer Suche ist«, schrieb Peter Brook über die legendäre amerikanische Off-Off-Gruppe »Living Theatre«.

Für die Gründer des »Living Theatre«, Judith Malina und den 1985 verstorbenen Julian Beck, waren künstlerische und private Existenz untrennbar miteinander verwoben. Sie arbeiteten und lebten mit ihrer Truppe im Kollektiv, entwickelten ihre Stücke und Inszenierungen gemeinsam und wurden zum Vorbild für eine ganze Generation freier Theaterensembles. Ihr Theater und ihr Leben

... als Lebensform   Theater heute

flossen zusammen zu einem einzigen Spektakel gegen bürgerliche Verklemmtheit und die Unterdrückung des Individuums. »Die einzige künstlerische Schöpfung, die mich interessiert, ist mein Leben« und »Ändern können wir nichts als uns selbst«, waren die Leitsätze des »Living Theatre«.

Ihre künstlerischen und politischen Äußerungen waren so radikal, daß sie immer wieder mit dem Gesetz in Konflikt gerieten. Die überzeugten Pazifisten weigerten sich, an einen kriegführenden Staat Steuern zu zahlen und gingen für diese Überzeugung ins Gefängnis. 1968 schritten die Behörden von Avignon ein, als das »Living Theatre« auf dem dortigen Festival in ihrem Stück *Paradise Now* die Zuschauer aufforderten, jegliche staatliche Autorität abzulehnen, sich zu entkleiden und sofort die von jeglicher Repression freie Gesellschaft zu verwirklichen.

»The Living Theatre«, *Paradise Now*, 1968

»The Living Theatre« mit Julian Beck an der Spitze. Szene aus *Antigone*, 1982

»Living Theatre« ist »armes Theater« unverkleideter Schauspieler, ist ritualisierte Körpersprache und zugleich hochpolitisch. Zu ihren beeindruckendsten Arbeiten aus den 60er Jahren gehört *The Brig* (*Der Käfig*). Die drastische Darstellung eines Tagesablaufs in einem amerikanischen Militärgefängnis geriet zu einer der eindrücklichsten Absagen an das Zwangssystem der Armee und den Teufelskreis physischer und psychischer Gewalt.

Theater als »Lebensmittel«

Während die Experimente der 60er darauf abzielten, die Trennung zwischen Kunst und Leben, zwischen Zuschauern und Akteuren aufzuheben, begann man in den 70er Jahren, das Zuschauen wieder als eine sinnvolle und aktive Handlungs-

Nach der Aufführung von *Sieben Meditationen gegen den politischen Sadomasochismus* wurde Julian Beck 1977 in München von der Polizei festgenommen. Man warf ihm Verunglimpfung des Staats vor: Die Bundesrepublik sei fälschlicherweise zusammen mit Ländern aufgezählt worden, in denen es politische Folter gibt.

Theater heute — Peter Brook

weise zu begreifen. Peter Brook, einer der bedeutendsten zeitgenössischen Regisseure, verband Artauds und Grotowskis Konzepte mit einer traditionellen Auffassung von Vorführtheater. Theater, das sich vom Leben draußen nicht mehr unterscheide, habe keinen Sinn.

Die spezifische Qualität des Mediums erkannte Brook dagegen in dessen Fähigkeit, Leben in konzentrierter Form zu präsentieren. Da der größte Teil des Lebens den menschlichen Sinnen entgehe, sei die Bühne der ideale Ort, das Unsichtbare sichtbar zu machen und die Entschlüsselung des Lebens zu erleichtern. Brook hält das Theater für den letzten Ort, an dem Menschheitsträume noch vermittelbar sind und spricht deshalb vom Theater als einem »Lebensmittel«, das für die Menschen »so notwendig wie Essen und Sex« sei.

Um der allgemeinen Verkümmerung der Phantasie von der Bühne aus entgegenzuwirken, bedürfe es, so Brook, einer ständigen Erweiterung der theatralen Sprache. Theater müsse das Publikum überraschen und sich daher vor ästhetischer Konventionalisierung und Routine hüten. 1971 unternahm er den Versuch, eine rein auf Lauten aufgebaute Sprache, »Orghast«, zu entwickeln, mit deren Hilfe man sich auf der ganzen Welt verständlich machen kann.

Sein nächstes Experiment führte den ehemaligen Co-Direktor der »Royal Shakespeare

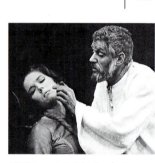

1962 inszenierte Peter Brook Shakespeares *König Lear* für die »Royal Shakespeare Company«. Szene mit Diana Rigg als Cordelia und Paul Scofield als Lear

1975 ging Peter Brooks internationale Truppe mit *Les Ikes*, einem Stück über die Vernichtung der Indianer, auf Welttournee.

Theater als »Lebensmittel« — Theater heute

Company« mit seiner Freien Gruppe auf eine Theater-Safari durch Afrika. Er konfrontierte die Schauspieler mit einem Publikum, das keinerlei Vorstellungen vom europäischen Theater hatte, um auf diese Weise die Tragfähigkeit der eigenen Theatersprache zu überprüfen. Mitte der 70er Jahre ließ sich Brook mit seinem internationalen Ensemble im Pariser »Théâtre Bouffes du Nord« nieder. Seine Inszenierungen entfalten sich im ›leeren Raum‹ ohne Dekorationen und andere optische Effekte und rücken die Schauspielkunst in den Vordergrund.

Peter Brook (*1925) veröffentlichte 1968 seine Vorlesungen über Theater unter dem Titel *The Empty Space* (*Der leere Raum*), die zu einem Kultbuch für junge Theatermacher geworden sind.

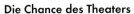

1985 faszinierte Brook mit seiner neunstündigen Trilogie *Mahabharata*, einer Dramatisierung des gleichnamigen indischen Epos. 1990 erhielt er für seine gefeierte Inszenierung von Shakespeares *Sturm* den hoch angesehenen Molière-Preis, eine Auszeichnung, die jährlich für den besten Regisseur vergeben wird.

Die Uraufführung der neunstündigen *Mahabharata* fand 1985 in einem Steinbruch bei Avignon zwischen Sonnenuntergang und Sonnenaufgang statt.

Die Chance des Theaters

Dem internationalen Freien Theater ist bei aller ideologischen und ästhetischen Vielfalt eines gemeinsam. Seine Protagonisten entdeckten das darstellende Spiel als Freiraum für Erfahrungen, von denen die Menschen im Zeitalter entfremdeter Arbeit und technisierter Kommunikation weitgehend ausgeschlossen sind. Mit der Reduktion der darstellerischen Mittel auf das Gestaltungspotential des Schauspielers wurde die Interaktion zwischen Spielern und Publikum wieder in den Mittel-

Szene aus der *Mahabharata*

1945 – heute

Theater heute — Die Chancen des Theaters

»Man sagt, daß meine Stücke grausam sind. Ich zeige nur das Leben wie es ist.« Die »Compagnie Jérôme Deschamps« aus Paris, benannt nach ihrem Gründer und Leiter, entwickelte seit 1978 einen einzigartigen grotesken Stil zur Darstellung alltäglicher Begebenheiten, mit dem sie sich in der ganzen Welt einen Namen gemacht hat.

punkt des theatralen Ereignisses gerückt und der Zuschauer zum aktiven Mitgestalter des Kunstwerks erhoben. Auf diese Weise konnte eine besondere Freiheit, die das Theater seinem Rezipienten einräumt, erneut zu Ehren kommen. Das Theater gibt seinem Betrachter nicht Fokus und Perspektive durch den Blick einer Kamera vor. Er kann seinen Blick ebenso frei schweifen lassen wie seine Assoziationen.

Robert Lepage, weltweit umjubelter Regiekünstler aus Kanada, sieht die Chance des Theaters in seiner offenkundigen Fiktivität. »Theater hat zu tun mit Lüge ... Film und Fernsehen gelten als Medium der Wahrheit. Trotzdem lügen sie unentwegt ..., suggerieren Nähe und Teilnahme ..., als seien sie das dritte Auge im Kopf des Zuschauers. Das Theater aber stellt vor, daß eine Mauer auf der Bühne aus Ziegelsteinen ist, dabei besteht sie erkennbar aus Pappe. Wie Picasso sagte: Die Kunst ist Lüge, um damit besser die Wahrheit sagen zu können.«

Als jüngstes Theaterwunder der 90er Jahre feiern die europäischen Feuilletons die Inszenierungen des Londoner »Théâtre de Complicité«, einer Truppe, die die Qualitäten des Freien Theaters exemplarisch verkörpert. Der Kopf und Regisseur, Simon McBurney, hat eine Truppe

Die katalanische Gruppe »Els Joglars« (gegründet 1964) ist die älteste Freie Gruppe Spaniens. Schon während des Franco-Regimes zeichnete sich die Truppe durch mutige politische Stellungnahme aus – wider alle Zensur, Verbote und Inhaftierungen.

»Theater ist wie Wasser und Brot«   **Theater heute**

bestens ausgebildeter internationaler Schauspieler versammelt, die mit schöpferischer Phantasie und hoher Konzentration im körperlichen Ausdruck die Bühnen dominieren. Über die Inszenierungen schwärmte Renate Klett in *Theater heute*: »Sie sind spektakulär und schnell und wunderbar musikalisch; sie leben vom Kontakt mit dem Publikum, von der verblüffenden Direktheit und Körperlichkeit der Schauspieler(innen); sie erschaffen Bilder und Träume und Welten aus dem Nichts – nur die Phantasie zählt, und die Bereitschaft, ihr zu vertrauen.«

McBurney formte Klassiker wie Shakespeares *Wintermärchen* oder Friedrich Dürrenmatts *Der Besuch der alten Dame* zu neuartigen Theatererlebnissen, bearbeitete Prosatexte oder schuf mit seinem Ensemble neue Stücke auf der Basis von Improvisationen. Sein leidenschaftliches Bekenntnis zum Theater umreißt die spezifische Qualität und Chance des Mediums im nächsten Jahrtausend: »Theater passiert immer in der Gegenwart, nicht in der Zukunft, wie der Film, wo es nur wichtig ist, was als nächstes passiert. Theater passiert jetzt, in diesem Moment, und dann ist es vorbei und kann nicht festgehalten werden – außer in unserer Erinnerung. Das ist das Altmodische und das Großartige am Theater, daß es die Gegenwart behauptet und wichtig nimmt in einer Gesellschaft, die die Gegenwart abgeschafft hat. Unsere Gesellschaft kennt nur die Vergangenheit und die Zukunft – meine Investition von gestern wird mir morgen Profit bringen –, und deshalb will eine Gesellschaft, die nur ein einziges Ziel kennt, nämlich das Kapital und seine Vermehrung, nichts mehr vom Theater wissen. Aber dieser extreme Materialismus hat eine soziale Wüste geschaffen, und die Menschen mit ihrem Bedürfnis, zusammen zu sein und etwas zu erleben, brauchen das Theater dringender denn je. Theater ist wie Wasser und Brot.«

Simon McBurney (*1957) war in Paris Schüler von Jacques Lecoq und Schauspieler bei Jérôme Deschamps. 1983 gründete er das Touring-Theater »Théâtre de Complicité« in London.

Am renommierten »National Theatre« brachte das »Théâtre de Complicité« 1995 die Produktion *Out of a House Walked a Man ...* nach Texten von Daniil Charms heraus.

Glossar

Agon: Wettbewerb der Tragödiendichter im antiken griechischen Theater

Alternieren: wechselnde Besetzung einer Rolle mit zwei Schauspielern

Akt: Hauptabschnitt eines Dramas, der dieses räumlich oder inhaltlich strukturiert. Eine räumliche Akteinteilung richtet sich nach den notwendigen Dekorationswechseln (»Aufzug« des Vorhangs nach Umbauten), bei der inhaltlichen entspricht ein A. jeweils einer Stufe des Handlungsablaufs. In der Regel besteht ein A. aus mehreren Szenen oder »Auftritten«. Die Einteilung in fünf A. findet sich erstmals bei Seneca und wird im klassischen Theater zur verbindlichen Norm. Der Aufbau des fünfaktigen Dramas nach Gustav Freytags *Technik des Dramas* (1863): einleitende Exposition (1.), Steigerung der Verwicklung (2.), Höhepunkt (3.), entscheidender Wendepunkt (4.), Katastrophe oder Lösung (5.). Im 19. Jh. setzte sich die drei- oder vieraktige Dramenstruktur durch, moderne Dramatiker entwickelten die Form des Einakters und verzichteten zunehmend auf Unterteilung in Akte zugunsten anderer dramaturgischer Formen, z. B. dem Stationendrama.

Bürgerliches Trauerspiel: tragische Gattung des 18. und 19. Jh., in der sich die Tragödie erstmals in bürgerlichem Milieu entfaltete. Die Entwicklung des b. T. spiegelt den sozialen und kulturellen Aufstieg des Bürgertums und seinen Kampf gegen die Unterdrückung des Adels wider.

Charge: meist komische Nebenrolle, die eine überspitzte Charakterisierung verlangt. Vom *Chargieren* spricht man daher, wenn ein Schauspieler zu übertrieben spielt.

Dramatik: nach Goethe eine der drei natürlichen Grundformen der Dichtung neben Lyrik und Epik und daher übergreifender literarischer Gattungsbegriff für alle Formen des dialogischen Schauspieltexts: Tragödie, Komödie, Tragikomödie, Trauerspiel, Lustspiel, Posse, Schwank, Farce usw.

Dramaturg: künstlerisch-wissenschaftlicher Mitarbeiter der Intendanz und der Regie, ist mit unterschiedlicher Schwerpunktsetzung verantwortlich für den Spielplan, die Zusammenarbeit mit Autoren, Öffentlichkeitsarbeit und – gemeinsam mit dem Regisseur – für die Entwicklung eines Regiekonzepts.

Dramaturgie: äußerer Bau und innere Struktur eines Dramas und Bezeichnung für die dramaturgische Abteilung am Theater

Drehbühne: drehbare Kreisfläche im Bühnenboden oder aufgelegte Scheibe, die die Möglichkeit zu sehr schnellen Bühnenverwandlungen bietet

Die drei Einheiten von Handlung, Ort und Zeit in einem Drama wurden von den französischen Klassizisten mißverständlich aus der *Poetik* des Aristoteles abgeleitet und zur Dichtungsnorm erhoben. Aristoteles forderte nur die Einheit der Handlung, d. h. die vollständige Durchführung eines Grundmotivs ohne Episoden und Nebenhandlungen, und stellte fest, daß in der griechischen Tragödie die Aufführungszeit meist der Handlungszeit der Geschichte entspricht, ohne daraus die Forderung nach einer Einheit der Zeit abzuleiten. Von einer Einheit des Orts ist bei Aristoteles keine Rede. Die Forderung nach der Einhaltung der d. E. schränkte die dramatische Entfaltung der Dichter stark ein und wurde zu einer der Grundfragen der Dramaturgie.

Deus ex machina: lat. = Gott aus der Maschine; in verschiedenen griechischen Tragödien wurde ein auswegloser Konflikt durch den Machtspruch eines mit Hilfe diverser Bühnenmaschinen meist von oben erscheinenden Gottes gelöst

Eiserner Vorhang: Eisenplatte, die im Fall eines Feuers die Bühne vom Zuschauerraum trennt; sie wurde eingeführt, nachdem bei einem Theaterbrand im Wiener Ringtheater 1881 450 Menschen in den Flammen ums Leben kamen.

Glossar

Epilog: an den Zuschauer gerichtete Schlußrede

Extemporieren: improvisiertes Abweichen vom vorgeschriebenen Text, um Textlücken zu überspielen, das Publikum spontan einzubeziehen oder schauspielerische Virtuosität zu demonstrieren; z. Z. der Theaterzensur Freiraum für Anspielungen auf aktuelle Ereignisse u. polit. Kommentare.

Foyer: Wandel- und Aufenthaltsraum für das Publikum vor und nach der Aufführung sowie während der Pause. Das F. wurde im 18. Jh. eingeführt, als man das Theater als ein Forum bürgerlicher Öffentlichkeit konzipierte.

Gestik: Gebärdensprache des Schauspielers

Gestus: von Brecht geprägter Ausdruck für Haltungen, die Figuren zueinander einnehmen

Haupt- und Staatsaktion: von Gottsched geprägter abfälliger Begriff für die Repertoirestücke deutscher und englischer Wandertruppen im 18. Jh. Die »Hauptaktion« war der ernste Teil der Aufführung, die meist auf einem historischen, spektakulär und blutrünstig aufbereiteten Stoff aus dem höfischen Leben basierte und daher »Staatsaktion« genannt wurde. Komische und oft auch zotige Zwischen- und Nachspiele sollten das Publikum bei der Stange halten. Gottsched bekämpfte das Genre und propagierte ein Drama, das sich an den Regel des französischen Klassizismus orientierte.

Hosenrolle: Frauenfiguren, die zur Steigerung der Situationskomik oder erotischen Spannung in Männer- oder Knabenkleidung auftraten. Die durch den Rollentausch erzielten Verwicklungen und Zweideutigkeiten waren besonders in der Dramatik des Renaissance und des Barock beliebt, der Zeit, in der Frauen erstenmals auf der Bühne erschienen.

Inszenierung: Einrichtung und Einstudierung eines Bühnenwerks und zugleich das Endprodukt dieser Arbeit, das vom Regisseur gestaltete Gesamtkunstwerk Aufführung

Illusionstheater: raffinierte bühnentechnische Effekte, eine möglichst naturgetreue Ausstattung und eine Spielweise, die die Anwesenheit des Publikums leugnet (»vierte Wand«), sollen den Zuschauer vergessen lassen, daß es sich bei der Bühnenhandlung um Spiel handelt und ihm so die Möglichkeit geben, sich in die Figuren einzufühlen. Der Illusionismus erreichte seinen Höhepunkt im naturalistischen Theater und wurde von Brecht kritisiert, der in seinem Konzept eines anti-illusionistischen Theaters den Charakter von Scheinhaftigkeit betonen und den Zuschauer zu kritischer Beobachtung des Theaters wie der Wirklichkeit animieren wollte.

Katharsis: griech. = Reinigung; Zentralbegriff in der Tragödientheorie des Aristoteles. In der unterschiedlichen Rezeption der Aristotelischen *Poetik* wurde die K. oft als moralische Läuterung des Zuschauers *durch* Furcht und Mitleid mißverstanden. Heute geht man davon aus, daß Aristoteles eine Reinigung *von* Furcht und Mitleid, also eine Entlastungsfunktion der Tragödie im Sinn einer befreienden Erleichterung von solchen Erregungszuständen meinte.

Kothurn: ursprünglich flacher Kostümschuh der griechischen Tragödie, der in hellenistischer Zeit eine erhöhte Sohle bekam und sich im römischen Theater zum 20 cm hohen Stelzenschuh entwickelte

Kulisse: mit bemalter Leinwand oder Papier bespannte Holzrahmen, die paarweise hintereinander an den Seiten der Guckkastenbühne angeordnet wurden und zusammen mit dem Hintergrundprospekt ein perspektivisches, auf Tiefenwirkung angelegtes Bühnenbild ergeben

Premiere: erste Vorstellung einer neuen Inszenierung

Prinzipal: Leiter einer Wandertruppe, meist Unternehmer, Geschäftsführer und erster Schauspieler

Prolog: vom Dichter oder einem der Darsteller gesprochene Einleitungsworte zu einer Aufführung

Rampe: vordere Begrenzung der Bühne, ursprünglich Schräge, über die man aus dem Zuschauerraum auf die Bühne gelangte

Glossar

Regietheater: moderne Theaterpraxis, die die Inszenierung als schöpferische Kunstleistung eines Regisseurs auffaßt, der die künstlerischen Gestaltungsmittel Text, Spiel, Bild und Musik zu einem neuen Gesamtkunstwerk formt

Requisiten: kleine Teile der Dekoration oder Gegenstände, die der Darsteller für sein Spiel benötigt

Rollenfach: In der *Commedia dell'arte* war es üblich, daß ein Spieler sich sein Leben lang auf eine Figur, z. B. den Pantalone, spezialisierte. Aus diesen feststehenden Typen gingen im 18. und 19. Jh. Rollenfächer wie Held, Liebhaberin, Intrigant, Bonvivant etc. hervor. Schauspieler ordneten sich diesen Fächern ihrem Alter und ihrer äußerlichen Erscheinung nach zu und übernahmen in einem Ensemble in der Regel ein tragisches und ein komisches Fach. Die Bezahlung der Spieler war gemäß dem Status der Rollenfächer gestaffelt. Im Umgang mit der modernen Dramatik des 20. Jh., die die Figuren als komplexe Charaktere entwickelt, wurde die Einteilung in Rollenfächer zunehmend überflüssig.

Schnürboden: hoher Raum über der Bühne, in dem an Seilzügen Dekorationsteile (Kulissen, Prospekte usw.) hängen, die auf die Bühne herabgelassen werden

Simultanbühne: Im Gegensatz zur Einort- oder Sukzessionsbühne sind auf der Simultanbühne die verschiedenen Spielorte nebeneinander aufgebaut.

Ständeklausel: In der Tragödie der Antike und der französischen Klassik wurden ausschließlich Schicksale hoher Standespersonen behandelt, während niedere Stände sich in der Komödie tummelten.

Statist: auch **Komparse** oder **Kleindarsteller** in stummen oder sehr kleinen Rollen

Stegreifspiel: Bühnenhandlung, der keine ausgeschriebenen Dialoge sondern nur eine knapp notierte Handlungsabfolge zugrunde liegt, von der ausgehend die Darsteller das Spiel improvisieren

Stilbühne: ästhetische Gegenbewegung zum naturalistischen Illusions- und Ausstattungstheater der Jahrhundertwende. Die S. ist in der Regel eine fast leere Einortbühne auf der sich neben den die Szene beherrschenden Schauspielern nur wenige stilisierte Versatzstücke finden, die auf die jeweilige Zeit der Handlung hinweisen.

Striche sind Textauslassungen einer Inszenierung, die entweder aus bühnenpraktischen Gründen (Streichung von Nebenfiguren, Kürzung zu langer Texte) oder aus konzeptionellen Erwägungen, zur Hervorhebung bestimmter Handlungsstränge oder Figuren, vorgenommen werden.

Souffleur: Textvorsager, der den Ablauf einer Vorstellung mit dem Textbuch in der Hand verfolgt und dem Schauspieler im Fall eines plötzlichen Gedächtnisschwunds, dem »Hänger«, aushilft. Viele Bühnen sind mit einem Souffleurkasten ausgestattet, einem niedrigen Einsatz in der Mitte der Rampe, von wo aus der Souffleur verborgen für das Publikum einsprechen kann.

Theaterpädagogik: Sammelbegriff für verschiedene Maßnahmen, mittels derer man besonders jüngere Besucher an das Theater heranführen möchte, u. a. Vor- und Nachbereitung von Aufführungsbesuchen und Aufführungsprojekte mit Laien. Ursprünglich umfaßt der Begriff jedoch die unterschiedlichen Ausbildungswege zu künstlerischen Theaterberufen.

Theatron: Zuschauerraum im antiken griechischen Theaterbau

Uraufführung: erste Aufführung eines Texts

Verfremdung ist ein Darstellungsmittel, das in allen Theaterkulturen eingesetzt wird, um das Bekannte in neuem, oft komischem Licht zu zeigen. In Brechts Theatertheorie nimmt der »Verfremdungseffekt« eine zentrale Stellung ein. Er setzt alle theatralen Mittel vom Dramenbau über die Beleuchtungstechnik bis zur Schauspielkunst zur Verfremdung des Dargestellten ein, um den Zuschauer zu einer aktiven, selbständigen und kritischen Wahrnehmung zu animieren.

Versenkung: Teil des Bühnenbodens, der durch eine

Glossar ... Geschichte des Theaters

Vorrichtung in der Unter-
bühne gesenkt oder hoch-
gefahren werden kann.
Beliebter Effekt für das
Erscheinen von Geistern
und Teufeln

Werktreue: konservative Forderung nach einer Auf-
führungspraxis, die darum
bemüht ist, ein Werk ge-
mäß den vermuteten Ab-
sichten seines Autors oder
der Bühnenpraxis seiner
Entstehungszeit zu insze-
nieren und damit die Er-
kenntnis leugnet, daß jede
theatralische Umsetzung
eines Bühnentexts zwangs-
läufig eine zeitbedingte
Interpretation darstellt

Kurzer Überblick über die Theatergeschichte

2000–1500 v. Chr. Mysterienspiele in Ägypten

534 v. Chr. Thespis wohl
erster Sieger im Tragö-
dienwettstreit der
»Großen Dionysien«

486 v. Chr. erste Komödien-
aufführungen in Athen

472 v. Chr. Aischylos läßt in
den *Persern* erstmals
einen zweiten Schau-
spieler auftreten.

442-441 v. Chr. Sophokles
führt in *Antigone* drit-
ten Schauspieler ein.

425 v. Chr. Erster Komö-
diensieg Aristopha-
nes', Blütezeit der atti-
schen Alten Komödie

335 v. Chr. Aristoteles
schreibt seine *Poetik*.

240 v. Chr. Einführung von
Theateraufführungen
in das Programm der
römischen Stadtfeste,
der *Ludi romani*, bei
denen Livius Androni-
cus erstmals griechi-
sche Dramen in lateini-
scher Übersetzung auf
die Bühne bringt

204 v. Chr. Uraufführung
von Plautus' *Miles Glo-
riosus*

160 v. Chr. Uraufführung
von Terenz' *Adelphoe*

4 v. Chr.–65 n. Chr. Seneca

529 n. Chr. Kaiser Justinian
verfügt die Schließung
sämtlicher Theater.

um 750 Der chinesische Kaiser Xuangzong richtet
in seinem Birngarten
die erste Theaterschule
der Welt ein.

um 930 In Frankreich entsteht der *Quem quaeri-
tis*-Tropus, Keimzelle
erster szenischer Auf-
führungen der Oster-
liturgie.

ca. 935–1000 Die Äbtissin
Hrotsvitha verfaßt
sechs Komödien als
Gegenstücke zu den
als unmoralisch ver-
worfen Lustspielen des
Terenz.

um 1000 Verbreitung des
Schattenspiels über
ganz Asien

12. Jh. Die theatralisch aus-
gestalteten Osterfeiern
entwickeln sich zu dra-
matischen Osterspie-
len, die immer öfter
außerhalb des Kir-
chenraums auf dem
-vorplatz stattfinden

um 1180 erste Aufführungen
religiöser *Spectacula*
in London

1205 Die Aufführung von Je-
han Bodels *St.-Niko-
laus-Spiel* in Arras mar-
kiert die zunehmende
Verweltlichung geisti-
ger Spiele durch Loslö-
sung von der Liturgie
und außergewöhnlich
theatrale Gestaltung.

Mitte 14. Jh. Entstehung des
japanischen Nô-Spiels

1414 Wiederauffindung der
Studien Vitruvs über
den römischen
Theaterbau

1448 Frühester Beleg von
Aufführungen der
*Sacre rappresen-
tazioni* in Florenz

1471–75 Erste szenische
Aufführungen antiker
lateinischer Dramen in
Rom

1486 Erste Aufführung von
Plautus' *Menaechmi* in
italienischer Sprache
am Hof von Ferrara

1494–1576 Der Meistersinger Hans Sachs schafft
über 200 weltliche
dramatische Werke:
Fastnachtsspiele, *Tra-
gedien* und *Comedien*.

1508 Uraufführung von *La
Cassaria* (Ariost) ist
eine der ersten Thea-
tervorstellungen in Per-
spektivdekoration.

1516–19 Gil Vicente, Begründer des portugiesi-
schen Theaters, verfaßt
die *3 Autos das Bar-
cas do Inferno, do Pur-
gatório, da Gloria*

1520 Uraufführung von Ma-
chiavellis *La Mandra-
gola* in Florenz

Geschichte des Theaters

1523 Erste Theaterauffüh-
rung in einer Latein-
schule in Zwickau:
Beginn des humanisti-
schen Schultheaters in
Deutschland

1545 Ein in Padua geschlossener notarieller Ver-
trag ist das älteste
Zeugnis für die Grün-
dung einer Truppe von
Berufsschauspielern.

1547 Die gut dokumentierte
Passion von Valcien-
nes (Aufführungsdau-
er: 25 Tage) gilt als
eines der letzten gro-
ßen Theaterereignisse
des Mittelalters.

1568 Massimo Troiano ver-
faßt das älteste schrift-
lich überlieferte Sce-
nario einer *Commedia
dell'arte* für eine Auf-
führung am bayrischen
Hof

ab 1570 In ganz Spanien
werden Corral-Theater
erbaut.

1573 Isabella Andreini, die
berühmteste unter den
ersten Schauspielerin-
nen der Neuzeit,
glänzt in der männli-
chen Hauptrolle von
Tassos *Aminta* (UA)

1576 James Burbage eröff-
net das erste öffentli-
che Theater in London.

1584 Eröffnung des »Teatro
Olimpico« in Vicenza
mit einer Aufführung
von Sophokles' *König
Ödipus*

1592 Erste Erwähnung eines
Londoner Schauspie-
lers namens William
Shakespeare

1599 Mit der Vollendung
des *Julius Cäsar* be-

ginnt Shakespeare die
Reihe seiner großen
Tragödien: 1601
Hamlet, 1604 *Othello*,
1605 *König Lear* und
Macbeth.

1618 Lope de Vega verfaßt
*Fuente Ovejuna (Das
brennende Dorf).*

1623 Erste Drucklegung von
Shakespeares Dramen

1628 Eröffnung des »Teatro
Farnese« in Parma, in
dem erstmals bewegli-
che Kulissen zum Ein-
satz gebracht werden

1629 Verbot der Auftritte
von Frauen im japani-
schen Kabuki-Theater,
ab 1652 gilt das Ver-
bot auch für Knaben.

1630 Tirso de Molina: *Der
Betrüger von Sevilla*,
erste Dramatisierung
des *Don Juan*-Stoffs

1635 Calderón de la Barca
vollendet *Das Leben ist
ein Traum* und wird
Leiter des Hoftheaters
»Buen Retiro« und
königlicher Hofdrama-
tiker.

1637 Überwältigender Publikumserfolg für Corneil-
les *Cid* (UA)

1642 Puritaner schließen alle Theater in England.

1653 Ludwig XIV. tritt im
»Ballet royal de la
nuit« als »Sonnen-
könig« auf.

1664 Molières Truppe bringt
die erste Komödie
Racines, *La Thébaïde
ou les frères ennemis*
zur Uraufführung; Mo-
lières *Tartuffe* wird von
der Zensur verboten.

1666/67 Die Oper *Il pomo
d'oro* von Antonio

Cesti, in Wien anläß-
lich der Hochzeit von
Leopold I. und Marge-
rita uraufgeführt, wird
dank der Austattung
Burnacinis zu einer der
spektakulärsten Insze-
nierungen des Barock-
theaters.

1677 Racine: *Phädra.*

1680 Gründung der
Comédie française

1699 Erste Aufführungs-
lizenz für ein Theater
am New Yorker
Broadway

1703 Chikamatsu Monzae-
mon, einer der popu-
lärsten Dramatiker
Japans, schreibt mit
*Sonezaki shinju (Dop-
pelselbstmord in Sone-
zaki)* das erste soziale
Drama des japani-
schen Theaters.

1731 Im Trauerspiel *Der
Kaufmann von London*
von Lillo erscheint erst-
mals ein Bürger als
Opfer eines tragischen
Schicksals.

1737 Die Neuberin ver-
bannt den Hanswurst
von der Bühne.

1746 Carlo Goldoni: *Diener
zweier Herren*

1769 Die »Hamburger Entreprise« scheitert: Das
erste Deutsche Natio-
naltheater geht in Kon-
kurs, in Wien setzen
die Verfechter des re-
gelmäßigen Theaters
ein Verbot des Steg-
reifspiels durch.

1779 Lessing schreibt sein
dramatisches Gedicht
Nathan der Weise.

1782 Stürmischer Erfolg für
die UA von Schillers

Geschichte des Theaters

Die Räuber im Natio-
naltheater Mannheim

1785 Das für sechs Jahre
von der Zensur verbo-
tene *Ein toller Tag
oder Figaros Hochzeit*
von Beaumarchais in
Paris uraufgeführt

1790 Kaiser Qianlong lädt
Theatergruppen aus
der Provinz nach
Peking ein. Aus der
Verbindung der unter-
schiedlichen Musikstile
entsteht wenig später
die Peking-Oper.

1817 Einführung der Gasbeleuchtung im Theater

1828 UA von Goethes
Faust I in Paris

1830 Diderot veröffentlicht
sein *Paradox über den
Schauspieler;* die UA
von Hugos *Hernani*
verursacht einen hand-
festen Theaterskandal.
Bei einer Aufführung
der Oper *Die Stumme
von Portici* von Auber
stürmt das Brüsseler
Publikum nach dem
Vortrag des ›Freiheits-
duetts‹ im 2. Akt den
Justizpalast und initiiert
damit den Aufstand,
mit dem Belgien sich
von Holland löst.

1852 Grandioser Urauffüh-
rungserfolg der *Kame-
liendame* von Dumas,
einem ›Klassiker‹ des
Boulevardtheaters

1871 Gründung der ›Genos-
senschaft Deutscher
Bühnenangehöriger‹,
der ersten Gewerk-
schaft für deutsche
Theaterangestellte

1874-90 Das Ensemble des
Meininger Hoftheaters

setzt mit seinen Gast-
spielen in ganz Euro-
pa neue Maßstäbe für
die historisch genaue
Bühnenausstattung
und das historische
Kostüm.

1879 Erstes Shakespeare-
Festival in Stratford;
Ibsen verfaßt *Nora
oder Ein Puppenheim.*

1881 Brand des Ringthea-
ters in Wien; Beginn
der Elektrifizierung des
Beleuchtungswesens

1887 Antoine gründet das
»Théâtre Libre« in Paris.

1893 Als geschlossene Ver-
anstaltung des Vereins
»Freie Bühne« umgeht
die UA von Haupt-
manns *Die Weber* die
staatliche Zensur.

1895 Erste Filmvorführung in
Paris

1896 Tschechows *Möwe*
fällt bei UA in St. Pe-
tersburg durch; Einfüh-
rung der Drehbühne

1898 Stanislawski gründet
das »Moskauer Künst-
lertheater«

1905 Max Reinhardt wird
Leiter des Deutschen
Theaters in Berlin.

1906 Craig inszeniert in Florenz Ibsens *Rosmers-
holm* mit Eleonora Du-
se in der Hauptrolle.

1912 Der deutsche Bühnenverein fordert Lizenz-
beschränkungen für
Kino-Unternehmen.

1918 Natalia Saz gründet in
Moskau das erste
Kindertheater mit
eigenem Haus.

1920 Massenspektakel *Die
Erstürmung des Win-
terpalais* in Leningrad;

Eröffnung der ersten
Salzburger Festspiele
mit Hofmannsthals
Jedermann

1928 UA der *Dreigroschenoper* von Brecht und
Weill in Berlin

nach 1933 4000 deutsch-
sprachige Dramatiker
und Theaterleute wer-
den von den National-
sozialisten ins Exil ge-
zwungen, u. a. Brecht,
Reinhardt, Piscator,
Zuckmayer, Viertel.

1947 Julian Beck und Judith
Malina gründen die
»Living Theatre
Productions«.

1949 Brecht und Helene
Weigel gründen das
»Berliner Ensemble«.
Elia Kazan führt Regie
bei der UA von Millers
*Tod eines Handlungs-
reisenden.*

1953 UA von Becketts *Warten auf Godot* in Paris

1962 Gründung der Berliner
»Schaubühne am Hal-
lischen Ufer«, einem
Privattheater mit basis-
demokratischem
Produktions- und
Organisationsmodell

1964 Mnouchkine gründet
das Kollektiv »Théâtre
du Soleil« in Paris.

1966 Gründung des »Theater für Kinder« im Berli-
ner Reichskabarett, seit
1972 »Grips Theater«

1983/84 R. Wilson inszeniert vier Teilstücke des
unvollendeten *the CI-
VIL warS* in Rotterdam,
Köln, Tokyo und Rom.

1987 DDR-Erstaufführung
von Becketts *Warten
auf Godot*

Geschichte des Theaters ... Theatermuseen

1993 Uraufführung von
Kushners AIDS-Drama
Angels in America am
Broadway; Schließung
des Berliner »Schiller-
theaters« führt zu einer
bundesweiten Debatte
über den drohenden
Exodus des deutschen
Stadttheater-Systems.

1994 P. Stein inszeniert die
russische Erstauffüh-
rung der *Orestie* des
Aischylos in Moskau.

**Theatermuseen, -archive
und -sammlungen in
Deutschland (Auswahl)**

Berlin
Stiftung Archiv der Akademie
der Künste
Hanseatenweg 10
10557 Berlin
Tel.: (030) 39 00 07-60

Robert-Koch-Platz 10
10115 Berlin
Tel.: (030) 3 08 84-0

Theaterhistorische Sammlung
Walter Unruh
Institut für Theaterwissenschaft
Mecklenburgische Str. 56
14197 Berlin
Tel.: (030) 82 40 01-25

Darmstadt
Theatersammlung der Hessi-
schen Landes- und Hochschul-
bibliothek
Schloß
64283 Darmstadt
Tel.: (06151) 16 58 64

Düsseldorf
Dumont-Lindemann-Archiv,
Theatermuseum der Landes-
hauptstadt Düsseldorf
Jägerhofstr.1
Hofgärtnerhaus
40479 Düsseldorf
Tel.: (0211) 8 99-46 60

Frankfurt
Stadt- und Universitäts-
bibliothek Frankfurt am Main
Musik und Theaterabteilung
Sammlung F. N. Manskopf
Bockenheimer Landstraße
134-138
60325 Frankfurt am Main
Tel.: (069) 212 39-244/245
Kinder- und Jugendtheaterzentrum in der Bundes-
republik Deutschland, Archiv
und Bibliothek
Schützenstr.12
60311 Frankfurt am Main
(069) 29 66 61

Gotha
Museum der Stadt Gotha
Abteilung Musik/Theater
Schloß Friedenstein
Postfach 217
99867 Gotha
Tel. (03621) 5 40 16

Hamburg
Zentrum für Theaterforschung
Hamburger Theatersammlung
Von-Melle-Park 3
20146 Hamburg
Tel.: (040) 41 23 48-26/27

Köln
Theaterwissenschaftliche
Sammlg. Institut für Theater-,
Film- und Fernsehwissenschaft
Universität zu Köln
Schloß Wahn
Burgallee 2
51127 Köln
Tel.: (02203) 6 41 85

Mannheim
Theatersammlung des
Museums für Kunst-, Stadt-
und Theatergeschichte im
städtischen Reiß-Museum
Zeughaus C5
68159 Mannheim
Tel: (0621) 2 93 27 47

München
Deutsches Theatermuseum
Galeriestraße 4a
Hofgartenarkaden
80539 München
Postfach 22 12 55
80502 München
Tel.: (089) 22 24 49

**Theatermuseen, -archive
und -sammlungen interna-
tional (Auswahl)**

Amsterdam
Nederlands Theaterinstituut
en Theatermuseum
Herengracht 168
PB 19304
NL–1016 BP Amsterdam
Tel.: (0031-20) 6 23 51 04

Bern
Schweizerische
Theatersammlung
Schanzenstraße 15
Postfach
CH–3001 Bern
Tel.: (0041-31) 23 52 52

Kopenhagen
Teaterhistorisk Museum
Christiansborg
Ridebane 10
DK–1218 Kopenhagen
Tel.: (0045) 33 11 51 76

Theatermuseen ... Bibliographie

London
Theatre Museum
Russel Street
GB–London WC2E 7PA
Tel.: (0044-171) 8 36 78 91

Victoria and Albert Museum
Theatre Museum
Cromwell Road
South Kensington
GB–London SW7 2RL
Tel.: (0044-171) 9 38 85 00

Mailand
Museo teatrale alla scala
Via Filodrammatici 2
I–20121 Milano
Tel.: (0039-2) 805 34 18

Moskau
Zentrales Staatliches Theater-
museum »Bachruschin«
Ul. Bachrušina 31/12
GUS–113054 Moskva
Tel.: (007-095) 2 35 37 87

Oslo
Teatermuseet
Nedre Slottsgate 1
N–0157 Oslo 1
Tel.: (0047) 22 41 81 47

Paris
Bibliothèque de l'Arsénal
1, rue de Sully
F–75004 Paris
Tel.:(0033-1) 42 77 44 21

Rom
Biblioteca e raccolta teatrale
del Burcardo
Via del Sudario 44
I–00186 Roma
Tel.: (0039-6) 68 80 67 55

St. Petersburg
Theatermuseum
Ostrovskogo 6
GUS–191011 St. Petersburg
Tel.: (007-812) 31 55 243

Stockholm
Drottningholms Teatermuseum
Borgvägen 1-5
Box 27050
S–10251 Stockholm
Tel.: (0046-8) 6 65 14 00

Tokyo
Tsubouchi Memorial Theatre
Museum
Waseda University 6–1
Nishi-Waseda1 chome
Shinjuku-ku
J–169 Tokyo
Tel.: (0081-3) 32 03 41 41

Warschau
Muzeum Teatralne
Ul. Moliera 3/5
Pol–00950 Warszawa
Tel.: (0048-22) 26 30 01

Wien
Österreichisches Theater-
museum
Lobkovitzplatz 2
A-1010 Wien
Tel.: (0043-1) 5 12 88 00–0

Bibliographie und Theaterzeitschriften

Diese Liste mit Literaturanga-
ben ist keine komplette Bibliographie zum Theater. Aufgeführt sind neben den Nach-
schlagewerken und Lexika
Titel, die als Einstieg in das
Theater oder zur Vertiefung
einzelner Fragestellungen dienen können. Die wichtigsten
Theaterzeitschriften schließen
das Verzeichnis ab.

Nachschlagewerke:
Altman, George u. a.:
Theatre Pictorial. A History
of World Theatre, Berke-
ley 1953
Arpe, Werner: Bildgeschichte
des Theaters, Köln 1962
Berthold, Margot: Welt-
geschichte des Theaters,
Stuttgart 1968
**Brauneck, Manfred/Schnei-
lin, Gérard (Hrsg.):**
Theaterlexikon, Reinbek
bei Hamburg 1986
Brauneck, Manfred: Die
Welt als Bühne. Geschich-
te des europäischen Thea-
ters. 1. Bd., Stuttgart 1993
Brockett, Oskar: History of
the Theatre, Boston 1977
Calendoli, Giovanni: Tanz.
Kult, Rhythmus, Kunst,
Braunschweig 1986
**Doll, Hans Peter/Erken, Gün-
ther:** Theater. Eine illustrier-
te Geschichte des Schau-
spiels, Stuttgart 1985
**Enciclopedia dello spettaco-
lo**, 9 Bde. und Suppl., Rom
1954-68
Fischer-Lichte, Erika: Kurze
Geschichte des deutschen
Theaters, Tübingen 1993
dies.: Geschichte des Dramas.
Epochen der Identität auf
dem Theater von der Anti-
ke bis zur Gegenwart. Bd.
1: Von der Antike bis zur
dt. Klassik. Bd. 2: Von der
Romantik bis zur Gegen-
wart, Tübingen 1990
Gascoigne, Bamber: Illustrier-
te Weltgeschichte des
Theaters, München 1971
Gregor, Josef: Weltgeschichte des Theaters, Wien 1933
Hensel, Georg: Der Spielplan.
2 Bde., München 1993
Höfling, Helmut: Der große
Applaus. Zweitausend

179

Bibliographie

Jahre Theater, Reutlingen 1987

Hürlimann, Martin (Hrsg.): Das Atlantisbuch des Theaters, Zürich 1966

Kindermann, Heinz: Theatergeschichte Europas. 10 Bde., Salzburg 1957

Melchinger, Siegfried: Geschichte des politischen Theaters, Frankfurt/M. 1974

Molinari, Cesare: Theater, Freiburg 1975

Rischbieter, Henning/Berg, Jan (Hrsg.): Welttheater. Theatergeschichte, Autoren, Stücke, Inszenierungen, Braunschweig 1985

Rischbieter, Henning (Hrsg.): Theater-Lexikon, Zürich 1983

Southern, Richard: Die sieben Zeitalter des Theaters, Gütersloh 1966

Die Anfänge

Bieber, Margarete: The History of the Greek and Roman Theater, Princeton 1961

Blume, Horst-Dieter: Einführung in das antike Theaterwesen, Darmstadt 1984

Blänsdorf, Jürgen: Theater und Gesellschaft im Imperium Romanum, Tübingen 1990

Melchinger, Siegfried: Das Theater der Tragödie, München 1974

Schechner, Richard: Theater-Antropologie. Spiel und Ritual im Kulturvergleich, Reinbek b. Hamburg 1990

Thomson, George: Aischylos und Athen. Eine Untersuchung der gesellschaftlichen Ursprünge des Dramas, Berlin/DDR 1956

Turner, Victor: Vom Ritual zum Theater. Der Ernst des menschlichen Spiels, Frankfurt, New York 1989

Theater des Fernen Ostens

Akadamie der Künste Berlin: »Ich werde deinen Schatten essen«. Das Theater d. fernen Ostens. Akademie-Katalog 145, Berlin 1985

Cheng, Julie: Gesichter der Peking-Oper, Hamburg 1990

Immoos, Thomas/Mayer, Fred: Japanisches Theater, Zürich 1975

Japanisches Theater – Tradition und Gegenwart. Hrsg. v. Sang-kyon Lee u. Peter Panzer, Wien 1990

Kindermann, Heinz (Hrsg.): Einführung in das ostasiatische Theater, Wien, Köln 1985

Klassische Theaterformen Japans. Hrsg. Japan. Kulturinstitut Köln, Köln, Wien 1983

Lee, Sang-kyon/Obraszow, Sergei: Das chinesische Theater, Hannover 1965

Leims, Thomas/Trökes, Manuel (Hrsg.): Kabuki. Das klass. japanische Volkstheater, Weinheim 1985

Spitzing, Günter: Das indonesische Schattenspiel, Köln 1981

Theater des Mittelalters

Borcherdt, Hans Heinrich: Das europäische Theater im Mittelalter und in der Renaissance, Leipzig 1935

Braet, Hermann u. a. (Hrsg.): The Theatre in the Middle Ages. Leuven 1985

Tydeman, William: The Theatre in the Middle Ages, Cambridge 1978

Bühnenformen

Badenhausen, Rolf/Zielske, H. (Hrsg.): Bühnenformen – Bühnenräume – Bühnendekorationen. Beiträge zur Entwicklung des Spielorts, Berlin 1974

Kindermann, Heinz: Bühne und Zuschauerraum. Ihre Zuordnung seit der griech. Antike, Graz, Köln 1963

Dietrich, Margret: Bühnenform und Dramenform, in: Das Atlantisbuch des Theater, hrsg. v. M. Hürlimann, Zürich 1976, S. 64-100

Schubert, Hannlore: Moderner Theaterbau, Stuttgart 1971

Unruh, Walter: Theaterbau und Bühnentechnik, in: Das Atlantisbuch des Theaters, hrsg. v. M. Hürlimann, Zürich 1976, S.101-168

Wende zur Neuzeit

Burke, Peter: Helden, Schurken und Narren. Europäische Volkskultur der frühen Neuzeit, Stuttgart 1981

Burckhardt, Jacob: Die Kultur der Renaissance in Italien, Basel 1930

Hösle, Johannes: Das italienische Theater von der Renaissance bis zur Gegenreformation, Darmstadt 1984

Nicoll, Allardyce: Masks, Mimes and Miracles, New York 1963

Pochat, Götz: Theater und bildende Kunst im Mittelalter und in der Renaissance in Italien, Graz 1990

Das Goldene Zeitalter

Alewyn, Richard: Das große Welttheater. Die Epoche der höfischen Feste, München 1985

Bibliographie

Baur-Heinold, Margarete: Theater des Barock, München 1966

Dshiwelegow, A. K.: Commedia dell'arte, Berlin/DDR 1958

Esrig, David (Hrsg.): Die Commedia dell'arte, Nördlingen 1985

Hartau, Friedrich: Molière, Reinbek b. Hamburg 1976

Hattaway, Michael: Elizabethan Popular Theatre. Plays in Performance, London 1982

Kott, Jan: Shakespeare heute, München 1980

Krömer, Wolfgang: Die italienische Commedia dell'arte, Darmstadt 1976

Laroque, Jacques: Shakespeare, Ravensburg 1994

Paris, Jean: Shakespeare, Hamburg 1958

Riha, Karl: Commedia dell'arte, Frankfurt 1980

Shergold, Norman D.: A History of the Spanish Stage, Oxford 1967

Suerbaum, Ulrich: Shakespeares Dramen, Düsseldorf 1980

Tessari, Roberto: Commedia dell'arte: la Maschera e l'Ombra, Mailand 1981

Tintelnot, Hans: Barocktheater und barocke Kunst, Berlin 1939

Wanderbühne. Theaterkunst als fahrendes Gewerbe. Berlin: Gesellschaft für Theatergeschichte 1988

Die Schauspielerin

Bab, Julius: Die Frau als Schauspielerin, Berlin 1915

Ebert, Gerhard: Der Schauspieler. Geschichte eines Berufes. Ein Abriß, Berlin 1991

Goldschmit, Rudolf K.: Die Schauspielerin, Stuttgart 1922

Hahn, Alban von: Die Bühnenkünstlerin, Berlin 1899

Kellen, Tony: Die Not unserer Schauspielerinnen, Leipzig 1902

Möhrmann, Renate (Hrsg.): Die Schauspielerin. Zur Kulturgeschichte der weiblichen Bühnenkunst, Frankfurt/M. 1989

Stümke, Heinrich: Die Frau als Schauspielerin, Leipzig o. J.

Bürgerliches Theater

Asper, Helmut: Hanswurst. Studien zum Lustigmacher auf den Berufsschauspielbühnen in Deutschland im 17. und 18. Jahrhundert, Emsdetten 1980

Bauer, Roger/Wertheimer, Jürgen (Hrsg.): Das Ende des Stegreifspiels. Die Geburt des Nationaltheaters, München 1983

Flemming, Willi: Goethe und das Theater seiner Zeit, Stuttgart, Berlin, Mainz, Köln 1968

Haider-Pregeler, Hilde: Des sittlichen Bürgers Abendschule, Wien, München 1980

Lessing, Gotthold Ephraim: Hamburgische Dramaturgie, hrsg. u. komm. v. K. L. Berghahn, Stuttgart 1981

Meyer, Reinhart: Von der Wanderbühne zum Hof- und Nationaltheater, in: Hansers Sozialgeschichte der deutschen Literatur, Bd. 3: Deutsche Aufklärung bis zur Französischen Revolution 1680-1789, hrsg. v. R. Grimminger, München 1980, S.186-216

Historismus, Naturalismus

Alst, Theo van: Gestaltungsprinzipien des szenischen Naturalismus, Köln 1954

Antoine, André: Meine Erinnerungen an das Théâtre Libre, Berlin/DDR 1960

Hoffmeier, Dieter: Die Meininger. Streitfall und Leitbild. Untersuchung zur Wirkungsgeschichte der Gastspielaufführungen eines spätfeudalen Hoftheaters, Berlin 1988

Carlson, Marvin: The French Stage in the 19th Century, Metuchen, N. Y. 1972

Schanze, Helmut: Drama im bürgerlichen Realismus (1850-1890), Frankfurt/M. 1973

Stanislawski, Konstantin S.: Die Arbeit des Schauspielers an sich selbst, 2 Bde., Berlin/DDR 1961/63

ders.: Die Arbeit des Schauspielers an der Rolle, Berlin/DDR 1955

Kino

Faulstich, Werner/Korte, Helmut (Hrsg.): Fischer Filmgeschichte, Bd.1: Von den Anfängen bis zum etablierten Medium 1895-1924, Frankfurt/M. 1994

Freisburger, Walter: Theater im Film, Emsdetten 1936

Häfler, Hermann: Kino und Kunst, Mönchengladbach 1913

Hickethier, Knut: Schauspieler und Massenmedien. Berlin 1980

Ditschek, Eduard: Politisches Engagement und Medienexperiment. Theater und Film der russischen und deutschen Avantgarde der 20er Jahre, Tübingen 1989

Bibliographie ... Zeitschriften ... Sachregister

Richter, Hans: Der Kampf um den Film, München 1976

Tannenbaum, Herbert: Kino und Theater, München 1912

Toeplitz, Jerzy: Geschichte des Films, 1895-1928, München 1973

Theater im Zeitalter der Massenmedien

Adler, Gusti: Max Reinhardt. Sein Leben, Salzburg 1964

Braulich, Heinrich: Die Volksbühne. Theater und Politik in der deutschen Volksbühnenbewegung, Berlin/DDR 1976

Fiebach, Joachim: Von Craig bis Brecht, Berlin/DDR 1975

Funke, Christoph: Zum Theater Brechts. Kritiken, Berichte, Beschreibungen aus drei Jahrzehnten, Berlin 1990

Hoffmann, Ludwig: Das Theater des sowjetischen und des deutschen Proletkult, 1917-1922, Berlin 1988

Innes, Christopher: Erwin Piscator's Political Theatre. The Developement of Modern German Drama, Cambridge 1972

Weber, Richard: Proletarisches Theater und revolutionäre Theaterbewegung, 1918-25, Köln 1976

Voigts, Manfred: Brechts Theaterkonzeptionen, München 1977

Willet, John: Erwin Piscator, Frankfurt/M. 1982

Kindertheater

Hentschel, Ingrid: Kindertheater. Die Kunst des Spiels zwischen Phantasie und Realität, Frankfurt/M. 1988

Jahnke, Manfred: Von der Komödie für Kinder bis zum Weihnachtsmärchen, Meisenheim 1977

Reclams Kindertheaterführer, hrsg. v. Kinder- und Jugendtheaterzentrum in der BRD, Stuttgart 1994

Schneider, Wolfgang: Kindertheater nach 1968. Neorealistische Entwicklungen in der Bundesrepublik und West-Berlin, Köln 1984

Theater heute

Artaud, Antonin: Das Theater und sein Double, Frankfurt 1969

Brauneck, Manfred (Hrsg.): Theater im 20. Jahrhundert. Programmschriften, Stilperioden, Reformmodelle, Reinbek b. Hamburg 1982

Brook, Peter: Der leere Raum, Hamburg 1969

Craig, Edward Gordon: Über die Kunst des Theaters, Berlin 1969

Hensel, Georg: Das Theater der 70er Jahre, Frankfurt/M. 1983

ders.: Spiel's noch einmal. Das Theater der 80er Jahre, Frankfurt/M. 1990

Grotowski, Jerzy: Das arme Theater, Velbert 1969

Hofmann, Jürgen: Kritisches Handbuch des westdeutschen Theaters, Berlin 1981

Neuschäfer, Anne/Serror, Frédéric: Le Théâtre du Soleil. Shakespeare, Köln 1984

Die wichtigsten Theaterzeitschriften

Die Deutsche Bühne, Seelze: Erhard Friedrich Vlg., monatlich, seit 1956

L'avant-scène. Journal du Théâtre, Paris, monatlich, seit 1950

Musik und Theater. Die internationale Kulturzeitschrift, Chur: Gasser, monatlich, seit 1980

New Theatre Quarterly, Cambridge, Cambridge University Press, vierteljährlich, seit 1895, vorher: Theatre Quarterly (1971-85)

Theater der Zeit, Berlin: Verein, zweimonatlich, (früher monatlich) seit 1946

Theater heute, Seelze: Erhard Friedrich Vlg., monatl., seit 1960 (m. Jahrbuch)

TheaterZeitSchrift, Berlin: Wochenschau Verlag, unregelmäßig, seit 1982

Sachregister

Absurdes Theater 154ff.
Académie Française 83, 156
Actor's Studio 126
Admiral's Men, The 71
Agitprop-Theater 140, 145
Agon 14ff.
Agora 14
Allegorietheater 81
Amateur-/Laientheater 40, 41, 45, 140, 141
– Blaue Blusen 141, 142
– Lebende Zeitung 141
Angura 31
Antike 13-2146, 47, 51, 6
antikes Theater 57

182

Sachregister

Aragoto 31, 33
Arena-Bühne 49, 139
Armes Theater 165, 167
Attellane 20, 21
Aufführungsverbot 73, 79, 87, 140, 152, 170
Aufklärer, Aufklärung 94f., 96, 98, 103, 104, 107, 111, 152, 165
Auto sacramentale 78, 80

Backer 161
Badezellenbühne 47, 55, 57
Ballet royal de la nuit 82
Ballet du cour 82
Ballett 57, 59, 62, 83, 112, 139
Barocktheater 60, 61, 62, 63, 64, 80, 81, 82, 83, 84
Barongspiel 22
Beleuchtung 116, 138
Berliner Ensemble 148, 149
Berliner Schaubühne 97, 158
Berliner Volksbühne 104
Berufsschauspieler 54, 61, 64, 78
Berufstheater 71, 79, 90, 97
Bharata-Nātyam 24
Biomechanik 142, 143
Bordelltheater 28
Boulevardtheater 112
Bread and Puppet Theater (New York) 163, 164
Broadway 149, 160ff.
Brot und Spiele 17f.
Budenbühne 46
Buen Retiro 81
Bugaku 22, 31
Bühne 8, 14, 29, 32, 33, 44, 47, 55, 60, 62, 70, 86, 100, 108, 147
Bühnenästhetik 58
Bühnenbild 48, 57, 120
    -perspektivisches 48, 70
    -entwurf 117, 134, 137, 144, 147, 148
Bühnenbildner 62, 114
Bühnenfall 48, 70
Bühnenillusionismus 131
Bühnenlicht 137

Bühnenmaschinerie 42, 49, 165
Bühnenmode 114, 118
Bühnenmusik 59
Bühnenreform 118
Bühnenverein 130
bürgerliches Theater 94-109, 134
Burgtheater (Wien) 106
Burlesca 80
Butô 31

Camerata Fiorentina 50
Canovaccio 67, 68
Cartoucherie, Paris 157
Charakterkomik 19
chinesisches Theater 28
Chor 14, 15, 17, 20, 21, 30, 31, 38, 57
Chorege 14, 21
Choreographie 14, 31, 117, 135, 161
Cinematograph 110, 128
Clownpower 164
Clownsspiel 154
Comedia de figurón 80
Comedia de santos 80
Comedia del teatro 80
Comedia en capa y espada 80
Comédie-ballet 87
Comédie française, Paris 82, 85, 91, 105, 114
Comédie italienne, Paris 68, 69, 82, 86
Comédiens du roi 82
Comedy of Humours 75
Commedia dell'arte 23, 46, 54, 64f., 82, 87, 89, 90, 91, 139, 142, 164
Commedia erudita 53, 54, 57, 65
    s. a. Komödie, gelehrte
Compagnia dei Gelosi 91
Compagnie des Films d'Art 129
Compagnie Jérôme Deschamps 170
Corral-Bühne 46, 47
Curtain, The (London) 70, 74

Dadaismus 136
Dalang 26, 27, 28
Deklamationskunst 57, 99
Deklamationsstil, pathet. 85
Dekoration 25, 45, 62, 63, 114, 117, 138
Deus ex machina 15
Deuteragonist 15, 21
Deutscher Bühnenverein 157
Deutsches Theater (Berlin) 122, 138
Dialog 15, 51, 69, 81
Dichterwettbewerb 81
Dichtungsnormen 55
Dionysoskult 13, 17
Dionysos-Theater 14
Dithyrambos 15, 21
Dramaturg(ie) 16, 19, 23, 103
dramma per musica 57
Drehbühne 49, 138
Drei Einheiten 47, 55, 74, 83, 102
Düsseldorfer Schauspielhaus 99

Einfühlung 97, 99, 100, 105, 109, 119, 125
Einortbühne 57, 136
Eleos 16
Elisabethanisches Theater 70-74
Els Joglars 170
Entremeses 80
episches Theater 140, 145, 146, 147, 149
Existentialismus 154
experimentelles Theater 165, 166
Expressionismus 143

Fahrendes Volk 36f.
Farce 28, 43, 86, 158
fernöstliches Theater 23
Film 49, 128-131, 132, 133, 148, 154
Fingersprache 24
Fortune, The (London) 70
Französische Revolution 95, 108

183

Sachregister

Frauendarsteller, männl. 90
Freie Bühne (Berlin) 121, 123
Freies Theater 133, 159, 163, 164, 165, 169, 170
Freiluft-Theater 47, 48, 62
Fronleichnamsspiel 78
Fürstenloge 70

Gage 93
Gaukler 24, 36, 46, 65
Gebärdensprache 20, 99
geistliches Theater 37
Gentlemen's room 72
Gerichtsspiele 134
Geschäftstheater 112
Gesellschaftsdrama 121, 122
Gestik 23, 24, 129
Gigaku 22, 31
Globe (London) 70, 71, 76
Goldenes Zeitalter 60–87
griechisches Theater 17
Grips Theater 151, 153
Grønnegadeteater (Dänemark) 96
Große Dionysien 13, 14, 21
Guckkastenbühne 49, 62, 70, 131

Hamburger Nationaltheater 103
Happening 162
Haupt- und Staatsaktion 101, 102
Hebeapparate 63
Historienspiel 73, 74, 77, 112
Historismus 114, 118
Histriones 36
Hoftheater 49, 62, 63, 158
Hoftheater Meiningen 115ff.
Hoher Ton 85
Hôtel de Bourgogne (Paris) 82, 85
Humanismus 50, 51, 55, 76
Humanistendrama 57, 58

Illusionstheater 119
Illustre Théâtre 86
Impressionismus 110

Improvisationsspiel 65, 89
indisches Theater 23, 24
Intermedium 52, 53, 57

Jakobinismus 108
japanisches Theater 31
Jesuitentheater 57, 58, 59
Joculator 36
Jôruri 31, 32

Kabuki 23, 30, 31, 32f.
Kagura 31
Kathakali 25f.
Katharsis 17
Khon 23
Kindertheater 150–153, 159
Kino 128–131
Kirchentheater 38, 39, 42
klassisches französisches Theater 105
Ko-Fabulierer 149
Kollektiv 166
Komödie 17ff., 54, 55, 57, 59, 69, 72, 96, 126, 161
–Alte 17
–Charakter- 69, 85, 87
–französische 103
–gelehrte 52, 53f., 56, 65
–Mittlere 17
–Neue 17, 19, 21
–Renaissance- 53
–romantische 73
–römische 21
–Sitten- 75, 86
–Situations- 87
–Typen- 86
–Verwechslungs- 19
Königliches Nationaltheater (Berlin) 100, 106, 114
Körpersprache 22, 23, 26, 98, 167
Kostüm 15, 16, 18, 21, 24, 25, 29, 32, 52, 57, 62, 63, 73, 82, 92, 113, 116, 136, 141, 165
Kothurn 16
Kubismus 142
Kulisse 48, 49, 60, 62, 63, 70, 116
–gesprochene 47

Kulturtheater 156, 157, 158, 163
–Bewegung 133, 142
Kyôgen 30, 31

Laurentius-Spiel 58
Lazzo 66, 68
Lesedrama 19, 111
Lichteffekte, magische 144
Liturgie 37f.
Living Theatre 164, 166f.
–Antigone 167
–The Brig (Der Käfig) 167
–Paradise Now 167
–Sieben Meditationen gegen den politischen Sadomasochismus 167
Long-run-System 160
Lord Chamberlain's Men 71, 76
Ludi romani 18
Lustspiel 87, 103, 104
–bürgerliches 99
Luzerner Osterspiel 40

Mahabharata 24, 26
Mantel- und Degenstück 80f.
Maske 9, 15, 16, 19, 20, 21, 23, 24, 27, 28, 29, 30f., 62, 65, 66, 69, 89
Massenregie 118
Massenspiel 139, 142
Mehrspartenbetrieb 158
Meininger 115ff., 120, 124
Meistersinger 43
Mie 31, 33
Millowitsch-Theater (Köln) 159
Mimik 23
Mimus 18, 20, 21, 88
Ministrel 36
Mitspieltheater 152
Mittelalter 34–43, 61
mittelalterliches Theater 46
moralische Anstalt 96, 101, 108, 151
Morality-Play 43
Moskauer Künstlertheater 124, 125, 126, 127
Moskowski Gosudarstvenny Detski Musykalny Teatr 150

184

Sachregister

Mosquetero 79
Musical 151, 161, 162, 163
Musiktheater 158, 153, 161
Mysterienspiel 11, 45, 82, 89, 138, 139
Mysterienzyklus 40, 58

Nationaldramatik 79
Nationaltheater 104ff.
 –Bergen 121
 –Gotha 106
 –Hamburg 105
 –Mannheim 106
 –München 106
 –Wien 106
 –National Theatre (London) 157, 171
Naturalismus 118, 123, 124, 131, 134
Nāṭya'sāstra 22, 23, 24
Neubersche Truppe, Leipzig, 102
Nô-Theater 22, 23, 30ff.
Normalvertrag Solo 93
Norske Teatret (Oslo) 121

Odin Teatret (Dänemark) 166
Off-Broadway 162
Off-Off-Broadway 162
Olympia Hall (London) 139
Onnagata 33
Oper 56, 57, 60, 97, 163
Operette 112, 113
Orchestra 14, 15, 21, 44, 45, 47

Palace Theater (New York) 160
Palliata 21
Pantomime 52, 139
Pantomimus 20, 21
Passionsspiel 12, 41, 45
Peking-Oper 22, 23, 27f., 28, 29
Performance 163
Perspektivbühne 63
Petit Bourbon (Paris) 86
Phlyakenposse 18, 21
Phobos 16f.

Piccolo Teatro (Mailand) 156
Pièces bien faites 112
Piscator-Bühne (Berlin) 145
Poeta laureatus 91
politisches Theater 133, 140f., 144, 149
Posse 82
Previews 161
Privattheater 156, 158
proletarisches Theater 144
Proletkult 141, 142
Propaganda 57, 58
Proskenion 15, 21, 44
Protagonist 15, 21, 55, 84, 108
Puppenspiel 26, 31, 32

Rāmāyana 24, 26
Ramesseum-Papyrus 12
Rampe 70
Rang 48, 49, 63, 70
Rasā 25
Realismus 118, 126, 160
Reformpädagogik 151
Regeln, klassische dramatische 75, 111f.
Regietheater 116
Regisseur, Regie 14, 60, 109, 117, 124, 129
Renaissance 47, 50–59, 60, 61, 68, 89
Repertory Theatres 157
Revolution 110, 111
 –Russische 140, 143
 –Oktober- 127, 132
Revue 144, 145, 156
Rigveda 22
römisches Theater 88
Rose, The (London) 70, 71
Rote Grütze 152
Royal Shakespeare Company (London) 157, 168f.
russisches Theater 124, 125, 134, 140

Saalbühne 70
sakrale Spiele 45
Salzburger Festspiele 43
San Francisco Mime Troupe 164

Sanskrit-Drama 22, 24
Sarugaku 31
Satyrspiel 14, 17, 21
Scaenae frons 45, 48
Scena per angolo 62
Schäferspiel 56f., 69
Schall und Rauch 138
Schamanentänze 28
Schattenspiel 22, 26f., 27
Schauspiel 35, 107
 –bürgerliches 97, 105
 –kunst 22, 99
 –lehrer 124
 –schule 93
 –theorie 99, 100, 105
Schauspieler 15, 21, 22, 23, 24, 28, 30, 36, 54, 60, 71, 85, 90, 91, 93, 98, 99, 100, 109, 135
Schauspielerin 77, 78, 79, 86, 88–93, 115
Schillertheater (Berlin) 159
Schloßtheater (Ludwigsburg) 62
Schminkmaske 25, 29, 30, 31, 33
Schuldrama 57, 58f.
Shakespeare-Verfilmung 129
Shakespearebühne 46f., 49
Shimpa 31
Shingeti 31
Shintô-Tempel 31
Shite 31
Shouwburg (Amsterdam) 96
Simultanbühne 45, 47, 55
Singspiel 22, 28, 112
 –chinesisches 32
Singspieltruppe 27
Skene 15, 21, 44
Sklavenposse 19
Soffitte 63, 70
Sotie 43
Sozialistischer Realismus 127
Spezialeffekte 116
Spiel
 –allegorisches 42
 –Antichrist- 39, 42
 –Esels- 39
 –Fastnachts- 42, 43
 –geistliches 39, 42, 58

Sachregister

-Kinderbischofs- 39
-liturgische 89
-Mirakel- 39, 42
-Mysterien- 40f., 42, 51
-Oster- 39, 42
-Paradies- 42
-Passions- 39, 40f., 42
-Propheten- 39
-religiöses 42
-Weihnachts- 39, 42
-Weltgerichts- 42
-weltliches 42, 43f.
Sprechtheater 22, 28, 31, 158
Staatsoper 44
Staatstheater 158
Stabpuppenspiel 27
Stadttheater 158
Ständeklausel 55, 96, 97, 102, 103
Stegreif 21, 54, 64, 65, 67, 69, 89, 101
Stehparkett 70, 79
   s. a. Mosqueteros
Stilbühne 137
Straßburger Lateinschule 58
Straßentheater 46, 68
Sturm und Drang 107f., 111
Surrealisten 155, 164
Swan, The (London) 70, 73
Symbolismus 124, 141

Tableau 109
Tag-Teatro (Venedig) 69
Tanz 9, 10, 20, 22, 24, 26, 30, 31, 32, 35, 44
Tanzdrama 23, 27
-indisches 23, 24, 25
-klassisches 25, 26
Tänzer(in) 9, 10, 11, 21, 36
-Zauli- 10
Tanztheater 22, 28, 32, 153, 158
-indisches 22, 23
Teatro de Corral 79
Teatro degli Uffizi (Florenz) 52
Teatro di San Cassiano (Venedig) 60
Teatro Farnese (Parma) 48, 62

Teatro Mediceo (Florenz) 63
Teatro Olimpico (Vicenza) 51, 47, 48
Teatro stabile 156
Telari 48, 70
Terenzbühne 47
Theater am Gänsemarkt (Hamburg) 105
Theater-Avantgarde 132, 133, 134, 137, 142
Theaterästhetik 109, 142
Theater der Grausamkeit 164
Theater der Revolution (Moskau) 141
Theater im Marienbad (Freiburg) 152
Theaterkritiker 161
Theateroktober 141, 142
Theaterreform 102, 103, 105, 115, 165
Theaterschule 22, 28
Theaterunternehmer 131
Theaterutopien 133
Theatervereine 120
-Freie Bühne, Berlin 119, 120
-Independent Theatre Society, London 120
-Moskauer Künstlertheater 120
-Théâtre Libre 120
Theater von Epidauros 44
Theater von Orange 45
Theaterworkshop 133
Theatre, The (London) 70, 74
Théâtre Antoine 120
Théâtre Bouffes du Nord (Paris) 169
Théâtre de Complicité (London) 170, 171
Théâtre de la cruauté 165
Théâtre du Soleil 157
Théâtre Français 105
Théâtre Royal (Paris) 68
Theatron 13, 14, 44
Tierpantomime 28
Togata 21
Tragédie classique 83, 85
Tragödie 14, 15ff., 56, 69, 72, 75, 83, 84, 85, 160

-antike 55
-elisabethanische 101
-griechische 19, 21
-klassische 16, 96, 98
-Macht- 77
-Rache- 73, 74, 77
-reguläre 54, 55, 56
-römische 18, 19
Tragödientheorie 55
Trauerspiel 103
-bürgerliches 96, 101
Tritagonist 15, 21
Troupe du roi 85
Troupe royale 82
Try-out 161
Tsure 31

Über-Marionette 136
Unlösbarkeitsklausel 88
Unterhaltungstheater 163
Urtheater 8, 9

Varieté 128
Veden 24
Venezianisches Opernhaus (Wien) 63
Verband der deutschen Bühnenschriftsteller 130
Verfremdung 147, 148
Versenkungsapparat 49, 63
Västanå Theater 153
Vierte Wand 49, 100, 119
Volksbühne (Berlin) 123, 145
Volkstheater 18, 25, 32, 42, 62, 68, 74, 78, 79, 101, 156, 164

Wagenbühne 45
Wanderbühne 46, 101
Wandertruppe 65, 68, 69, 78, 82, 101, 102, 122, 156
Wayang
-Bébér 28
-Golek 26, 27
-Klitik 28
-Kulit 22, 26, 27
-Topeng 27
-Wong 26, 27
Wederzijds 153

Sachregister ... Personenregister

Weihnachtsmärchen 150
Weimarer Hoftheater 100,
108, 109
Weimarer Klassik 107
Weimarer Stil 109
Well-made Plays 112
Waki 31
Wortkulisse 72

Zensur 73, 79, 99, 106,
111, 118, 119, 120,
132, 140, 170
Zirkus Busch 139
Zwischenspiel 23, 30, 42,
53, 57, 59, 80

Personenregister

Adamov, Arthur 155
Aischylos 15, 16
–Agamemnon 16, 157
–Der gefesselte
Prometheus 16
–Die Choephoren 16
–Die Eumeniden 16
–Die Hiketiden 16
–Die Orestie 16
–Die Perser 16
–Sieben gegen Theben 16
Albee, Edward 155, 161
–Wer hat Angst vor
Virginia Woolf? 155, 161
Aleotti, Giovan Battista 62
Alfonso II, Herzog von
Ferrara 56
Amberger, Günter 103
Andreini, Isabella 91
Andrews, Julie 161
Antoine, André 120, 121
Appia, Adolphe 135, 136,
137, 138, 165
Aretino, Pietro 54, 55
–L'Orazia 54, 55
Ariost, Lodovico 53, 54
–I suppositi 53
–La cassaria 53

Aristophanes 17, 59
–Lysistrata 17
Aristoteles 8, 13, 16, 55
–Poetik 8, 16, 21, 55
Artaud, Antonin 164, 165,
168
–Les cenci 165
Astaire, Fred 161
Augustinus 35

Bach, Johann Sebastian 61
Bacon, Francis 76
Balla, Giacomo 134
Balzac, Honoré de 94
Barlach, Ernst 143
Barrie, Sir James Matthew
–Peter Pan 151
Bassewitz, Gerdt von
–Peterchens Mondfahrt
151
Beaumarchais, Pierre Caron
de 99
–Der Tolle Tag oder Die
Hochzeit des Figaro 99
Beck, Julian 166, 167
Beckett, Samuel 154, 155
–Endspiel 155
–Glückliche Tage 155
–Warten auf Godot 154f.
Beethoven, Ludwig van 94
Béjart, Madeleine 86, 91
Beolco, Angelo, gen.
Ruzzante 54
Berlau, Ruth 146
Bernardo Buontalenti 52, 63
Bernhardt, Sarah 77, 88,
113, 160
Bettelheim, Bruno
–Kinder brauchen Mär-
chen 153
Bharata 23
Bibbiena, Bernardo Dovizi
53, 54
–Calandria 53, 54
Bois, Curt 85
Balten, Pieter 42
Bondy, Luc 97, 158
Brahm, Otto 121, 138
Brahma 23
Brando, Marlon 126, 161

Brecht, Bertolt 97, 100, 140,
145, 146f., 152
–Der aufhaltsame Aufstieg
des Arturo Ui 148
–Dreigroschenoper 97,
149
–Happy End 149
–Der gute Mensch von
Sezuan 147, 148, 149
–Der kaukasische
Kreidekreis 148, 149
–Die Mutter 127
–Leben des Galilei 148
–Mutter Courage und ihre
Kinder 147, 148
–Trommeln in der Nacht
147, 148
Bronnen, Arnolt 143
Brook, Peter 44, 157, 166,
168, 169
–The Empty Space (Der
leere Raum) 44, 168
–Les Ikes 168
–Mahabharata 169
Brueghel, Pieter d. J. 42
Brühl, Karl Graf von 116
Bruno, Giordano 50
Buddha 22
Burbage, James 70, 71
Burbage, Richard 71
Burnacini, Giovanni 63
Burnacini, Ludovico O. 63
–Il pomo d'oro 63

Calderón de la Barca, Pedro
60, 81, 166
–Das Leben ist ein Traum 81
–Der standhafte Prinz 166
Callot, Jacques 64
–Balli di Sfessania 64
Calmette, André, Charles-
Gustav-Antoine Le Bargy
–Die Ermordung des
Herzogs von Guise 129,
130, 131
Camus, Albert 155
Carl August, Fürst 109
Cervantes Saavedra, Miguel
de 60, 80
–Don Quijote 60, 80

Personenregister

Chaplin, Charlie 132
Charms, Daniil 171
- Out of a House Walked a Man... 171
Chaucer, Geoffrey 34
- Canterbury Tales 34
Chronegk, Ludwig 117
Close, Glen 162
Colemann, Mrs. 61
Columbus, Christoph 50
Corinth, Lovis 139
Corneille, Pierre 83f.
- Le Cid 83
- Le menteur (Der Lügner) 83
- Sertorius 83
Craig, Edward Gordon 77, 135, 136, 137, 138, 165
Cranach, Lucas d. Ä. 58

Dante Alighieri 34
- Divina Commedia 34
Davenant, William 61
- The Siege of Rhodos 61
de Bont, Ad 153
- Mirad – ein Juge aus Bosnien 153
Deicke, Günther 150
- Meister Röckle 150
Descartes, René 94
Deschamps, Jérôme 170, 171
Desmare Champmeslé, Marie 90
Devrient, Eduard 100
Devrient, Ludwig 100
Diderot, Denis 98, 103
- Der natürliche Sohn 98
- Der Familienvater 98
- Discours sur la poésie dramatique 100
- Enzyklopädie 98
- Paradox über den Schauspieler 100
Diesel, Rudolf 110
Dietrich, Marlene 93
Dionysos 13, 14, 15, 21, 44
Doré, Gustave 80
Dorfmann, Ariel 162
- Der Tod und das Mädchen 162

Dreifus, Richard 162
du Parc, Mlle. 86
Dumesnile, Mlle. 84
Dürrenmatt, Friedrich 171
- Der Besuch der alten Dame 171
Duse, Eleonora 89, 113, 118, 160

Eberle, O. 9
Edwards, Jango 164
Einstein, Albert 132
Elizabeth I. v. England 70, 71
Engel, Johann Jacob 98
Epikur 13
Ercole I. d'Este, Herzog von Ferrara 52, 53
Euripides 16, 17, 59
- Alkestis 17
- Die Bakchen 17
- Die Troerinnen 16, 17
- Iphigenie in Tauris 17
- Medea 17, 20

Fleißer, Marieluise 146
- Der Tiefseefisch 146
Flickenschild, Elisabeth 109
Fo, Dario 156
Franco 170
Franz Josef II., deutscher Kaiser 106
Franz, Ellen 115
Friedrich II. von Preußen 95
Friedrich III. 106
Fuchs, Georg 135

Galli-Bibbiena, Ferdinando 62
Garrik, David 99
Gay, John 97
Galilei, Galileo 50
Genet, Jean 155
Georg II., Herzog von Meiningen 115, 116, 117
Goethe, Johann Wolfgang von 25, 98, 100, 108, 109, 116
- Faust 109
- Götz v. Berlichingen 108
- Iphigenie 109

Goetz, Joseph Franz von 99
Gogol, Nikolai
- Der Revisor 142
Goldoni, Carlo 69
- Diener zweier Herren 69
Goll, Ivan
- Methusalem 135
Gorki, Maxim 124, 127
- Die Feinde 127
- Mutter 127
- Nachtasyl 124, 127
- Sommergäste 127
- Wassa Schelesnowa 127
Gottsched, Johann Christoph 90, 94, 102, 103, 104
- Der sterbende Cato 102
Goya, Francisco de 94
Gozzi, Carlo 69
- Prinzessin Turandot 141
Grabbe, Christian Dietrich
- Don Juan und Faust 117
Green, Robert 75, 76
Grimmelshausen, Hans Jakob Christoffel von 61
- Simplicius Simplizissimus 61
Grosz, George 136
Grotowski, Jerzy 165, 166, 168
Gründgens, Gustav 109
Guarini, Giovanni Battista 56
- Il Pastor fido 56
Guillaume de Laris 34
- Roman de la Rose
Gutenberg, Johannes 50

Hackman, Gene 162
Hahn, Otto 132
Hamlish, Marvin 163
- A Chorus Line 163
Händel, Georg Friedrich 61
Hardy, Oliver 68
Hasenclever, Walter 143
- Der Sohn 143
Hathaway, Anne 75
Hauptmann, Elisabeth 146
Hauptmann, Gerhard 121, 123
- Hanneles Himmelfahrt 124

Personenregister

–Die Weber 119, 123, 124
–Vor Sonnenaufgang 123
Haydn, Joseph 94
Heinrich der Heilige 34
Heinrich IV. v. Frankreich 65
Heinrich VIII. 50
Heinrich, gen. Frauenlob 36
Henschel, Wilhelm 100
Hensloe, Theaterunternehmer 73
Herder, Johann Gottfried 107
Herodes 41
Herodot 8, 12
Heywood, Thomas 73
–A Woman Killed With Kindness 73
Hindemith, Paul 135
Hitler, Adolf 132, 148
Hobbes, Thomas 60, 94
–Leviathan 60
Hofmannsthal,. Hugo von
–Jedermann 43
Hogarth, William 79
Holberg, Ludvig 96
–Jeppe vom Berge 96
Homer 8
–Ilias 8
–Odyssee 8
Hugo, Victor 112, 114
–Hernani 112
–Lucrèce Borgia 114
Hume, David 94, 95

I-Cher-Nofret 11
Ibsen, Henrik 112, 121, 122
–Gespenster 121, 122
–Die Stützen der Gesellschaft 122
–Nora oder Ein Puppenheim 122, 123
–Rosmersholm 89, 118
–Die Wildente 122
–Ein Volksfeind 122
Iffland, August Wilhelm 100, 114
Innozenz III., Papst 34
Ionesco, Eugène 155, 156
–Die kahle Sängerin 156
–Die Nashörner 156

–Die Stühle 155, 156
–Die Unterrichtsstunde 156

Jarry, Alfred 137
–König Ubu 137
Jewreinow, Nikolai N. 142
–Die Erstürmung des Winterpalais 141, 142
Jhering, Herbert 145
Jones, Inigo 62
Jonson, Ben 62, 75, 77
–Bartholomew Fair 75
–Volpone 75
Jürgens, Curd 43
Justinian, byzant. Kaiser 31

Kainz, Josef 114
Kaiser, Georg 143
Kalidasa 25
–Sakuntala 25
Kanami 30
Kant, Immanuel 94, 95
Karl der Große 34
Karl V., Kaiser 50
Katharina II., Zarin 94
Kaulbach, Wilhelm von 116
Kean, Charles 114, 115, 116, 160
Kean, Edmund 76
Kleist, Heinrich von 115, 117
–Hermannsschlacht 117
Kleisthenes 8, 13
Klinger, Friedrich M. 107
–Die Zwillinge 107
Koch, Robert 110
Kokoschka, Oskar 135
Kollwitz, Käthe 119
Konstantin der Große 8
Korn, Benjamin 103
Kracauer, Siegfried 129
Kruse, Max 139
Kushner, Tony 162
–Angels in America 162
Kusmardjo, Subroto 26
Kyd, Thomas 74, 75
–The Spanish Tragedy 74
–Ur-Hamlet 74

Lafitte, Brüder 129
Land, Maurice 66

Lang, Fritz 131
–Metropolis 131
Lao-Tse 22
Laurel, Stan 68
Lecoq, Jacques 171
Lenz, Jakob Michael Reinhold 107, 108
–Anmerkungen über das Theater 108
–Der Hofmeister 107f.
Leonardo da Vinci 50, 51
Lepage, Robert 170
Lessing, Gotthold Ephraim 94, 97, 103f., 150
–Emilia Galotti 100, 104
–Hamburgische Dramaturgie 105
–Die Juden 104
–Der junge Gelehrte 103
–Minna von Barnhelm 104, 106
–Miß Sara Sampson 103
–Nathan der Weise 103, 104
Li Xindao 28
–Der Kreidekreis 28
Lichtenberg, Georg Chr. 98
Lillo, George 97, 103
–Der Kaufmann von London 97
Livius Andronicus 18
Lloyd Webber, Andrew 162
–Cats 162, 163
–Das Phantom der Oper 163
–Starlight Express 163
Locke, John 94
Lothar, Susanne 103
Luce, Claire 161
Ludwig XIII. v. Frankreich 63
Ludwig XIV. v. Frankreich 61, 62, 82, 86, 87, 105
Ludwig, Volker 151, 152, 153
–Linie 1 151
Lully, Jean Baptiste 87
Lumière, Auguste und Louis 110, 128
–Feierabend in einer Fabrik 128
Lunatscharski, Anatoli 140

Personenregister

Luther, Martin 50, 58
- Tischreden 59

Machiavelli, Niccoló 53, 54
- Il Principe 53
- Mandragola 53
Malina, Judith 166
Marivaux, Pierre Carlet de
 Chamblain de 97
- Der Triumph der Liebe 97
Marlowe, Christopher 75,
 76, 77, 166
- Der Jude von Malta 75
- Die tragische Geschichte
 von Dr. Faustus 75
- Tamerlan der Große 75
Marx, Karl 110
- Das Kommunistische
 Manifest 110
McBurney, Simon 170, 171
Méliès, Georges 110, 128, 133
- Der Gummikopf 128, 133
Menander 17
Méténier
- En famille 120
Meyerhold, Wsewolod Emilje-
 witsch 141, 142, 165
Michelangelo 50
Miller, Arthur 160
- Tod eines Handlungs-
 reisenden 160
Millowitsch, Peter 159
Millowitsch, Willy 159
Milton, John 61
- D. verlorene Paradies 61
Minelli, Liza 161
Mnouchkine, Ariane 78, 157
Molière 68, 69, 85f., 87,
 91, 115
- Der eingebildete Kranke
 85, 86, 87
- Der Geizige 87
- Der Misanthrop 87
- Der verliebte Doktor 86
- Die lächerlichen
 Preziösen 87
- Die Schelmenstreiche des
 Scapin 85
- Don Juan 87
- Tartuffe 87

Molina, Tirso de 81
Monroe, Marilyn 126
Montesquieu, Charles de 94
Monteverdi, Claudio 50, 57
- Orfeo 50, 57
Moritz, Frank 149
Mozart, Wolfgang A. 94
- Zauberflöte 115
Müller, Traugott 144
Munch, Edvard 122, 139

Napoleon Bonaparte 94,
 110
Neher, Carola 145
Nero 8
Neuber, Friederike Caroline
 90, 102, 103
Neuber, Johann 90, 91
Newman, Paul 126
Nielsen, Asta 77, 130

Offenbach, Jacques 112,
 113
Olivier, Sir Laurence 157
Opitz, Martin 60
- Buch von der deutschen
 Poeterey 60
Orlik, Emil 138
Otani Oniji 32

Palladio, Andrea 47, 51
Peisistratos 13
Pepusch, Johann Chr. 97
- The Beggar's Opera (Die
 Bettleroper) 97
Perikles 17
Peschkow, Alexej Maximo-
 witsch s. Gorki, Maxim
Peymann, Claus 87
Picasso, Pablo 132, 170
Pinter, Harold 155
- D. Geburtstagsparty 155
- Der Hausmeister 155
- Das Treibhaus 155
Piscator, Erwin 140, 144f., 146
- Roter Rummel 144
- Trotz alledem 144, 145
Pirandello, Luigi
- Sechs Personen suchen
 einen Autor 139

Platon 8, 13
Plautus 19, 52, 53, 58
- Cistellaria 19
- Menaechmi 52
Poquelin, Jean-Baptiste gen.
 Molière s. Molière
Protagoras 13
Puschkin, Aleksandr Sergeje-
 witsch
- Der geizige Ritter 125

Racine, Jean Baptiste 83, 84,
 85, 86
- Alexander d. Große 84
- Andromaque 84
- Bayazet 84
- Bérénice 84
- Britannicus 84
- Iphigénie 84
- Les plaideurs 84
- Mithridate 84
- Phèdre (Phädra) 84
Rasser, Johann 59
- Spiel von der Kinderzucht
 59
Reigbert, Otto 143, 147
Reinhardt, Max 122, 138,
 139, 143
- Mirakel 138, 139
Richelieu, Armand-Jean du
 Plessis de 63, 83
Rigg, Diana 168
Rousseau, Jean-Jacques 94
Rowlandson, Thomas 97
Rueda, Lope de 79
Rühmann, Heinz 154
Rushdi, Salman 154
Ruzzante s. Beolco, Angelo

Sachs, Hans 43
Samarovski, Branko 87
Sandrock, Adele 77, 92
Sartre, Jean Paul 154, 155
- Die Fliegen 154
- Geschlossene Gesell-
 schaft 154
- Die schmutzigen Hände
 154
Saz, Natalia 150, 151
Schiller, Friedrich 100, 107

Personenregister

– Die Braut von Messina 108
– Die Jungfrau von Orleans 117
– Kabale und Liebe 107
– Die Räuber 100, 107, 108, 144, 145
– Wallenstein 108, 116
– Wilhelm Tell 108
Schinkel, Karl F. 114, 115
Schlemmer, Oskar 135
Schönberg, Arnold 132
Schröder, Ernst 154
Schuch, Franz 101
Scofield, Paul 168
Seidel, Ludwig 117
Seneca 19, 51, 55
Serlio, Sebastiano 63
Shakespeare, William 60, 70, 71, 75f., 77, 103, 108, 115, 129, 166
– Titus Andronicus 77
– Hamlet 77
– Heinrich IV. 78
– Heinrich V. 115
– Heinrich VIII. 77, 136
– Julius Cäsar 116
– Der Kaufmann von Venedig 115
– Komödie der Irrungen 76
– König Johann 77
– König Lear 77, 78, 157, 168
– Macbeth 77, 137
– Ein Sommernachtstraum 77, 114
– Der Sturm 169
– Was ihr wollt 77
– Ein Wintermärchen 114, 171
haw, George B. 120, 140
– Frau Warrens Gewerbe 120
– Die Häuser des Herrn Satorius 120
okrates 8, 13
olon 8
ophokles 15, 16, 17, 59
– Aias 17
– Antigone 17

– Elektra 16, 17
– König Ödipus 16, 17
– Philoktet 17
– Ödipus auf Kolonos 17
– Die Trachinierinnen 17
Spielberg, Steven 154
– Schindlers Liste 154
Spinoza, Baruch de 94
Stalin 127, 132
Stanislawski, Konstantin Sergejewitsch 124, 125, 126, 127, 140
– Die Arbeit des Schauspielers 124
Steffin, Margarete 146
Stein, Peter 158
Strasberg, Lee 126
Strauß, Botho
– Kalldewey 158
Strawinski, Igor
– Fuoco d'artificio 134
Strehler, Giorgio 69, 156
Strindberg, August 121
– Der Totentanz 121

Tai-tsung, chin. Kaiser 22
Tairow, Alexander Jakowlewitsch 142
– Das entfesselte Theater 142
Tandy, Jessica 161
Tasso, Torquato . 56
– Aminata 56
Terayama, Shuji 165
Terenz 19, 20, 47, 51, 53, 55, 58
– Adelphoe 20
Terry, Ellen 77
Theodora, byz. Kaiserin 89
Tieck, Ludwig 94
Tischbein, Johann H. W. 109
Toller, Ernst 143
– Hoppla, wir leben! 146
– Die Wandlung 143
Tolstoi, Leo 121
– Zar Fedor 124
Trotzki, eigtl. Lew Dawidowitsch Bronstein 145
Tschechow, Anton 124, 126, 127

– Drei Schwestern 126
– Kirschgarten 125, 126
– Die Möwe 126
– Onkel Vanja 126

Vega, Lope de 80, 81
– Arte nuevo de hacer comedias en este tiempo 80
– Fuente ovejuna 81
Verdi, Giuseppe 110
– Aida 110
Vergil 56
Vitruvius Pollio 47, 50
– Zehn Bücher über Architektur 50
Voltaire, eigtl. François-Marie Arouet 94, 95

Wachtangow, Jewgeni 141
Waechter, Friedrich K. 150
– Der Teufel mit den drei goldenen Haaren 152
Wagner, Heinrich L. 107
– Die Kindsmörderin 108
Wagner, Richard 110
– Der Ring des Nibelungen 110
Watt, James 94
Weigel, Helene 147
Weill, Kurt 149
Weissenborn, Friederike Caroline s. Neuber, Friederike Caroline
Wiene, Robert
– Das Cabinett des Dr. Caligari 131
Wilder, Thornton 160
Williams, Tennessee 160, 161
– Endstation Sehnsucht 160, 161
– Die Glasmenagerie 160
– Die Katze auf dem heißen Blechdach 160
Wright, Gebrüder 132

Xuangzong, chin. Kaiser 22, 28

Bildnachweise

Abisag Tüllmann, Frankfurt 149 M
Adel, Tomas 169 o.
Ägyptisches Museum, Turin 11 u.
Akademie der Künste, Friedrich Wolf-Archiv, Berlin 143 u.
Akademie der Künste, Theatersammlung, Berlin 144 u.
Alejnik, L., Warschau 166 o.l.
Archiv für Kunst und Geschichte, Berlin 95 u., 105 o.
Archiv Mondadori, Mailand 9, 10 o., 71 u.
Association ›Les Amis de Georges Méliès‹, Paris 128 o.
Austria, Maria, Warschau 166 u.
Badische Landesbibliothek Karlsruhe, Hs Don. 137, 138 39 u.
Balla, Luce, Rom 134 u.
Bayerische Staatsbibliothek, München 38 o., 39 o.
Bayerisches Landesamt für Denkmalpflege, München 38 M., 38 u.
Becker, Franziska, Köln Vignette 150-153
Bernbach, Lore 99 o.
Biblioteca Apostolica Vaticana 34
Bibliothek der Humboldt-Universität, Berlin 102 M. r.
Bibliothek der Rijksuniversiteit, Utrecht 73 o.
Bibliothèque de l'Arsenal, Paris 136 u. r.
Bibliothèque de l'Institut, Paris 82 o.
Bibliothèque Nationale, Paris 15 M., 35 u.
Bibliothèque-Musée de la Comédie Française, Paris 68 u., 85 o., 86 o.
Bildarchiv der Staatlichen Museen zu Berlin 115 o.
British Library, London 75 u.
British Museum, London 18 M., 72 o., 77 u.
British Travel Association 72 u.
Camera Press, London 154 u.
Centre Français-Suèdois 155 u. l.
Chinese Academy, Institute of Music and Drama, Peking 28 u.
Clausen, Rosemarie 85 u., 109 u.
Corpus Christi College, Cambridge 75 o.
Deutsche Staatsbibliothek, Berlin 103 o., 102 u. 103 M., 115 M.
Deutsches Theatermuseum, München 96 o., 113 u., 117 u., 147
Diözesanmuseum, Freising 37
Dulwich Picture Gallery/Bridgeman Art Library, London 71 o.
Eichhorn, Thomas 87 u.
English, Don 93 u.
Erwin-Piscator-Center, Archiv d. Akademie der Künste, Berlin 145 M.
Fatzer, Hans J., Hannover 152 u.
Folliot, Françoise, Paris 83 u., 84 u.
Franz, Uli, Köln 29 o.r.
From the RSC Collection with the permission of the Governors of the Royal Shakespeare Theatre, Stratford-upon-Avon 76 o.
Gaehme, Tita, Köln 78 u.
Galleria dell'Accademia, Venedig 51 o.
Galli, Max, Vogtsburg 152 u.
Gamper, Werner, Zürich 28 o.
George Altman Collection 117 o.
Goethe-Museum, Düsseldorf 108 M.
Greene, Wayne 163 u.
Grohs, Uli, Köln 159 u.
Hamburger Museum für Völkerkunde 29 o. l.
Hamburger Theatersammlung 14 u., 18, 21, 40 u., 54 M., 57 u., 56 u., 58 o., 74, 79 o., 79 M.
Kapitelbibliothek, Prag 35 o.
Kapitolinisches Musem, Rom 19 o.
Klinger, Michael, München 67 u., 164 u.
Kunstsammlungen Weimar 104 o.
Lalance, R., Paris 114 M.
Leims, Thomas, Bonn 30 o., 33, 93 o.
Maison de Victor Hugo, Ville de Paris 112 u.
Marcus, Joan 162 o.
Märkisches Museum, Berlin 106 u., 111 M., 116 o., 119 u., 138 o., 139 o., 145 u.
Mella, Federico A., Mailand 68 o.
Metropolitan Museum of Art, New York 15 u.
Michael Macintyre 10 M., 22, 23 o., 23 u., 24 u., 25 o., 26 o.
Münchner Stadtmuseum 36 M.
Musée Carnavalet, Paris 62 u., 85 o.l.
Musée des Arts Décoratifs, Paris 63
Musée du Louvre, Paris 98 o.
Musée du Vieu Biterrois, Beziers 65 o.
Museo nazionale, Neapel 14 o., 16 o., 19 u.
Museo Uffizia, Florenz 56 o.
Museum für Hamburgische Geschichte, Hamburg 105 M.
Museum of Modern Art, Film Stills Archive, New York 128 u.
Museum of the City of New York 161 M. l.
National Film and Television Archive London 133 u.
National Gallery of Scotland, Edinburgh (Privatbesitz) 95 o. r.
National Portrait Gallery, London 70, 75 M.
Nationalmuseum Neu Delhi 25 u.
Nationalmuseum Tokio (Kodansha) 32 o.
Öffentliche Kunstsammlung Basel, Martin Bühler 51 u., 122 o.
Olsson, Brita, S–Johanneshov 153
Österreichische Nationalbibliothek, Wien 100 u., 109 M.r., 142 M.

– Bildarchiv der Komödien des Terenz 55
Palazzo Goldoni, Venedig 69 o.
Palazzo Pitti, Florenz 54 u.
Peitsch, Peter 103 u., 149 o. r.
Photographic Technique Ltd. London 134 o.
Press Information Bureau, Giront of India, New Delhi 30 u.
Prestel Verlag München 60/61
Privatbesitz, Berlin 138 M.
Privatbesitz, Kiel 143 o.
Raccolta Teatrale Burcardo, Rom 66 o.r., 67 o.l., 113 M.
Radio Times Hulton Picture Library, London 133 o.
Rheinisches Bildarchiv, Köln 110, 158 o.
Roland-Beeneken, Frank, Berlin 151
Sabinson, Mara, San Francisco Mime Troupe 164 o.
Schmidt-Glassner, Helga, Stuttgart 62 o.
Science Museum London 132
Service Historique, Vincennes 50
Spitzing, Günter, Hamburg 26 u.
Staatliche Museen zu Berlin, Ägyptische Abteilung 11 u.
Städtische Galerie im Lenbachhaus, München 146 o.
Sulzer, Martin 12 M.
Tag Teatro, Venedig (Pressefoto) 69 u.
Teatro Olimpico, Vicenza 48
Theatermuseum Bakhrusin, Moskau 124 o., 126 u., 127 u., 141 o., 141 u.
Theaterwissenschaftliche Sammlung der Universität zu Köln 64 u. 17 o., 56 M., 88, 89, 90, 99 u., 100 u., 116 u., 136 o., 144 u., 145 o., 146 u., 148 u.
Theatre Museum, London 77 o.
Trustees of the National Gallery, London 53 u.
Uhlig, Bernd, Berlin 166 o. r., 167 M., 170
Ullmann, Gerhard, München 131 u.
Ullstein Bilderdienst 16 u.l., 92 u.
Universitätsbibliothek Heidelberg 36 o.
Victoria & Albert Museum, London 76 u., 136 u. l., 138 u.
Walz, Ruth 97 u., 158 u.
Wandel, Elke, APA Publications (HK) Ltd., Singapur 29 u.
Weihs, Angie 167 u.
Yale University Art Gallery, New Haven 94
© Nachlaß Oskar Schlemmer, I–Oggebbio 135
© VG Bild-Kunst, Bonn 1995 119
Die Rechte für alle nicht aufgeführte Abbildungen liegen bei der Autorin beim Verlag oder konnten nicht aus findig gemacht werden.